AF639783

Werner Maier

ACRYLMALEREI
Bäume & Sträucher

Ausdrucksstarke Bilder Step by Step malen

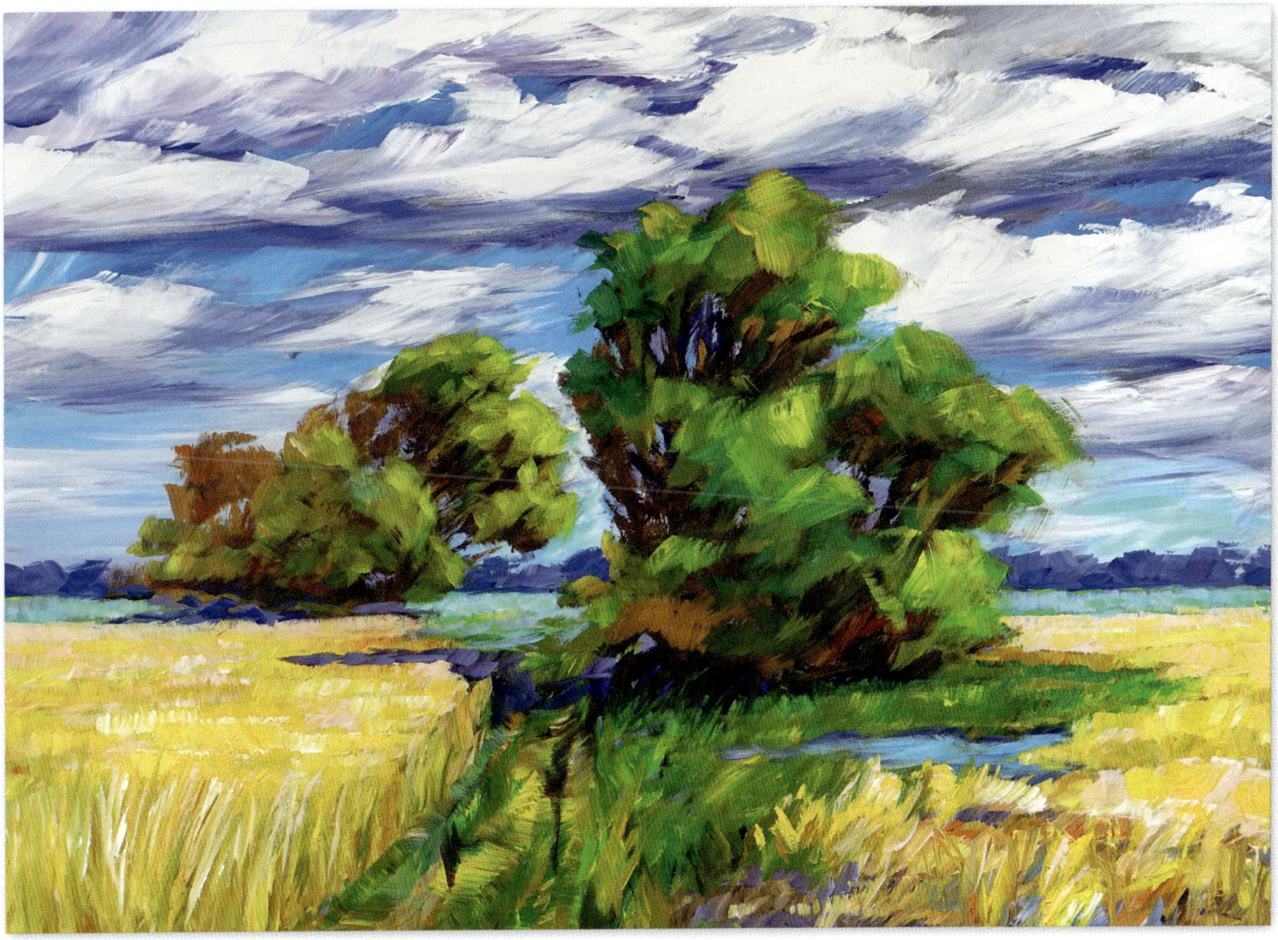

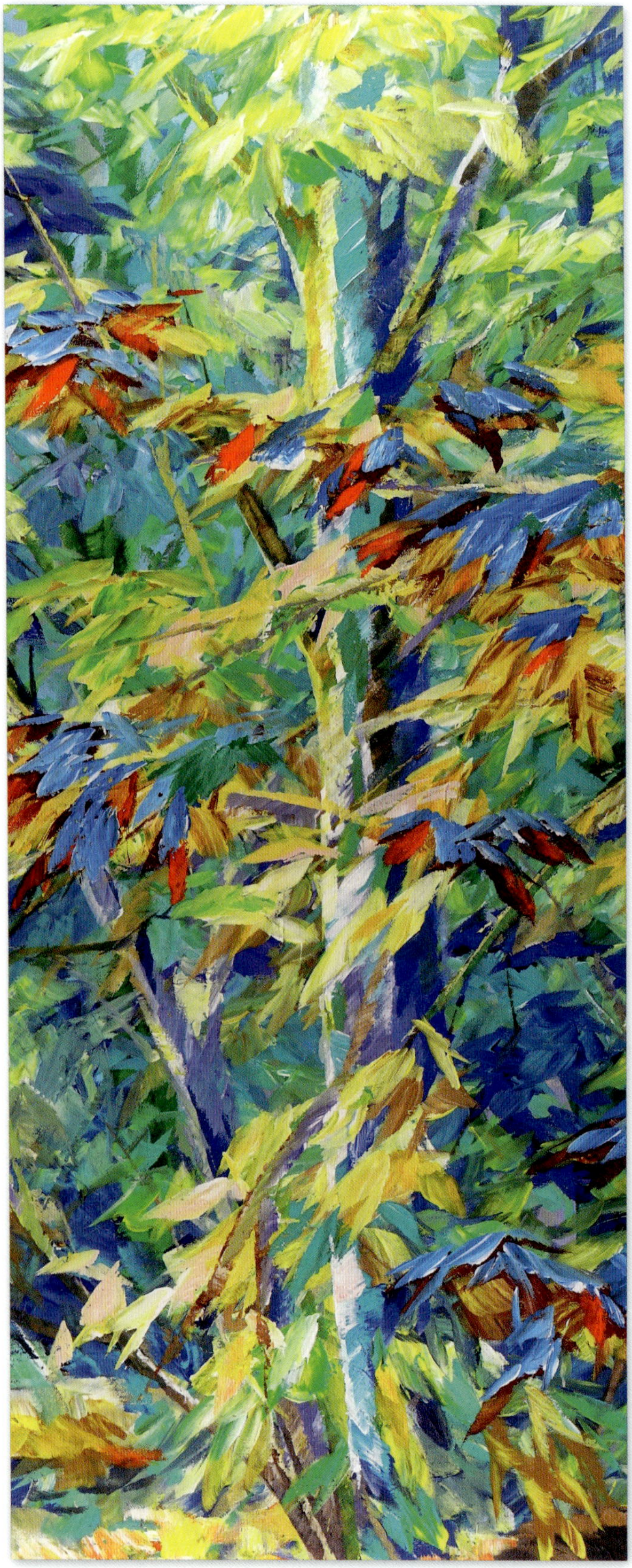

Inhaltsverzeichnis

Vorwort

Bäume sind Motive, die wir alle tagtäglich vor Augen haben, und sie gehören zu vielen Landschaftsbildern einfach dazu. Bäume eignen sich dabei hervorragend zum Gliedern eines Bildraumes. Ihre vertikalen Stämme dominieren in ihrer Tiefenstaffelung die Perspektive, und ihre Zweige reichen gerade oder leicht geneigt in alle Richtungen und verbinden netzartig die Baumstämme miteinander. Und Bäume durchspannen mit ihren aufrechten und auch manchmal geknickten Stämmen und ihren nach allen Richtungen wachsenden Ästen und kleinen Zweigen das Bildformat.

Im Frühjahr und Sommer prägt ein üppiges Laubwerk den Charakter der Bäume. In den Blättern fängt sich das Licht und verzaubert die impressionistische Bildwirkung. In ihrer Schönheit unvergleichbar, dominieren Bäume als Motiv majestätisch und ausladend die Landschaftsszenerie.

Die Ausdruckskraft der Bäume findet sich in allen malerischen Stilrichtungen wiedergegeben.

In den Baumrinden entdeckst du bei genauem Hinschauen alle nur erdenklichen Farbstrukturen. Die Blättervielfalt ist einzigartig. In der Natur begegnet dir alles, was dich in der Malerei weiterbringt. Sie zeigt dir unendlich viele Formen, Farben und Zusammenstellungen. Versuche immer, das Gesehene spontan und locker auf deine Leinwand zu malen. Wie in einem Mosaik reihen, überlagern und steigern die Farbpunkte, Flächen und Striche das Leuchten im Bild.

Davor steht aber eine einfühlende Beobachtung. Der botanische Garten in München ist praktisch mein zweites Atelier. Wie oft schon habe ich hier Zeichen- und Malgruppen geleitet. Jeder einheimische und exotische Baum spiegelt bei genauem Hinschauen das Wunder der Natur wider, und kein Grünton gleicht dem anderen. Äste überlagern sich zu einem filigranen Muster. Selten wächst ein Zweig gerade. Ändert er seine Richtung, dann gibt es einen natürlichen Grund hierfür. Lange und schwere Äste neigen sich zur Erde. Jeder Baum zeigt eine dicht bewachsene und blätterreiche Seite und eine vom Sturm gepeitschte. Kein Baum ist in der Landschaft kerzengerade und völlig gleichmäßig gewachsen.

Schon seit meiner Kindheit liebe ich es, im duftenden Gras zu liegen. Mein Blick ist dann nach oben gerichtet und wandert durch die Baumkronen, das farbige Blätterdach und die filigranen Verästelungen. Leichter Windhauch bewegt die lichtdurchfluteten und dann wieder schattigen Blätter. Abwechselnd und unaufhörlich zeigen sich dazwischen die blaue Himmelsfarbe und das Weiß der Wolkenschleier. Aufblitzende Lichtpunkte ziehen mich dabei in ihren Bann. Tagträumerisch spielt meine Fantasie mit mir, und ein betörender Farbentanz legt sich über meine Augen. Kein noch so gutes Foto kann die Farben, Gerüche und Geräusche in der Natur ersetzen. Bäume und Sträucher musst du umschreiten. Nur so entdeckst du ihre Kraft und Schönheit. Die Schöpfung offenbart sich dadurch als unübertroffenes Kunstwerk, und die Natur selbst wird zum Lehrmeister und zeigt dir das Geheimnis der Malerei. Wie einfach erscheinen einem plötzlich die Farbgesetze und alle Farben reihen sich spielerisch aneinander. Striche und Punkte, kontrastreich und farbintensiv, werden eine Einheit. Lasse dich von diesem Motiv „Baum" beschenken, und du erlebst die Farbmalerei als wahres Kinderspiel.

Viel Freude und Erfolg wünscht dir dabei

Dein Werner Maier

Das Material

Acrylfarben

Acrylfarben zeichnen sich durch hervorragende Maleigenschaften aus. Natürlich kannst du auch mit Öl- oder Aquarellfarben fantastische Bilder malen, aber die Anwendungsweise ist hier eine ganz andere. Entdecke zuerst einmal die speziellen Eigenschaften und die Technik von Acrylfarbe. Richtig angewendet entwickelt sie eine hohe Leuchtkraft und ist hervorragend auf der Leinwand zu verstreichen. Die unterschiedlichen Farbschichten sind dabei besonders reizvoll. Erschließe dir ihre durchscheinende oder deckende, glänzende oder matte, flüssige oder pastose Wirkung. Schon bei den ersten Pinselversuchen richtig eingesetzt, kannst du mit diesen Eigenschaften deinem Baummotiv Leben einhauchen. Der schnelle Trocknungsprozess spricht ebenfalls für diese Maltechnik, weil die Konsistenz der Farbe schon in einer halben Stunde hart wird.

Du kannst Acrylfarbe sehr leicht mit Wasser verdünnen und großflächig verstreichen. Hochwertige Acrylfarben haben einen hohen Anteil an Pigmenten und zeichnen sich durch eine große Leucht- und Deckkraft aus. Trägst du sie dünn auf, dann entstehen durchscheinende Überlagerungen mit ganz neuen Farbfacetten. Verläufe und Übergänge führen zu verblüffenden Farbeffekten. Diese Farbe ist für große Baum- und Strauchlandschaften hervorragend geeignet. Du wirst mit der Zeit individuelle Erfahrungen beim Auftragen der Acrylfarbe machen. Ungewohnte, völlig neue Farbkombinationen und gewagte Perspektiven werden dein Auge für diese Naturmotive schulen. Je experimenteller du die Farbe einsetzt, umso mehr kannst du auch die Abstraktion für dich erobern. Das Zusammenspiel zwischen intensiven Farbmischungen und ungewöhnlichen Baumausschnitten führt zu fantastischen und abstrakten Kunstwerken. Acrylfarbe wird in unterschiedlichen Gebindegrößen- und formen angeboten. Du kannst sie in Tuben, Flaschen und Eimern mit einem Fassungsvermögen von 2–5 Litern kaufen. Wenn du gerne in der Natur malst, dann sind Tuben vom Transport her natürlich geeigneter. Beachte aber die Pigmentierung der Acrylfarben auf den Etiketten der einzelnen Fabrikate. Je mehr Pigment in der Acrylfarbe ist, desto leuchtender und deckender kannst du sie einsetzen. Auch hier gibt es deckende, halbdeckende und lasierende Farbtöne. Ihre jeweiligen Eigenschaften kannst du auf den Flaschen und Tuben ablesen. Gute Acrylfarben sind auch lange haltbar. Wenn du sie nach Gebrauch immer verschließt, kannst du sie jahrelang verwenden, und sie verlieren weder an Glanz noch an Ausdruck. Frost ist allerdings schädlich und kann die Farben zerstören.

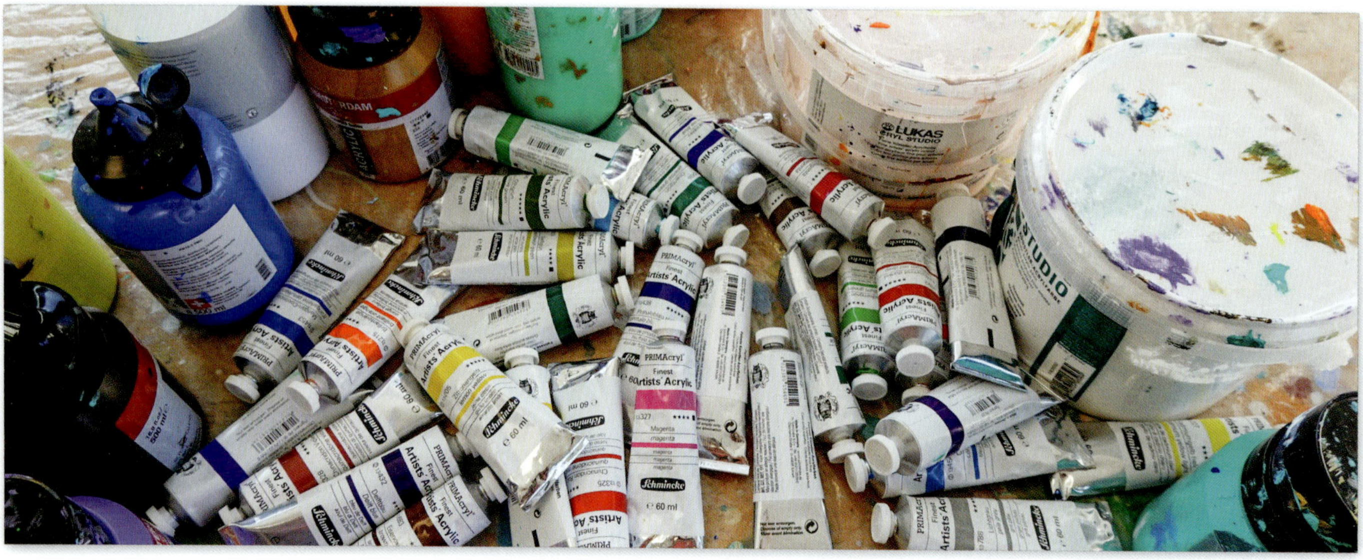

Häufig wird bei Acrylfarben zwischen lasierend, halblasierend, halbdeckend und deckend unterschieden. Achte auch auf die Lichtechtheit. Hier unterscheiden einige Hersteller zwischen höchster Lichtechtheit (✶✶✶✶✶), sehr guter Lichtechtheit (✶✶✶✶), guter Lichtechtheit (✶✶✶), befriedigender Lichtechtheit (✶✶), und ausreichender Lichtechtheit (✶).
Bei den abgebildeten Farben siehst du deutlich die Kennzeichnung.

1. Zitronengelb = halbdeckend und sehr gute Lichtechtheit (✶✶✶✶),
2. Kadmiumrot hell = deckend und höchste Lichtechtheit (✶✶✶✶✶),
3. Ultramarinblau = lasierend und sehr gute Lichtechtheit (✶✶✶✶),
4. Grüne Erde natur = halblasierend und sehr gute Lichtechtheit (✶✶✶✶).

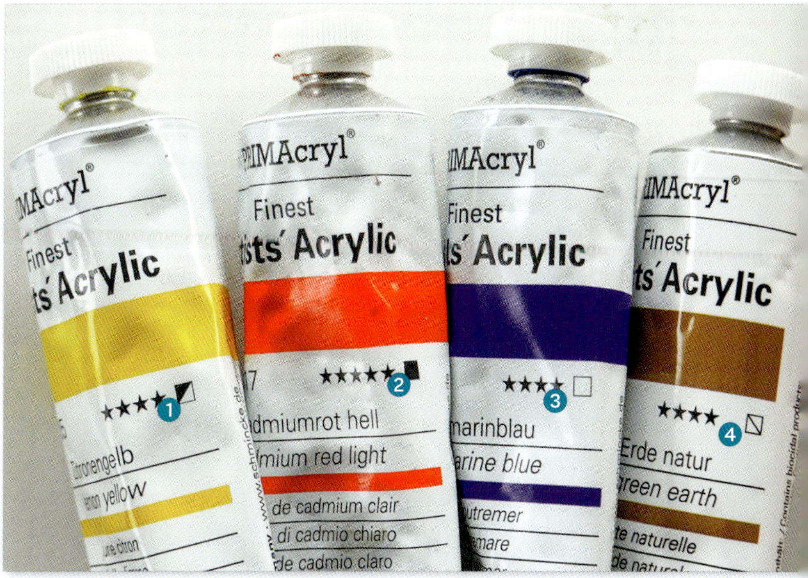

Gute Acrylfarben zeichnen sich durch hohe Lichtechtheit aus.

Untergründe

Verschiedenste Untergründe eignen sich hervorragend für Acrylmalerei. Ohne Schwierigkeiten haftet die Farbe auf fast jeder Oberfläche. Wichtig hierfür ist aber die Oberflächenbeschaffenheit. Sie sollte nicht zu glatt oder sogar poliert sein. Wenn du mit solchen Oberflächen arbeiten willst, so rate ich dir, sie zuvor aufzurauen, sonst blättert die Farbe nach dem Trocknen ab. Alle Stoffarten musst du vor dem Malen grundieren. Das gelingt dir am besten mit weißer Acrylfarbe. Unbehandelte Gewebe saugen die Farbe sonst auf und lassen sie dann stumpf erscheinen. Auch Papier und Pappe ist so saugfähig, dass du sie zuvor übermalen musst.
Holz eignet sich ebenfalls hervorragend als Bildträger. Bei einer dünnen Sperrholzplatte bestreiche beide Seiten mit weißer Acrylfarbe, bevor du mit dem Bild beginnst. Wenn du nur eine Seite des Holzes bemalst, beginnt sich das Holz leicht zu wölben. Vorgrundierte und versiegelte Papiere, die vom Fachhandel für Künstlerbedarf angeboten werden, eignen sich ebenso hervorragend als Malgrund. Sie sind, was Transport und Lagerung betrifft, viel platzsparender als Leinwände. Gelingt dir aber ein Bild, und du möchtest es aufhängen, dann bist du mit Leinwänden natürlich besser beraten. Eine vorgrundierte Leinwand mit hochwertigem Keilrahmen ist inzwischen auch günstig in Baumärkten und in Fachgeschäften für Künstlerbedarf erhältlich. Eine gute Leinwand ist zudem ein geschützter und stabiler Bildträger für dein gelungenes Bild.

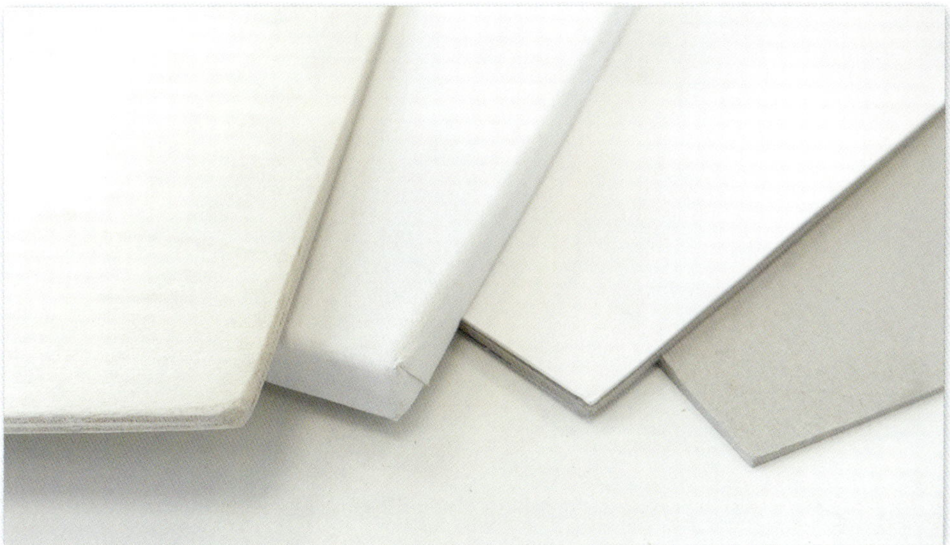

Malpalette und Zubehör

Zu einer soliden Grundausrüstung gehören Leinwände, Farbe und Pinsel. Damit kannst du dich diesem faszinierenden Hobby widmen und in Landschaftsimpressionen eintauchen.

Besorge dir am besten eine leichte Reisestaffelei und wandere damit durch die Natur, bis du deine gewünschten Baumotive entdeckst. Schneit es und regnet es oder malst du einfach lieber in einem Atelier, dann rate ich dir zu einer stabilen Holzstaffelei und einer Auswahl von ausdrucksstarken Baumfotos. Beschaffe dir Flachpinsel mit der Breite von 80 mm, 60 mm, 40 mm, 30 mm, 20 mm und einige Spachtel. Sinnvoll ist auch ein ganz breiter Pinsel für Spezialeffekte mit mindestens 300 mm. Lege dir von den Acrylfarben erst einmal nur kleine Gebinde und Tuben zu. Sie passen bei Reisen auch leichter ins Handgepäck. Verwende nach Möglichkeit nur hochwertige Acrylfarben. Billige Farben sind in der Regel sehr wässrig, stumpf und wenig leuchtend. Gerade als Anfänger solltest du zu guter Qualität greifen, um die Kraft der Farben kennenzulernen. Die Erfolgserlebnisse bei den ersten Malversuchen sind sehr wichtig, um dabeizubleiben. Fertige Leinwände sind heute nicht mehr teuer und leicht im Fachhandel für Künstlerbedarf zu bekommen. Die sehr billigen haben oft dünne Keilrahmen und verziehen sich daher leicht. Als Wassergefäße eignen sich Plastikschalen und verschraubbare Plastikflaschen für unterwegs. Die Wassergefäße sind ideal zum Auswaschen von Pinseln und zum Verdünnen der Farbe. Als Malpalette kannst du eine kleine Holzplatte, einen Papierteller oder auch eine kleine Leinwand verwenden.

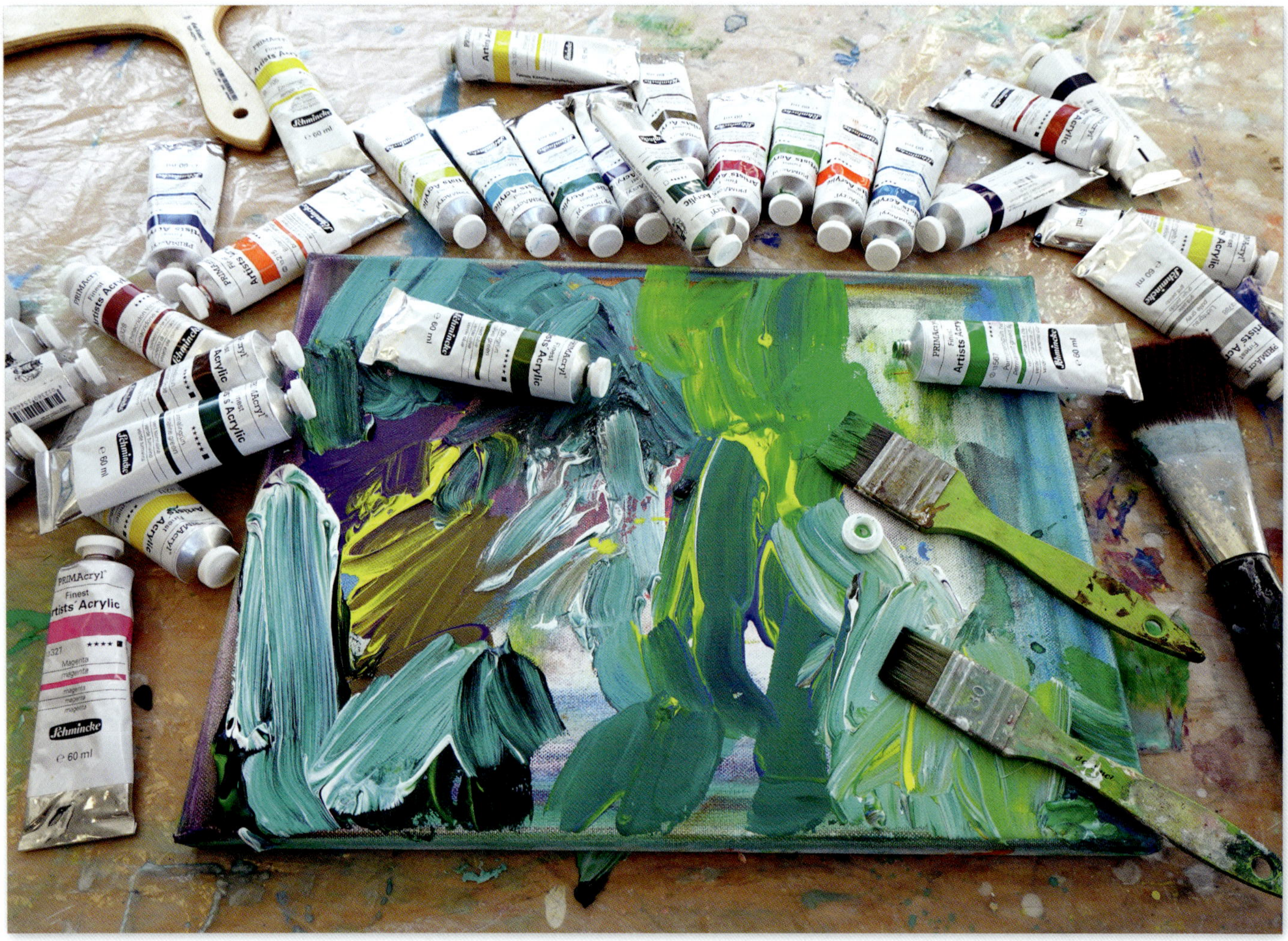

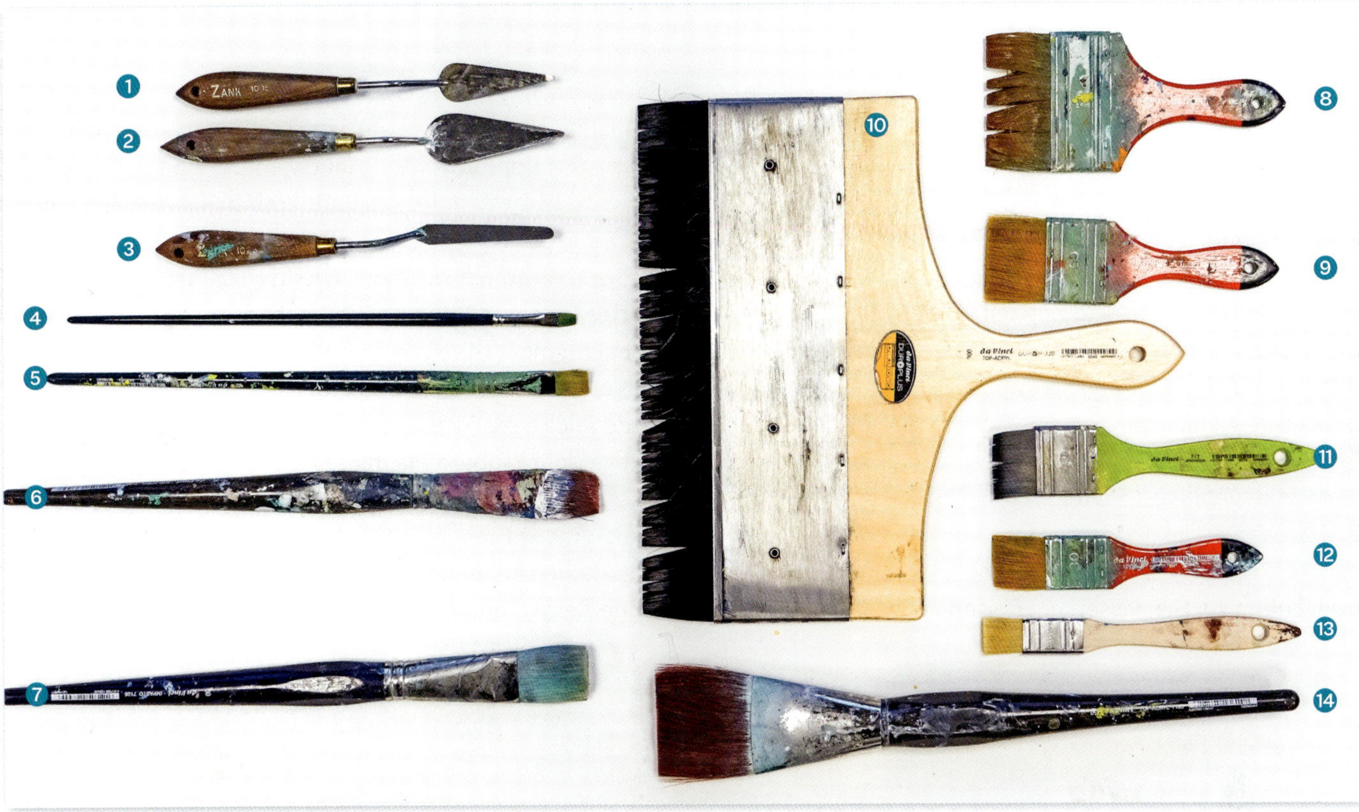

Pinsel und Spachtel

1. 70 mm-Spachtel
2. 90 mm-Spachtel
3. 85 mm-Spachtel
4. 8 mm-Universalpinsel mit weichen Haaren
5. 16 mm-Universalpinsel mit mittelweichen Haaren
6. 28 mm-Universalpinsel mit weichen Haaren
7. 30 mm-Universalpinsel mit kräftigen Haaren
8. 80 mm-Synthetik-Flachpinsel mit weichen Haaren
9. 50 mm-Synthetik-Flachpinsel mit weichen Haaren
10. 300 mm-Synthetik-Flachpinsel mit weichen Haaren
11. 40 mm-Synthetik-Flachpinsel mit mittelweichen Haaren
12. 30 mm-Synthetik-Flachpinsel mit weichen Haaren
13. 20 mm-Synthetik-Flachpinsel mit mittelweichen Haaren
14. 50 mm-Synthetik-Flachpinsel mit weichen Haaren

Wie bei allen Techniken eignen sich auch für Acrylfarbe bestimmte Pinsel am besten. Natürlich kannst du alle möglichen Pinsel dafür verwenden, aber greife zu geeigneten Pinseln, die dir helfen, die Farbe optimal zu verteilen. Hier bieten sich besonders synthetische Flachpinsel an. Sie sind sehr weich, und du kannst deshalb die Farbe dünn wie auch dick über eine große Fläche verteilen. Sie sind langlebig, und du kannst sie hervorragend mit Wasser reinigen. Verwende für die Baumlandschaften vorwiegend Flachpinsel. Mit ihnen kannst du durch Drehen und Wenden der Pinselkante breite und schmale Linien erzeugen. Mit einem 80 mm breiten Flachpinsel gelingen dir die schönsten und spontansten Skizzen. Anschließend kannst du mit anderen Pinselstärken die Baumimpression im Detail ausarbeiten.

Verwende auch andere Gerätschaften wie den Spachtel, um hier spezielle Oberflächen entstehen zu lassen. Der Flachpinsel und der Spachtel sind in der Moderne gängige Hilfsmittel. Mische Spachtelspuren und Pinselflächen, und du wirst ungewöhnliche Effekte erzielen. Teste alle Formen von Pinseln – runde, flache, eckige, dünne, dicke – und entdecke die richtigen für dich. Spachtelflächen erscheinen oft glatt oder sehr reliefartig. Mit der Spachtelkante kannst du auch verschiedenste Muster auf die Leinwand bringen.

Kleine Farbkunde

Mit Farbe gestalten

Schaue dir den Farbkreis an und entdecke die starken Farbschwingungen, die die Farben entwickeln können. Der Itten-Farbkreis ist dabei eine große Hilfe. Im Zentrum stehen die Primärfarben Rot, Gelb und Blau. Mischst du je zwei dieser Primärfarben, so erhältst du die Sekundärfarben. Blau und Rot ergeben zusammen Violett, Rot und Gelb ergeben Orange, Blau und Gelb ergeben Grün. Jede Primärfarbe steht so im äußeren Kreis einer Sekundärfarbe gegenüber. Diese gegenüberliegenden Töne nennt man Komplementärfarben. Überträgst du die Primär- und Sekundärfarben auf einen dritten Kreis, entdeckst du eine harmonische Abfolge der Farben.

Mischst du nun die nebeneinanderliegenden Primär- und Sekundärfarben, so bekommst du neue Zwischentöne, die sogenannten Tertiärfarben. Alle liegen auf einem geschlossenen Kreis. Erstelle diesen Farbkreis selbst und du bekommst ein Gefühl für die gezielte Farbmischung von puren Farben und Grautönen.

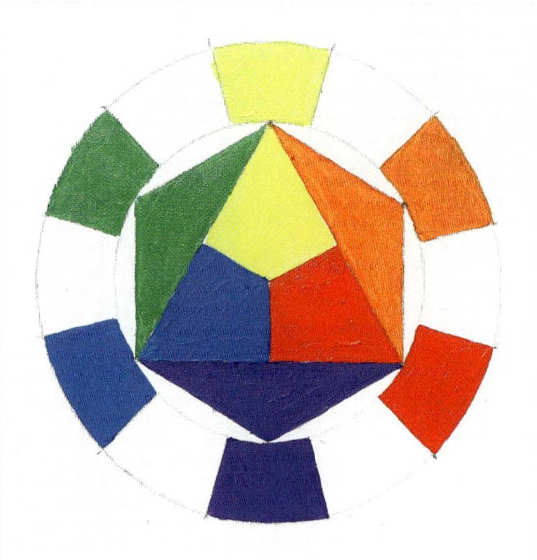

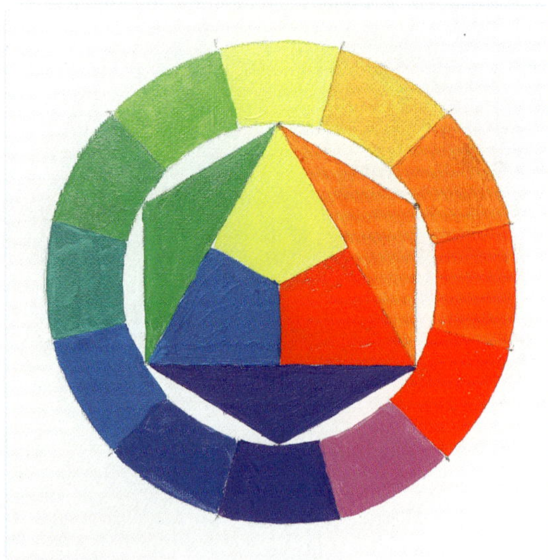

Der lebendige Farbkreis

Übe dein Farbgefühl mit Komplementärkontrasten. Du kannst sie auch sehr frei übersetzen. Ein geschlossener Kreis schafft einen Zusammenhalt der Farbreihen. Nimm die Primärfarben Rot und Grün zusammen und ordne sie neu. Mischst du Rot mit Gelb, bekommst du Orange. Auch Orange entwickelt zu Grün eine Schwingung. Mischst du Gelb mit Blau, dann gelingt dir ein schönes Grün, und mischst du Blau mit Rot, dann entsteht ein geheimnisvolles Violett. Jetzt hast du die Komplementärfarben vor dir. Grün ist komplementär zu Rot und entwickelt auch zu Orange und Violett eine starke Affinität. Wenn du ihnen nun Grau und Mischfarben gegenüberstellst, erreichst du sowohl eine Harmonie der Farben als auch ihr Spannungsfeld. Du entwickelst so einen Blick für den Zusammenhalt der Farbklänge und kannst sie dann später im Bild gezielt einsetzen.

In der Welt der Bäume und Sträucher ist der Rot-Grün-Kontrast das entscheidende Thema. Mische hierfür alle nur erdenklichen Grüntöne. Du wirst überrascht sein, welche Farbmischungen Grün ergeben können. Ein Olivgrün entsteht, wenn du Schwarz und Gelb mischt. Ein frisches Grün erreichst du mit Zitronengelb und Kobalttürkis. Ein Braungrün zeigt sich durch eine Mischung zwischen Violett und Gelb. Immer, wenn du einem bläu-

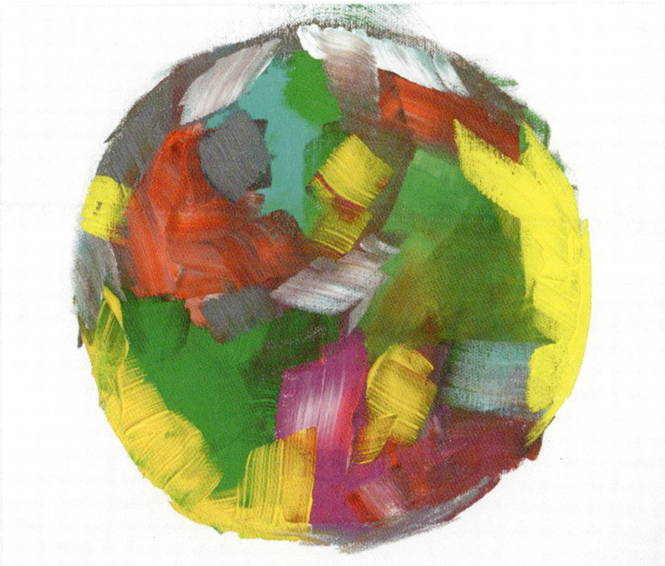

Rot-Grün-Kontraste
Verschiedenste Farbklänge steigern das helle Grün. Das Grau wird zum entscheidenden Bindeglied. Probiere hier unterschiedlichste Farben, und dir gelingen die tollsten Farbmuster.

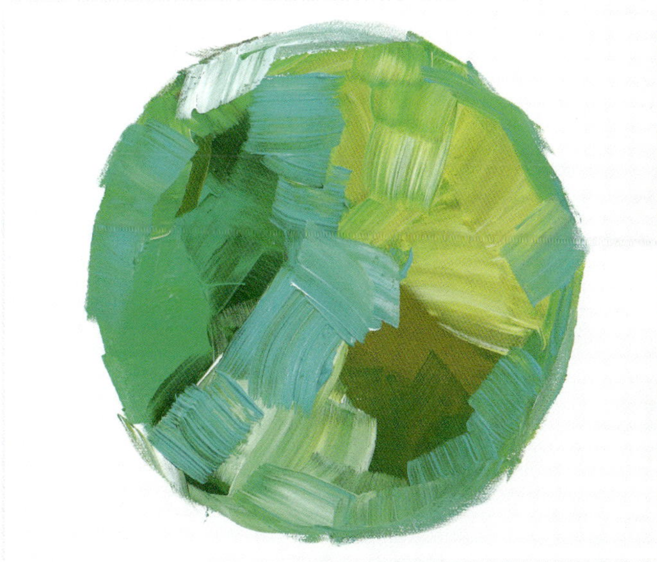

Kontraste zwischen Gelbgrün und Blaugrün
Der Farbklang zwischen dem intensiven Türkis und dem leuchtenden Gelbgrün wird zu einem Malerlebnis. Wechsle zwischen großen und kleinen Farbfeldern und betone sie mit Pinselspuren.

lichen Ton Orange oder Gelb hinzufügst, bekommst du eine grüne Schattierung. Auch Brauntönen in allen Helligkeitsstufen kannst du durch Hinzufügen von Blau einen grünen Schimmer entlocken. Stellst du diesen Grüntönen Orange, Rot oder Braun gegenüber, so veränderst du die Ausstrahlung des Grüns.
Dein Empfinden für den Farbklang Grün verändert sich durch die Nachbarfarbe. Die Kreisform hilft dir bei diesen Farbübungen. Führe die Pinselspuren strahlenförmig zum Zentrum der Farbscheibe. Grün dominiert das Kolorit des Kreises. Warme Töne wie Violett, Braun, Gelb, Orange oder sogar Rot finden sich oft bei Rinden, Wurzeln, Zweigen und Stämmen. Die warmen Farben treten intensiv mit Grün und Blau in einen Dialog. Hier wirst du unendlich viele Spielarten im Kreis entdecken. Ganz helle wie auch ziemlich dunkle Farben sorgen für den notwendigen Kontrast und stehen wohltuend der intensiven Leuchtkraft der direkten Farben gegenüber.
Viele Künstler empfinden Grün als eine komplizierte Farbe. Sie ist nicht einfach zu integrieren. Wenn du aber die Farben der Natur geschickt aneinanderfügst, dann entstehen leuchtende Baumlandschaften. Mit ein wenig Übung kannst du ihre Farbwirkung erspüren und gekonnt einsetzen.

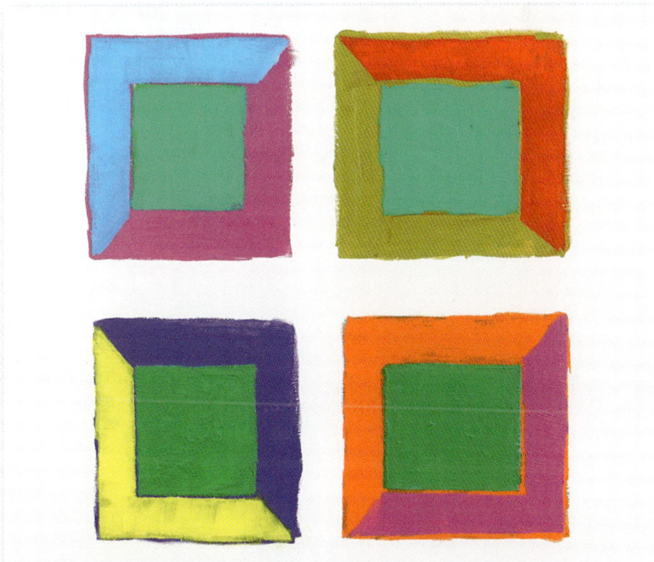

An den vier Quadraten wird deutlich, wie intensive Töne die Wirkung des Grüns beeinflusst. Selbst die reinsten Grüntöne mit einer hohen Farbsättigung verändern bei der Begegnung mit unterschiedlichen Gelb-, Orange-, Rot- und Brauntönen ihre Ausstrahlung. Spektralfarben, die bei Lichtbrechung entstehen, sind die direktesten Farben mit der optimalen Farbsättigung. Experimentiere selbst mit Grüntönen. Nimm ein und dasselbe Grün und setze es unterschiedlichsten warmen Tönen gegenüber.

Exkurs Landschaftsmalerei

Bäume und Sträucher sind seit Jahrhunderten ein zentrales Thema in der Landschaftsmalerei. Berühmte Künstler konzentrierten sich in ganzen Werkzyklen auf dieses Thema, um hinter das Geheimnis einer glaubhaften und meisterlichen Pflanzenwiedergabe zu kommen.
Viele Künstler haben sich diesem ausdrucksstarken Formenreichtum der Natur gewidmet, wanderten hierfür mit ihren Staffeleien durch Wiesenauen und setzten sich unter schattige Bäume. Denn um Licht und Schatten wirklichkeitsnah und richtig wiedergeben zu können, musst du die Farben im Verlauf des Tages und der Jahreszeit erfahren und sie sehen lernen.

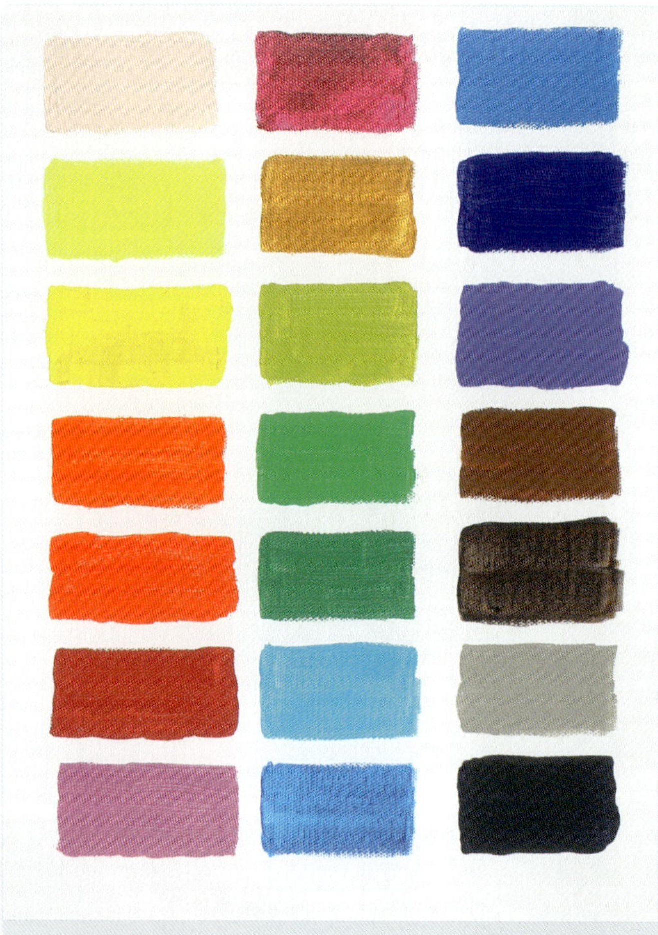

Die Grundfarben benötigst du für die Darstellung von Bäumen und Sträuchern.

Im Sommer idyllisch verweilend, nehmen Künstler umliegende Bäume ins Visier und studieren die Form- und Kompositionskraft der hochragenden Buchen und Birken sowie der runden, die Natur überwuchernden Büsche. Unter freiem Himmel erscheinen die Grün- und Brauntöne noch viel überwältigender und unterschiedlicher.
Die direkte Beobachtung in der Natur ist daher durch kein Foto zu ersetzen, davon bin ich persönlich überzeugt. Du kannst einen Baum umschreiten und sein Astwerk studieren. Auch Sträucher offenbaren einen Kosmos an Verdichtung, wenn du dich ihnen näherst und sie von allen Seiten betrachtest.
Die Plein-Air-Malerei hat schon eine jahrhundertelange Tradition. Der bekannteste Künstler, der diese Stilrichtung berühmt machte, ist sicher Claude Monet. Die neue Sicht auf die Natur revolutionierte die Malerei, und es war der Beginn des Impressionismus. Du beobachtest die Farben in der Natur mit deinen Augen natürlich auch viel klarer und unverfälschter.
Baumlandschaften haben eine lange Tradition in der Kunst. Blickst du in die Baumkrone und entdeckst das flimmernde und alles durchdringende Licht, dann wird der Pointillismus für dich unmittelbar nachvollziehbar. Die Pointillisten zerlegten die Farbflächen in einzelne Farbpunkte. Der bedeutendste Vertreter der Stilrichtung ist sicher Georges-Pierre Seurat. Von weiten betrachtet wirken die abgebildeten Blätter der Baumkrone und Sträucher grün. Nähert man sich dem Gemälde, so entdeckt man rötliche, bläuliche und gelbliche Farbpunkte, die ähnlich dem Fernseher eine flirrende Farbigkeit erzeugen. Deine Augen verbinden die unterschiedlichsten Farbpunkte zu einer schillernden Grünfläche. Mit dieser Beobachtung und Erkenntnis entsteht eine ganz neue Stilrichtung.
Steigerst du das Kolorit bis zur Farbexplosion, dann eroberst du dir den Expressionismus und die Abstraktion. Studierst du die Expressionisten, so erkennst du, dass die Vertreter dieser Kunstrichtung in ihrer Farbgebung noch mutiger, kontrastreicher und energiegeladener malten. Abstrakt legten sie ein Farbennetz über die Landschaften mit ihren Sträuchern und Bäumen. Nimm sie dir als Vorbild, denn alles ist erlaubt.

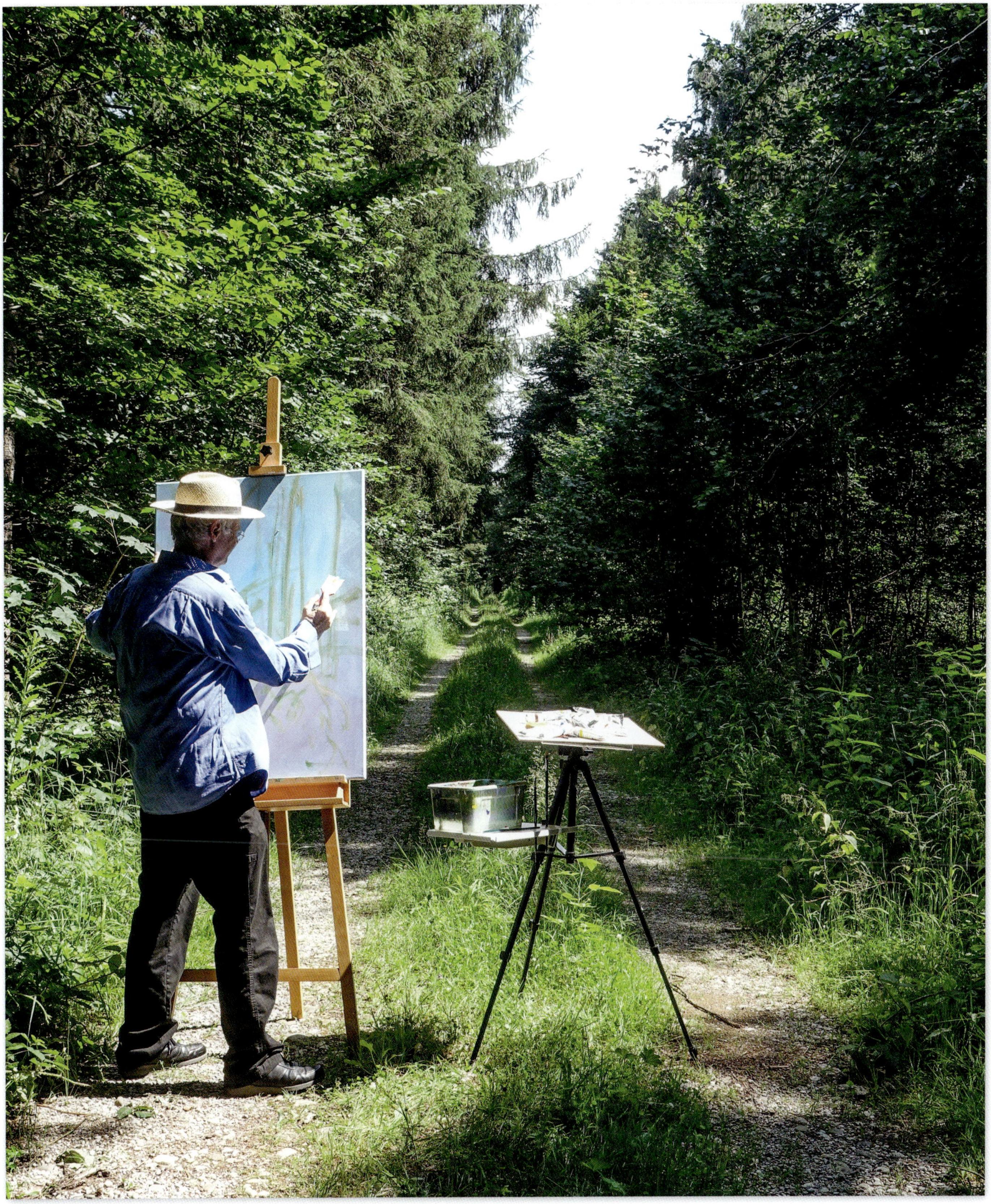

Pinseltechnik und Farbaufträge

Mit der vorgestellten Pinseltechnik sind die entscheidenden Holzmaserungen von Bäumen und Sträuchern in bester Maltradition darstellbar. Verwende aber nur qualitativ hochwertige Pinsel und gut pigmentierte Acrylfarben, die dich bei deiner Arbeit unterstützen. In diesen Beispielen entdeckst du ein optimales Ineinandergreifen von effektvoller Pinselführung und optimaler Farbkonsistenz. Trainiere die Technik idealerweise auf kleinen Leinwandresten, bis sie dir leicht von der Hand geht und du sie beherrschst.
Der Vorteil der Pinseltechnik: In einem Pinselstrich sind unterschiedliche Farben.

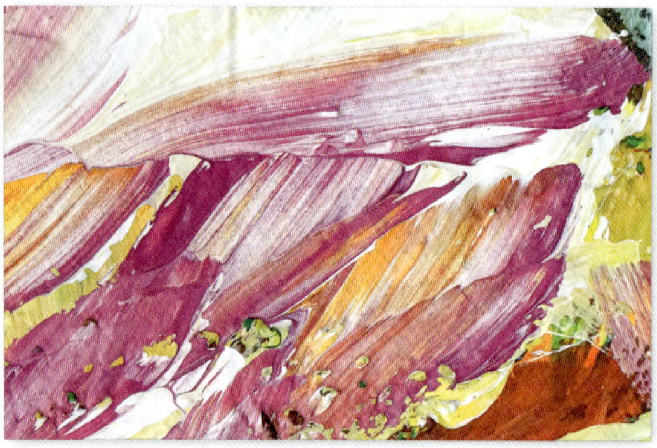

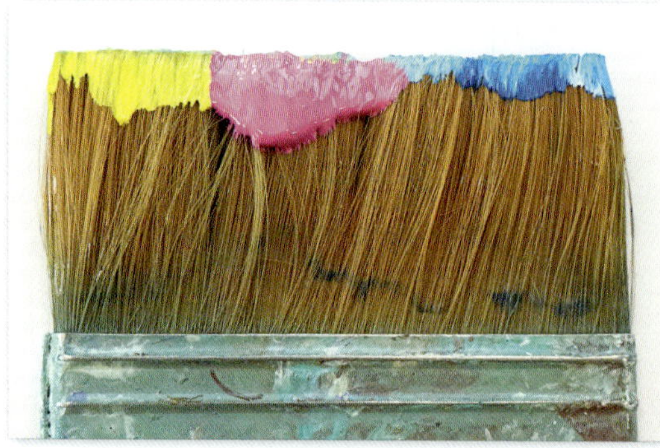

Tauche mit deinen Pinselhaaren in einige unvermischte Farben ein. Streiche den Pinsel über die Leinwand und experimentiere mit mehreren Farben gleichzeitig. Probiere viele Farbschichtungen aus, bis dich das Ergebnis begeistert.
Zitronengelb, Magenta und Coelinblau aufgehellt mit Titanweiß ergeben für mich zum Beispiel faszinierende Muster.

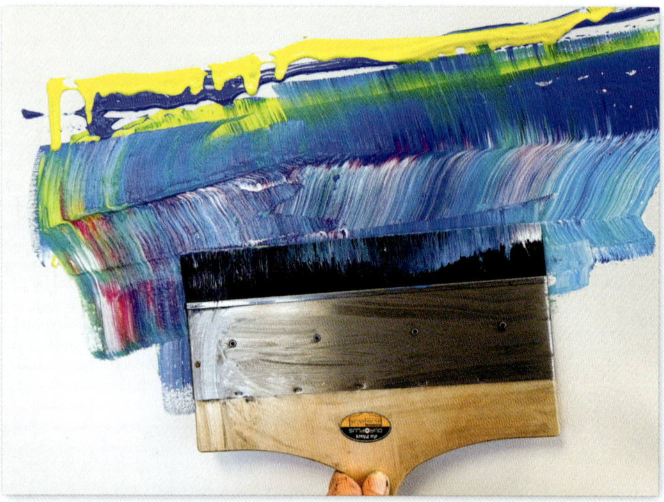

Trage auf die Leinwand dicke Farbstriche direkt aus der Tube auf. Im feuchten Zustand lassen sie sich hervorragend ineinander streichen. Wische mit einem 300 mm-Flachpinsel über die feuchten Farbspuren. Die entstehenden Farbschichten zeigen faszinierende Streifenmuster. Die fließende und wasserlösliche Acrylfarbe ist bestens für überraschende Effekte geeignet.

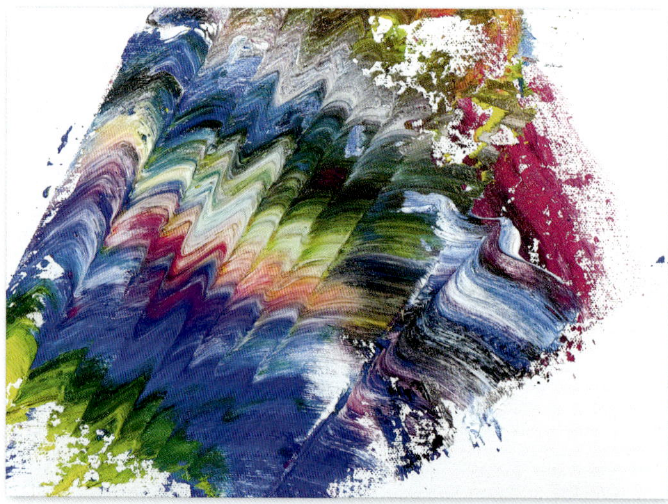

Die Acrylfarbe entwickelt hier eine ganz besondere Ästhetik, vergleichbar mit venezianischem Buchpapier oder spanischen, mit Seide bespannten Flamenco-Fächern. Hier siehst du die Schattierungen, die durch das zufällige Zusammenwirken verschiedenster Farbtropfen entstehen. Gruppiere die ungewöhnlichsten Töne nebeneinander und verziehe sie mit dem 300 mm-Flachpinsel. So gelingen dir verblüffendste Muster.

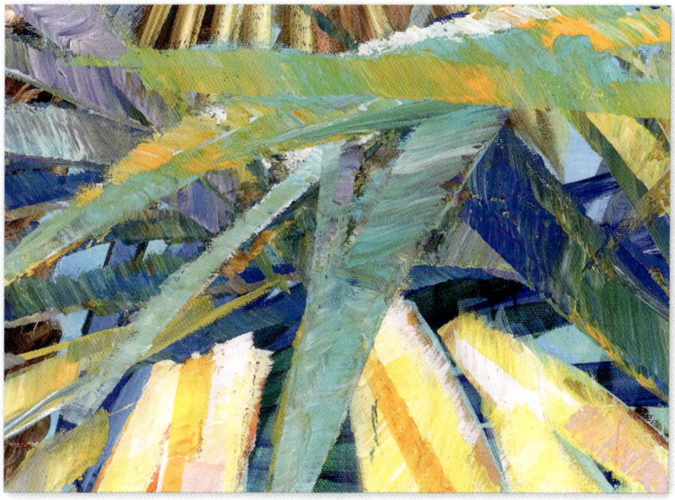

An den dünnen Blättern der Hanfpalme entsteht ein abwechslungsreicher Rhythmus aus verschiedensten Farbrillen. Die Blätter in der Fächerstaffelung sind prädestiniert für das Oberflächenrelief. Dezente Mischtöne entwickeln mit dieser Technik eine gesteigerte Strahlkraft. Die vielen Zwischenräume und Durchblicke der filigranen Blattüberlagerungen verleihen der Malerei dabei Tiefe und Räumlichkeiten.

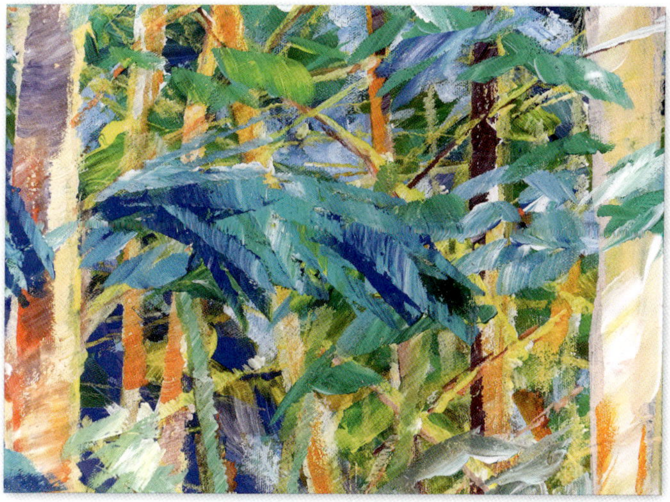

Enthülle die Leuchtkraft der Acrylfarben. Nur mit der Strichtechnik entfalten sie ihre ganze Ausdruckskraft. Der in kräftigen Farben gehaltene Ausschnitt ist in seiner Bildhaftigkeit kaum zu übertreffen. Die Erscheinungsweise der Oberfläche ist an der Brillanz maßgeblich beteiligt und der Schlüssel zu deiner Farbwahrnehmung.

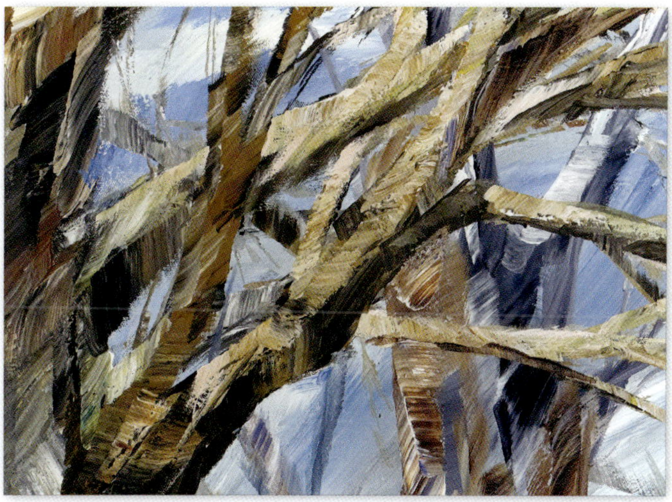

Achte beim Modellieren der Zweige auf die Zwischenräume. Sie sind genauso wichtig wie die Äste selbst. Das Blau des Himmels umrahmt die Erdfarben. Jeder Ast zeigt sich in einer leicht abgewandelten Farbgebung und Form. Das Licht wird zum Dirigenten der Glanzpunkte. Variiere die Brauntöne mit all ihren Abstufungen auch auf kleinsten Farbfeldern.

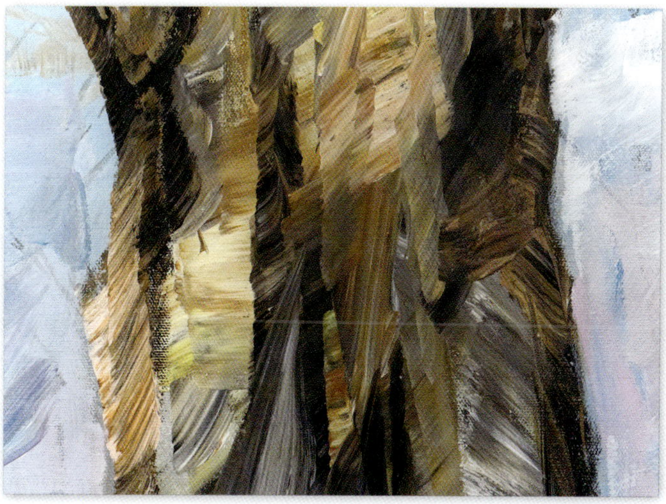

Viele Facetten ergeben den Baumrindencharakter. Schnörkellos behauptet sich das Relief, und nur die Struktur der Linienarchitektur fesselt dein Auge. Die zerklüftete Holzoberfläche wird für dich so greifbar. Mit einem 40 mm-Flachpinsel und einem Farbenmeer ziehst du den gewaltigen Stamm aus der Fläche.

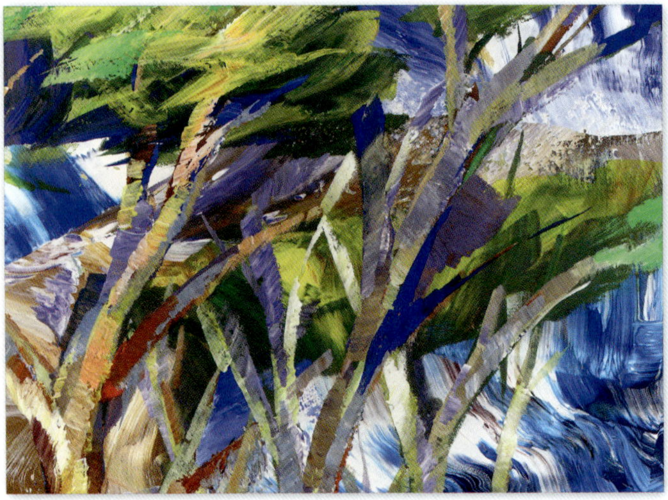

Rötlich modelliertes Astwerk liegt hier auf grünvioletten Flächen. Alle Farbwerte passen zueinander. Willst du die gelungene Farbgestaltung erlernen, dann eignen sich dafür perfekt Baum- oder Strauchmotive. Wähle einen expressiven Farbklang und setze die Formen flächig. Die abstrakte Wirkung steigert auf diese Weise den künstlerischen Ausdruck.

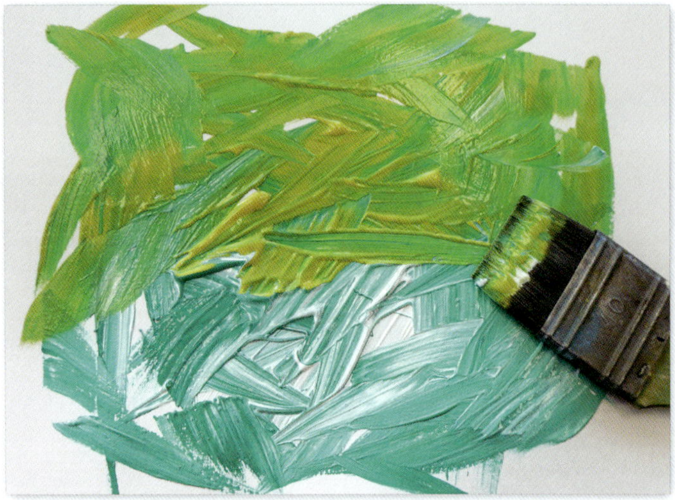

Helle Grüntöne gelingen dir durch verschiedenste Kombinationen. Mit Zitronengelb und Permanentgrün hell bekommst du beispielsweise ein warmes Frühlingsgrün, das wirkt, als sei es von der Sonne beschienen. Mit einer Mischung aus Kobalttürkis und Titanweiß entsteht ein sehr frisches Grün, geeignet für Sträucher an einem Bachlauf. Verteile die Töne getrennt auf die Leinwand und mische sie mit einem Pinsel oder einem Spachtel ineinander.

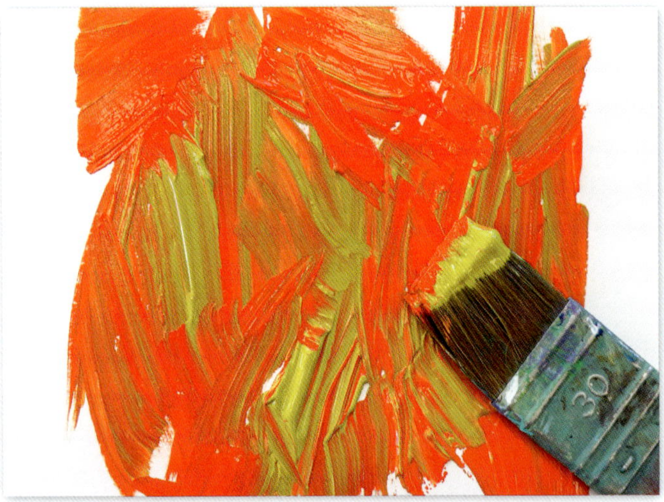

Grundsätzlich gilt: Rote Farben suchen die Harmonie zu Grün. Teste daher die Wirkung deiner Rottöne mit unterschiedlichsten Grüntönen. Du wirst überrascht sein, welche Farbwirkungen entstehen. In diesem Beispiel siehst du, wie Gelbgrün durch Zinnoberrot belebt wird. Wenn du die Farben nicht völlig zu einer neuen homogenen Farbe verbindest, wird dein kraftvoller Pinselduktus ein Teil der Bildwirkung sein.

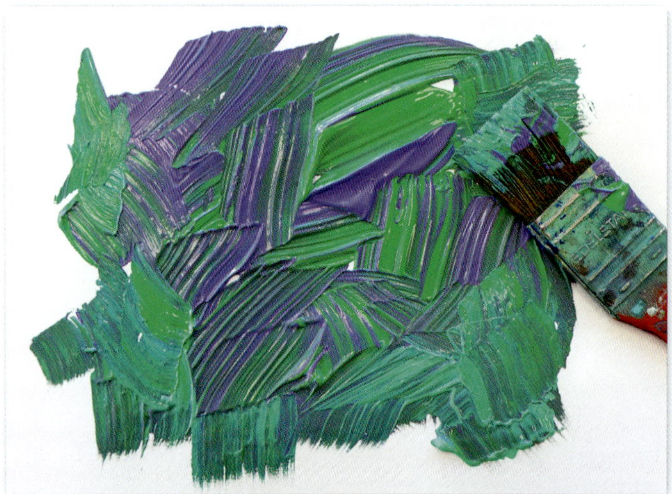

Einen von unzählig vielen Farbkontrasten findest du auch mit den Farbtönen Blauviolett und Permanentgrün hell. Mit beiden Farben bekommst du einen geheimnisvollen, leicht abgedunkelten Ton. Der Farbklang eignet sich sehr gut für schattige Stellen bei den Blättern. Du wirst feststellen, dass Grün und Violett die Farbigkeit deiner Naturgemälde hervorragend bereichern.

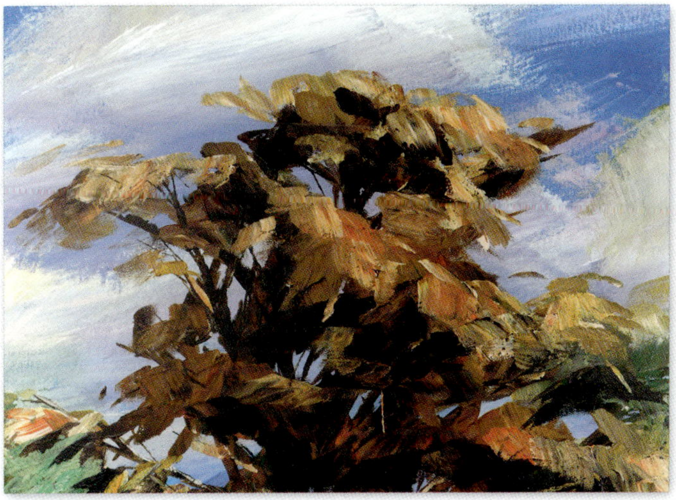

In der Malerei werden Kontraste zum Ursprung des Lichts. Eine starke Sonnenwirkung gelingt dir mit dem Unterlegen von Schattenflächen. Mit skizzenhaften Pinselstrichen wächst im wahrsten Sinne des Wortes eine ausladende Baumkrone. Realisiere die Wesensmerkmale des Baumes zuerst mit Vandyckbraun und modelliere in die noch feuchte Acrylpaste Indischgelb, Neapelgelb hell, Brillantorange und Titanweiß.

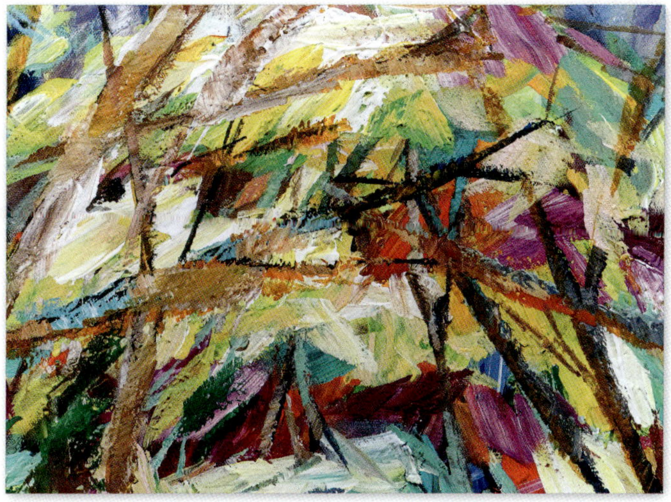

Die dschungelartigen Überlagerungen von dichten Sträuchern kannst du in allen Farben wiedergeben. Ordne mit Leichtigkeit und Experimentierfreude die vielen Farbwerte nebeneinander, übereinander und untereinander an. Das Wachstum offenbart sich in einem Wechselspiel von Blättern und Zweigen. In die Malerei übersetzt bedeutet das ein abstraktes und pulsierendes Ineinander und Übereinander von Punkten und Strichen.

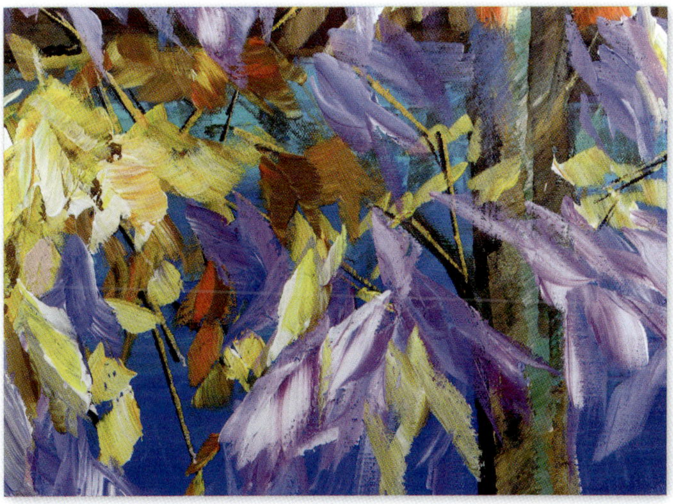

Helle Punkte in der Farbe wölben die Blätter nach oben. Mit dieser Technik kannst du die Blätter auf der Leinwand plastisch in die Höhe modellieren. Wie Halbedelsteine funkeln die Herbstblätter dann auf dem intensiven Ultramarinblau. Ein Teil der Wirkung besteht darin, die Farbpunkte wie in einer Tanz-Choreografie zu verteilen.

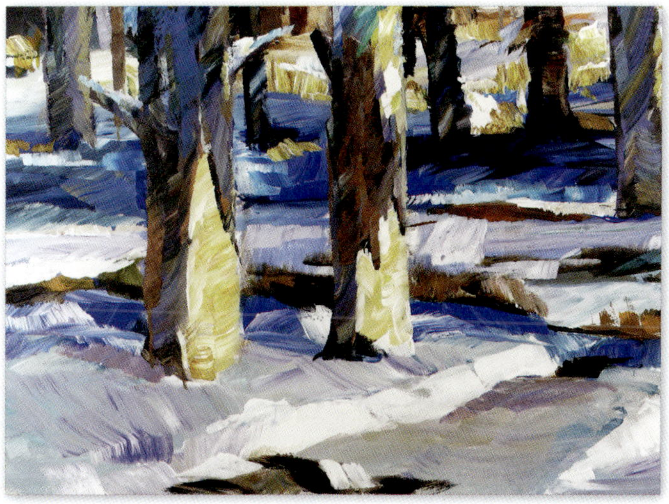

So geschickt kannst du die flachen Pinselhaare einsetzen. Nuanciere die Schneefläche mit Schlieren und Streifen. Dezente Färbung überzieht das Weiß. Tauche deinen 80 mm-Flachpinsel in blauviolette und rosa Töne, und dir gelingt eine ebenso abwechslungsreiche und plastische Oberfläche. Selbst einheitlichste und völlig monochrome Flächen solltest du bei Naturdarstellungen mit Farbakzenten beleben.

Bäume und Sträucher im Bild

Hohe Feldsträucher

Du brauchst:

- Keilrahmen, 70 × 100 cm
- Acrylfarben in Titanweiß, Zitronengelb, Brillantgelb, Indischgelb, Neapelgelb hell, Neapelgelb dunkel, Brillantorange, Zinnoberrot, Eisenoxidbraun, Eisenoxidgelb, Lichter Ocker, Siena, Kobalttürkis, Coelinblau, Blauviolett, Ultramarinblau, Indigo, Permanentgrün hell, Orientgrün, Olivgrün, Chromoxidgrün feurig, Umbra natur und Schwarz
- Flachpinsel, 80 mm, 50 mm, 40 mm, 30 mm, 20 mm
- Universalpinsel, ca. 16 mm
- Kreidestift in Weiß
- Küchenrolle
- Farbpalette

Beschauliche Wiesenbilder werden durch blühende und grüne Sträucher belebt und sind entscheidende Blickpunkte in idyllischen Landschaftsdarstellungen. Sie werden zum wichtigen Kompositionselement zwischen leuchtenden Feldern, Wiesenflächen und einem dramatischen Wolkenhimmel. Dieser klassische Bildaufbau zeigt dir eine Möglichkeit, hohe Sträucher am Feldrand gekonnt zu platzieren und in Szene zu setzen.

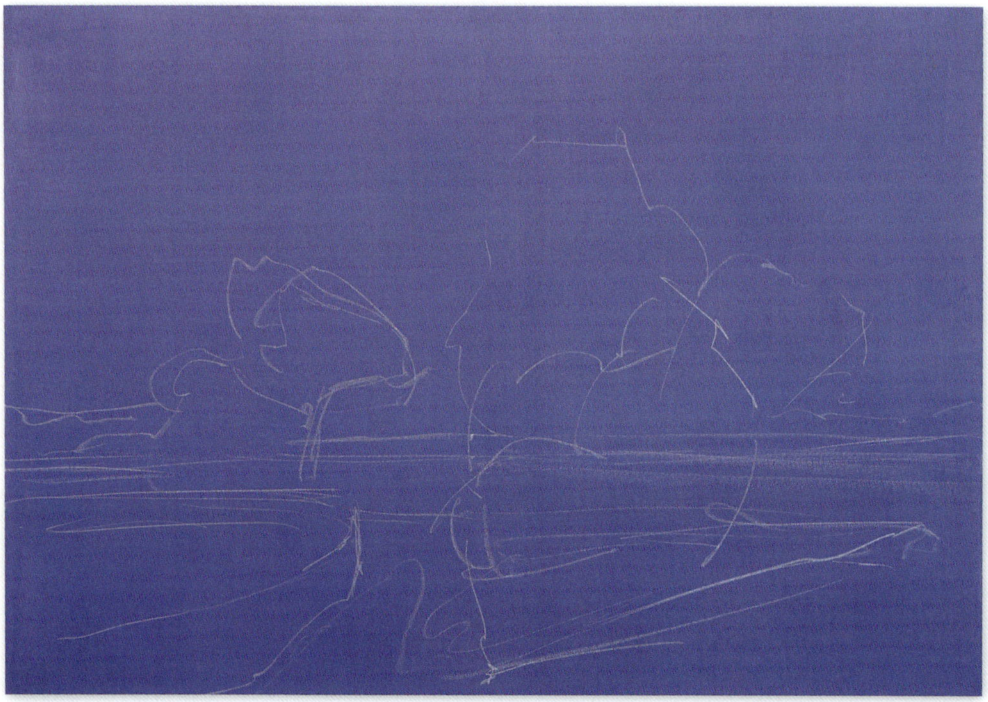

1. Schritt

Mische als Erstes die Blautöne des Himmels auf deiner Palette an. Verwende eine mit Wasser verdünnte Mischung aus Ultramarinblau und Titanweiß. Sie bilden eine ideale Grundlage für den weiteren Malprozess. Verwende eine weiße Kreide für die Anlage der Landschaft. Zeichne dann einen geschwungenen Weg, der sich, leicht aus der Mitte versetzt, durch Getreidefelder schlängelt und von hohen Sträuchern gesäumt ist. Du kannst die Skizze mit einem Feuchttuch leicht korrigieren, wenn du die Komposition nachträglich verbessern oder verändern möchtest.

2. Schritt

Lege nun den Himmel mit der Mischung aus Ultramarinblau und Titanweiß an. Modelliere im nächsten Schritt mit Brillantgelb, Siena, Indischgelb und Eisenoxidbraun die kurzen Stoppeln des Feldweges. Gehe mit dem breiten Pinsel den Unebenheiten und Erdfurchen des Bodens nach. Setze kurze Pinselwischer, um den Charakter der Bodengräser wiederzugeben. Wende diese Technik auch bei den entfernten Wiesen am Waldrand an. Danach male mit einer Mischung aus Coelinblau, Kobalttürkis und Titanweiß die diffusen Flächen zwischen den Wolken in die wolkenfreien Bildpartien.

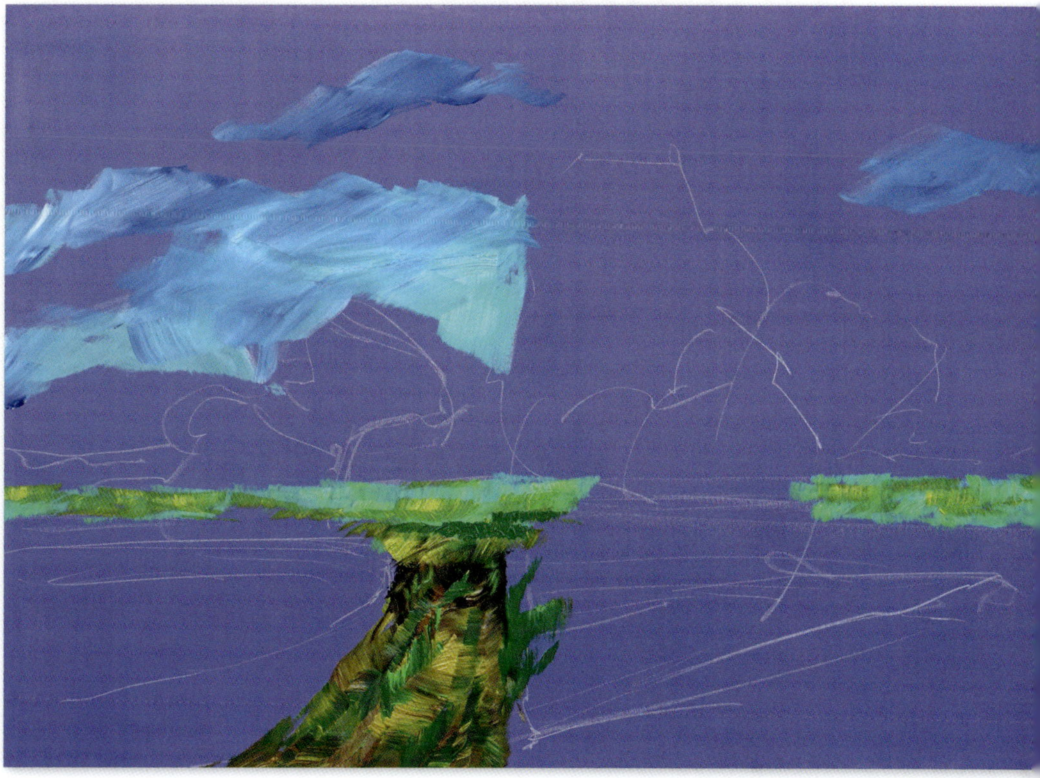

3. Schritt

Forme nun die weißen Wolkenhauben über die blaue Leinwand. Sie gestalten den Wolkenhimmel dramatisch, und man hat das Gefühl, als würde man durch ein Fenster in die Natur schauen. Hierfür eignen sich hervorragend Flachpinsel. Die Wolkenfarbe gelingt dir mit Titanweiß, Blauviolett, Ultramarinblau und Schwarz. Vertreibe die weiße Farbe leicht diagonal und mit einem Schwung von rechts nach links. Überstreiche die Wolke so lange, bis unscharfe und fließende Übergänge zwischen dem tiefen Blauschwarz und dem leuchtenden Weiß entstehen.

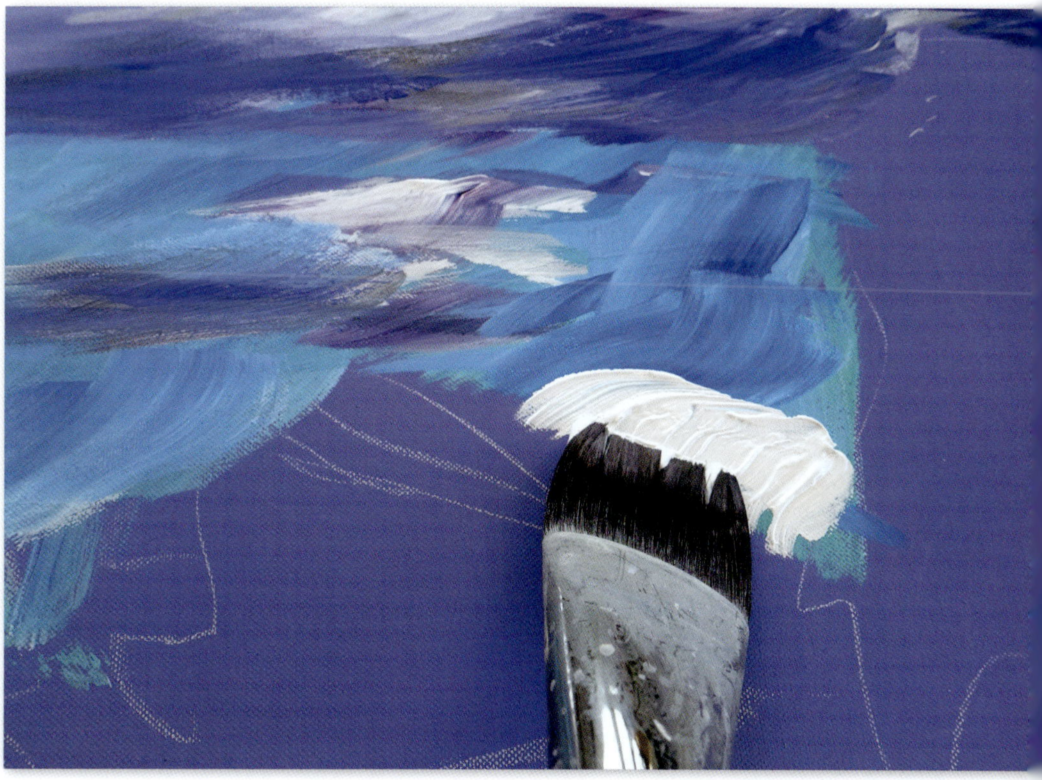

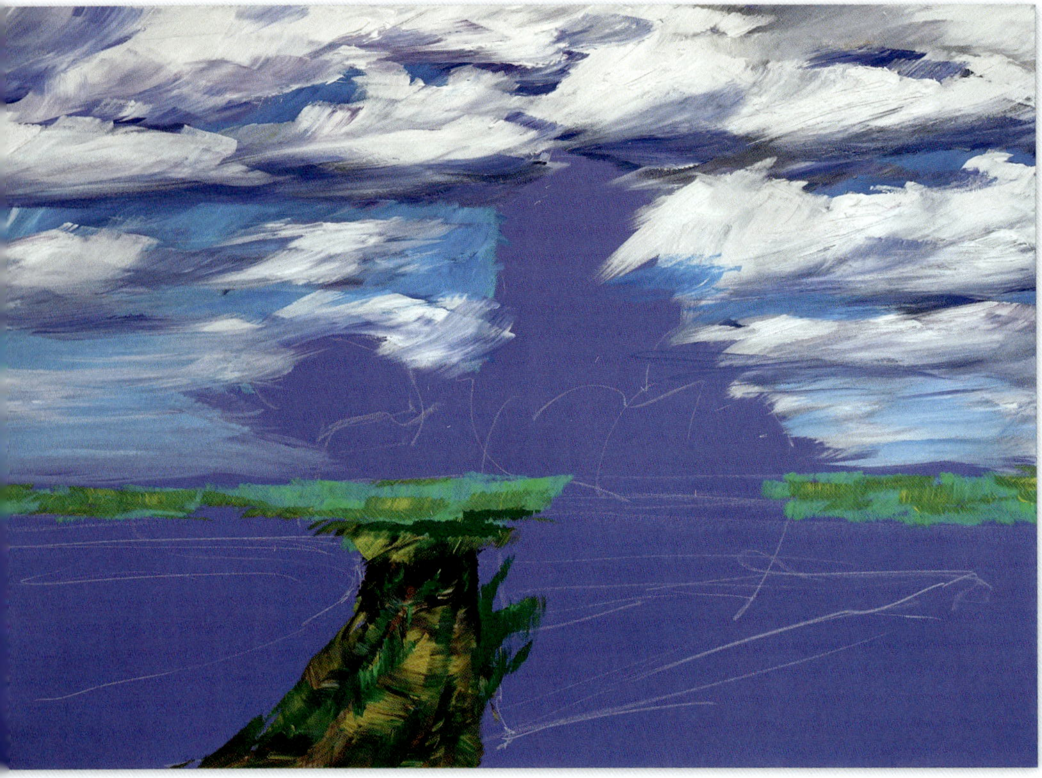

4. Schritt

Setze nun mit schnellen Pinselschwüngen die vorbeiziehenden Wolken aneinander. Fülle die obere Leinwandfläche komplett mit Wolkenzügen bis zum Rand. Versehe, solange die Farbe noch feucht ist, die weißen Wolkenschichten mit einem unteren Schatten aus Ultramarinblau und Indigo. Der Übergang zwischen den tiefblauen und den weißen Farbschichten wirkt dann verschwommen und natürlich. Male die entfernter schwebenden Wolken dünner und heller und die vorderen kontrastreicher, als würden sie auf dich zufliegen. Ein dramatischer Himmel steigert das Landschaftsbild in seiner Wirkung.

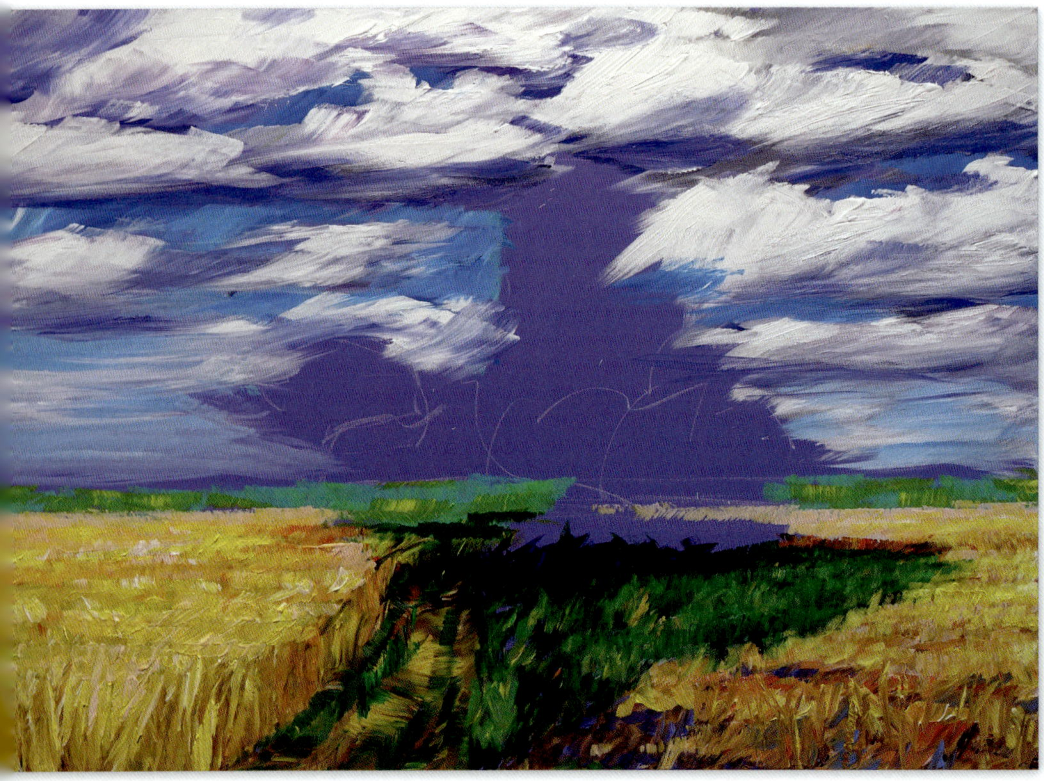

5. Schritt

Jetzt wende dich dem vibrierenden Gelb der Getreidefelder zu. Die beiden Weizenfelder bieten einen herrlichen Kontrast zu den blaugrünen Tönen des Bildes. Nun tupfe helle und dunkle Linien für die Getreidehalme am Rand des Weizenfeldes. Eine reichhaltige Gelbpalette bringt die Getreideähren zum Leuchten. Die Farben Zitronengelb, Brillantgelb, Indischgelb, Brillantorange, Neapelgelb hell, Neapelgelb dunkel, Eisenoxidgelb, Lichter Ocker, Siena, Umbra natur und Titanweiß ergänzen sich hervorragend. Mit kurzen Pinselbewegungen kannst du die sich im Wind wiegende Oberfläche des Getreidefeldes wiedergeben.

6. Schritt

Hier erkennst du im Detail deutlich, wie selbst kleinste Pinselstriche aus unterschiedlichen Farben bestehen. Das gelingt dir ganz leicht, wenn du mehrere Töne auf deinen Pinselkamm aufträgst. Für die Wiese verwende Chromoxidgrün feurig, Permanentgrün hell, Orientgrün, Olivgrün, Zitronengelb und Indigo. Lasse die Spitzen der Gräser in alle Richtungen zeigen. Führe diese Strichtechnik mit einem 16 mm-Flachpinsel aus, bis die Grünfläche auf dich eine Faszination ausstrahlt. Wichtig dabei sind zusammenhängende helle und dunkle Stellen.

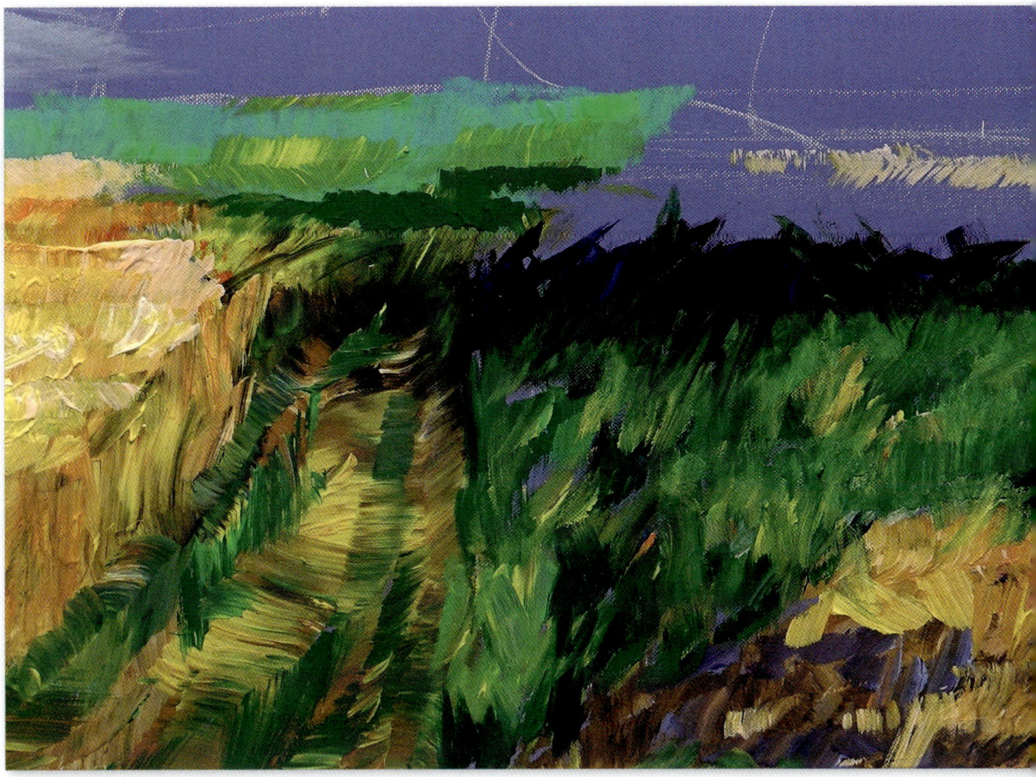

7. Schritt

Bemale das Zentrum des Bildes mit Coelinblau und Titanweiß. Die spontanen, blauweißen Pinselstriche werden zum Hintergrund für die hoch gewachsenen Gruppen von Sträuchern. Du kannst hier den lockeren Farbauftrag üben. Spiele immer mit der ultramarinblauen Grundanlage und lasse sie an unterschiedlichsten Stellen durchblitzen. In dieser Partie muss die Farbe des Untergrunds sichtbar sein. Viele unterschiedliche Farben erzeugen einen impressionistischen Eindruck. Das aufgesetzte Grünblau und das durchscheinende Rotblau verstärken sich dabei gegenseitig.

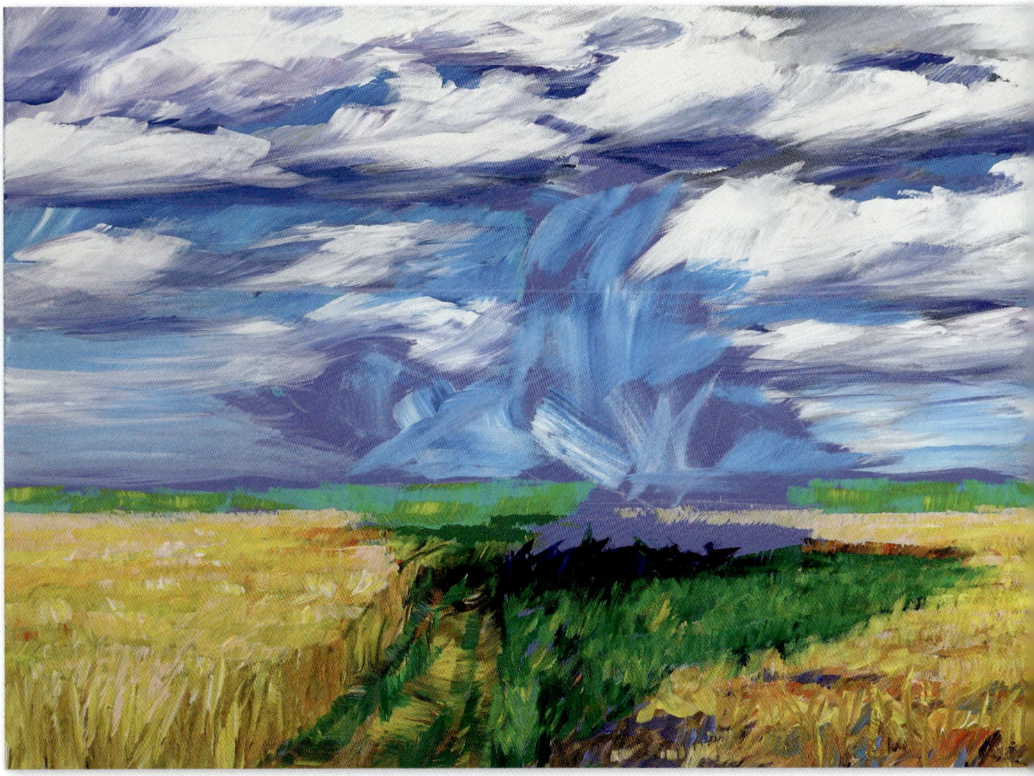

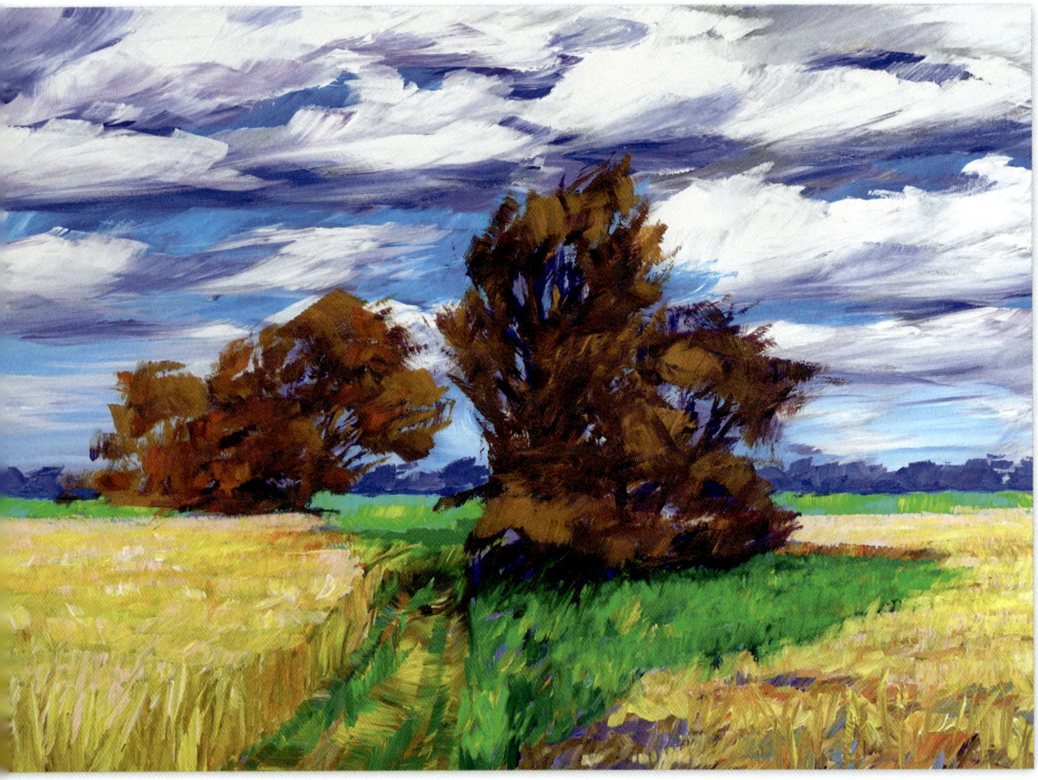

8. Schritt

Warme Brauntöne steigern die Farbigkeit des Landschaftsbildes zusätzlich. Für die Anlage der Sträucher verwende daher Brillantorange, Blauviolett und Siena gemischt mit Neapelgelb dunkel. Beachte, dass du an verschiedenen Stellen Astgruppen und Zweige durchscheinen lässt. Du gibst damit den Sträuchern ein natürliches Aussehen, und es wirkt, als wehe der Wind durch das Geäst. Die Blätter sind nicht einzeln zu erkennen. Gestalte die Blattgruppen als unregelmäßige Flächen und verwende hierfür die Farben Zinnoberrot, Siena, Umbra natur und Lichter Ocker.

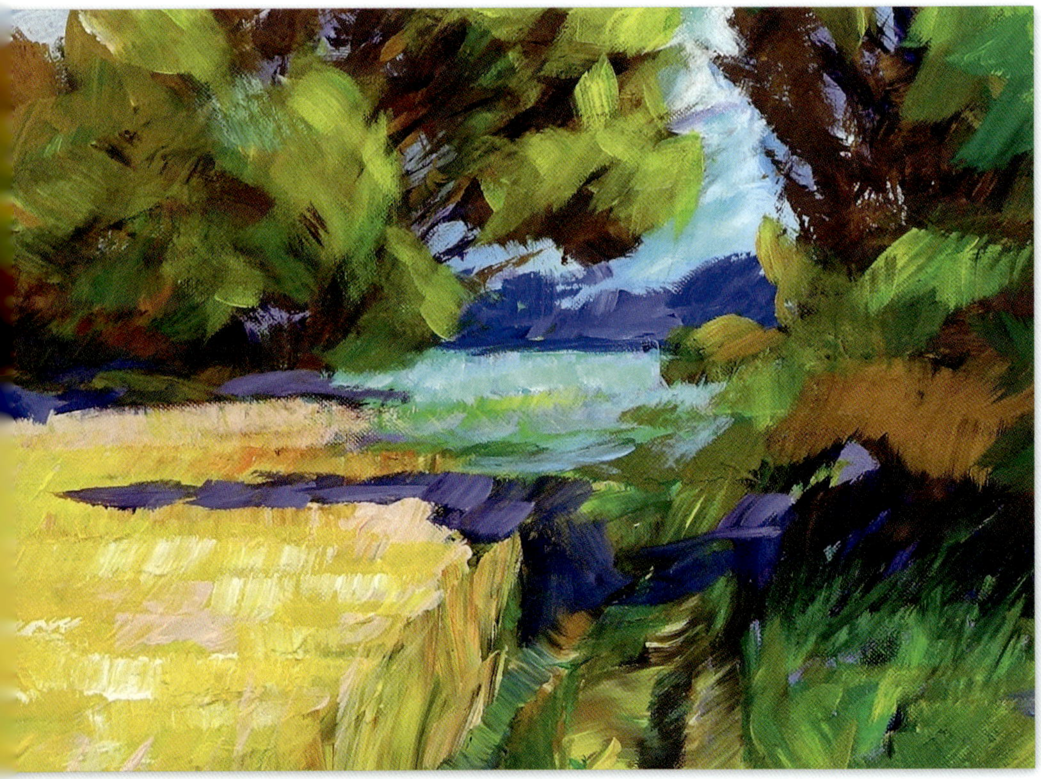

Ausschnitt

Der violette Schatten verbindet die Strächergruppen mit der Landschaft. Unterlege ihn mit Ultramarinblau. Belebe ihn mit Blauviolett und Titanweiß. Der impressionistische Farbaufbau von der Dunkelheit in die Helligkeit wirkt schwebend. In dem Ausschnitt erkennst du, dass selbst die kleinste Fläche durch eine Vielzahl von Farbennuancen entsteht. Dabei ist sehr entscheidend, wie sich rötliche und bläuliche Töne abwechseln und so die grüne Farbe beleben, was du mit der rostbraunen Untermalung der Sträucher spielend erreichst. Dein Acrylbild gewinnt auch an Ausdruck, wenn du mit deiner Pinselführung die runden Formen der Natur betonst.

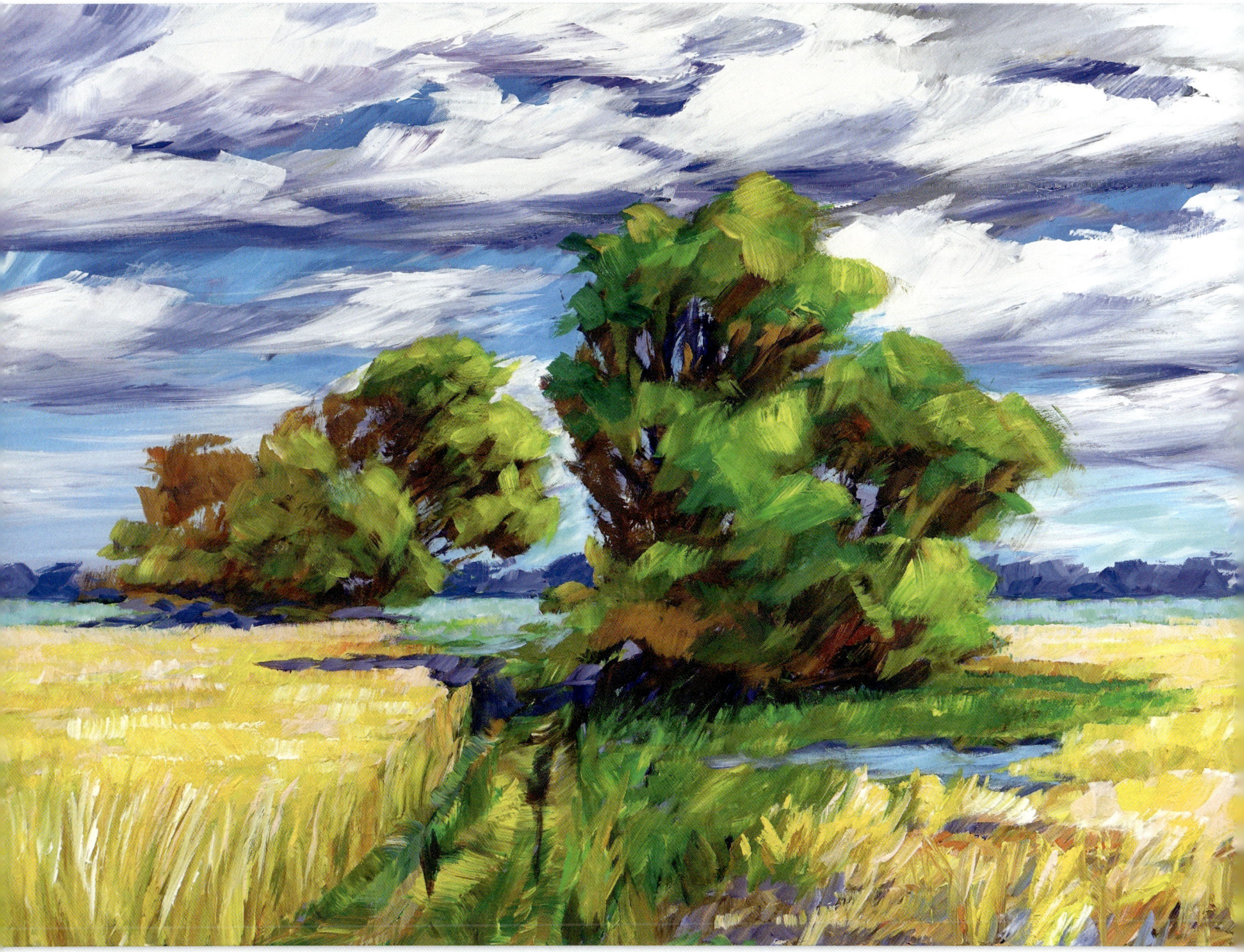

Fertiges Bild

Kleine Details und Akzente können das Bild nun perfekt abrunden. Nimm dafür Permanentgrün hell, Orientgrün, Chromoxidgrün feurig und Zitronengelb für das Blattgrün der Sträucher. Mit einem kleinen Wasserbereich in der Wiese und blauen Akzenten im angrenzenden Getreidefeld entsteht eine malerische Harmonie. Für die Tiefe im Bild ist es sehr entscheidend, die weiter entfernte Gruppe der Sträucher heller und kleiner darzustellen. Du solltest nur die vorderen Sträucher mit dunklen Schattenstellen aus Chromoxidgrün feurig und Permanentgrün hell versehen. Wichtig für die Bildwirkung ist auch der blaue Schatten der Sträucher aus Ultramarinblau und Titanweiß, der über den goldfarbenen Getreidefeldern liegt.

Abendleuchten im Wald

Du brauchst:

- Keilrahmen, 70 × 100 cm
- Acrylfarben in Titanweiß, Brillantgelb, Zitronengelb, Indischgelb, Heller Ocker gebrannt, Siena, Zinnoberrot, Chromoxidgrün feurig, Permanentgrün hell, Kobalttürkis, Coelinblau, Blauviolett, Ultramarinblau, Umbra natur und Krappbraun
- Flachpinsel, 80 mm, 50 mm, 40 mm, 30 mm, 20 mm
- Universalpinsel, ca. 16 mm
- Küchenrolle
- Farbpalette

Jedes Lichtspiel fordert immer das malerische Geschick des Künstlers heraus. Wie kann ich am besten den Unterschied zwischen Morgen- und Abendlicht mit Farbklängen festhalten? Schaffe ich ein kühles Gegengewicht zu den Leuchttönen Gelb und Weiß im Lichtkegel? Das Motiv zeigt dir vom Abendlicht angestrahlte Tannen und Fichten, die die Magie des Lichtes widerspiegeln. Unsere nächste Kernfrage lautet demnach: Wie verändert die Abendsonne die Stimmung im Bild?

1. Schritt

Verteile mit einem breiten Pinsel eine Mischung aus Ultramarinblau, Coelinblau und Titanweiß über die ganze Leinwand. Mische diese Farben beim Auftragen auf der Leinwand. Eine fleckige und lebendige Farbfläche hilft dir bei der malerischen Umsetzung. In der Farbfläche können helle Stellen sofort deine Fantasie anregen. Längsstreifen versetzen dich in eine Waldstimmung. Wenn du dein Motiv vor Augen hast, dann ist das für dich in jeder Malphase erkennbar.

2. Schritt

Male mit Umbra natur, Brillantgelb, Heller Ocker gebrannt und Siena vermischt mit Titanweiß einzelne Stämme mit unterschiedlichen Abständen auf die Leinwandfläche. Setze auch gleich Queräste. Sie schaffen eine natürliche Verbindung zwischen den Abständen der Bäume. Nimm zum Schluss Titanweiß, Zinnoberrot und Brillantgelb und fange schon während der ersten Skizze das Leuchten der Abendsonne ein. Der Farbkontrast spiegelt bereits die Stimmung des späten Lichtes wider. Entscheidend dabei sind die weißlichen Blitzer in den Farbstrichen. Skizziere die Stämme nicht bis zum unteren Bildrand. Sie verschwinden zwischen den Farnen des Waldbodens. Lasse Platz für den dichten, überwucherten Waldboden.

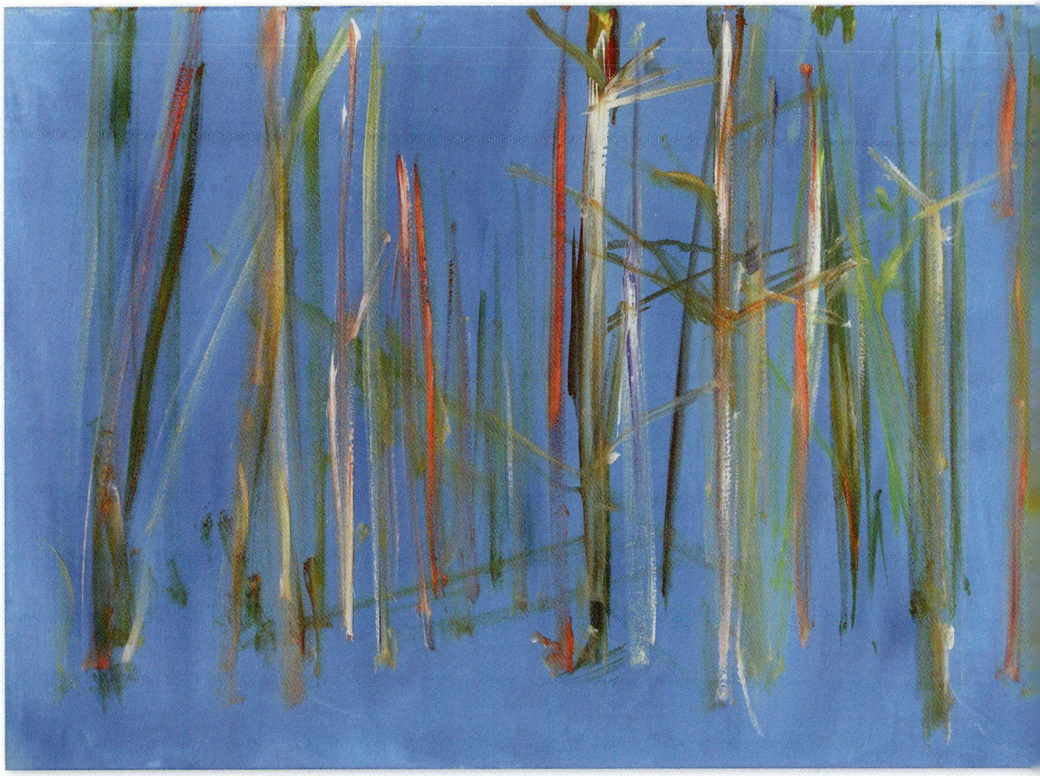

3. Schritt

Verdichte mit einem 30 cm breiten Flachpinsel Kobalttürkis, Chromoxidgrün feurig und Permanentgrün hell zu Blattüberlagerungen. Studiere auch, wie Blätter entlang der Äste wachsen. Viele überlagern sich zu einer grünen Fläche, andere flattern mit viel Abstand in Wind. Versuche, mehrere unterschiedliche Farben auf dem kleinen Pinselkamm aufzutragen. Auf dem abgebildeten Pinsel ist gut zu erkennen, wie viele Farben auch ein schmaler Pinsel aufnehmen kann. Wichtig hierbei ist, dass du nach jedem Strich den Pinsel in die Palette tauchst, um frische Farbe aufzunehmen.

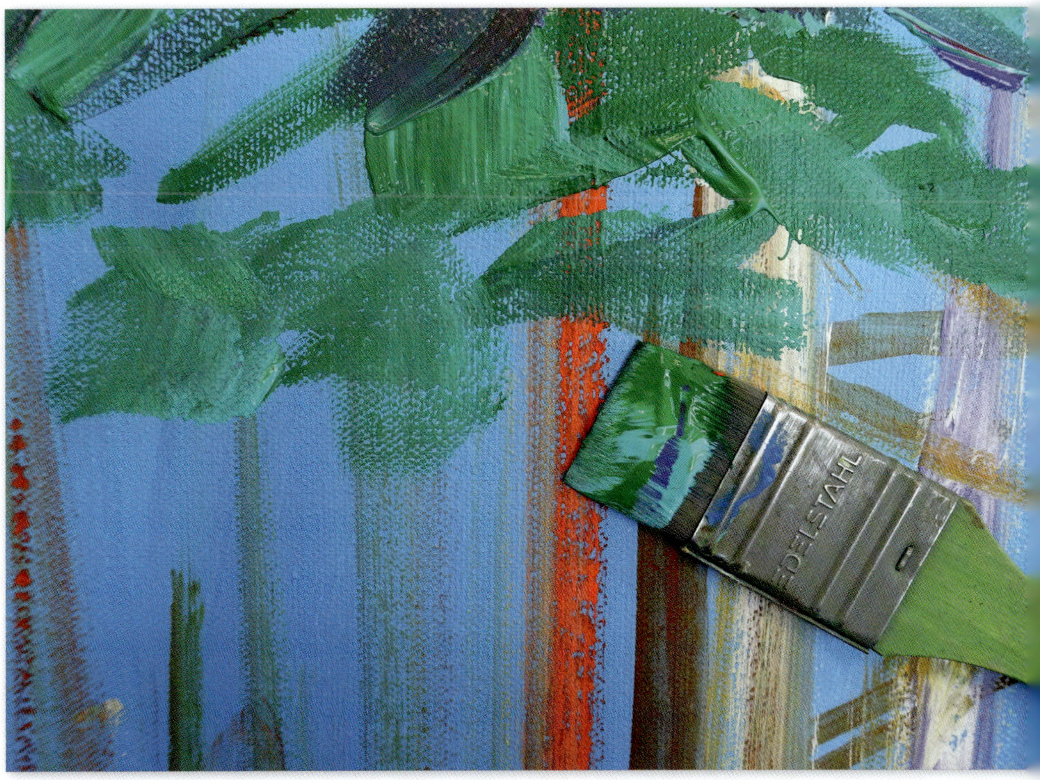

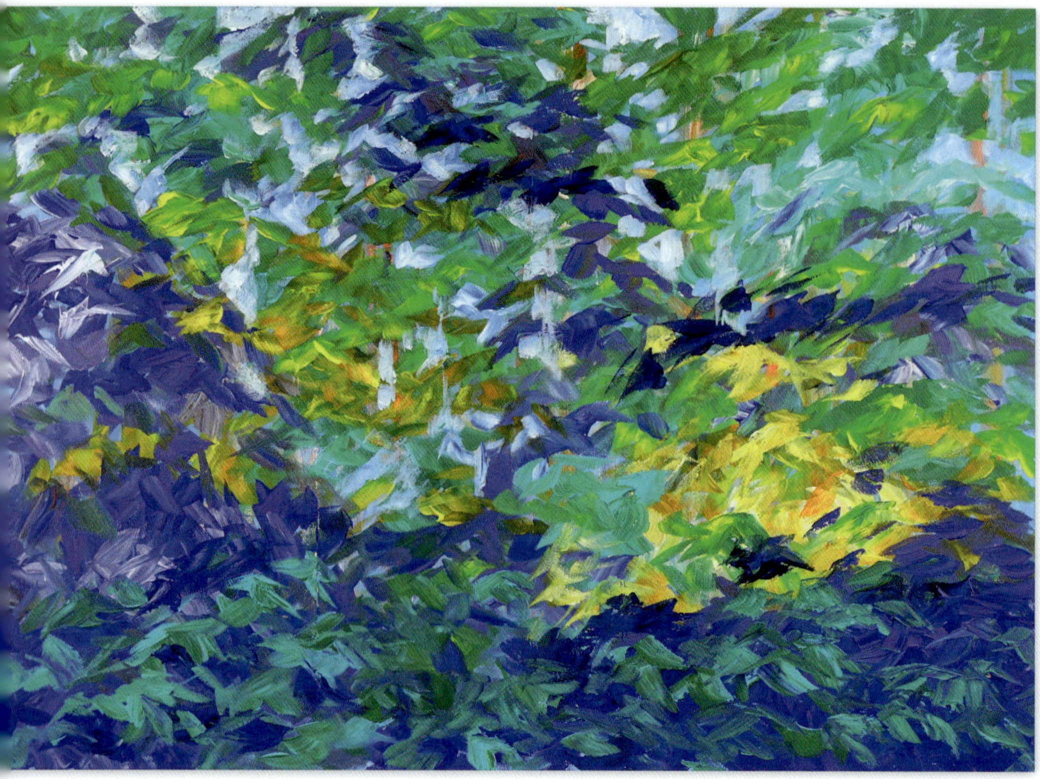

4. Schritt

Am Horizont entsteht der stärkste Lichteinfall. Diesen Lichteffekt erreichst du mit Indischgelb, Brillantgelb, Titanweiß und Permanentgrün hell. Setze daher die schattigen Blätter mit Ultramarinblau aufgehellt mit Titanweiß, Kobalttürkis und Permanentgrün hell vermischt über den schattigen Waldboden. Verdichte mit den Pinselstrichen die ganze Bildfläche und steigere so die Ästhetik der Blattüberlagerungen. Die ersten Baumandeutungen sind jetzt nur noch zu erahnen. Die verbleibende minimale Skizze reicht, denn die Fülle der Blätter und das impressionistische Farbleuchten sind für das Bild jetzt wichtig und viel entscheidender.

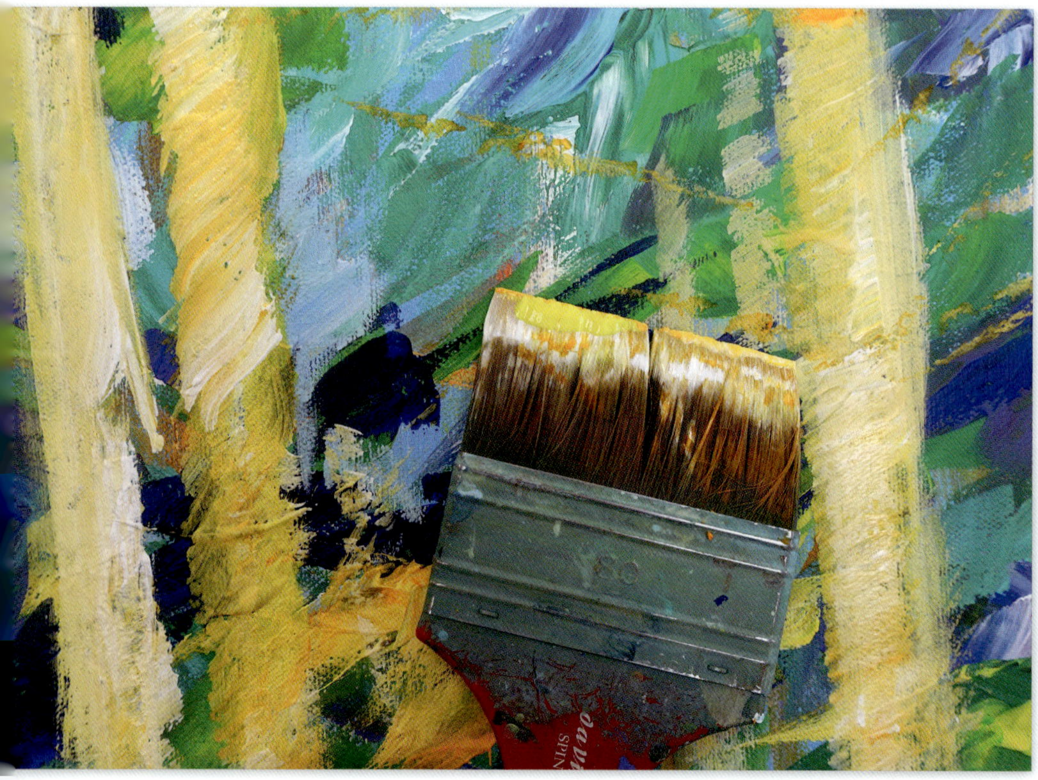

5. Schritt

Mit einem 80 mm-Flachpinsel kannst du nun hervorragend die beschienenen Bäume modellieren. Durch die Breite des Pinsels entsteht in den Stämmen eine sehr helle und leuchtend gelbe Pinselstruktur. Die Glanzlichter spielen dabei eine große Rolle. Gelingt es dir nicht beim ersten Farbauftrag, dann wiederhole ihn, bis du die gewünschte Wirkung erzielst. Wichtig dabei ist eine gleichmäßige Verteilung von Titanweiß, Zitronengelb, Brillantgelb und Indischgelb über die 80 mm breite Pinselkante. Mir gelingt die malerische Struktur übrigens auch nicht immer beim ersten Mal.

6. Schritt

Male nun mit Indischgelb, Brillantgelb und Titanweiß erneut die Fichtenstämme über die Baumandeutungen der Vorskizze. Du kannst sie aber auch völlig neu anordnen. Entscheidend dabei sind die einzelnen Abstände zwischen den Stämmen. Setze sie unterschiedlich und schräg, genauso, wie du es auch in der Natur beobachten kannst. Übertreibe sogar die Neigungen der Bäume. Die schräg wachsenden Fichten, Tannen und sogar Douglasien steigern die künstlerische Wirkung und Perspektive. Eine dramatische Waldlichtung begeistert den Kunstbetrachter.

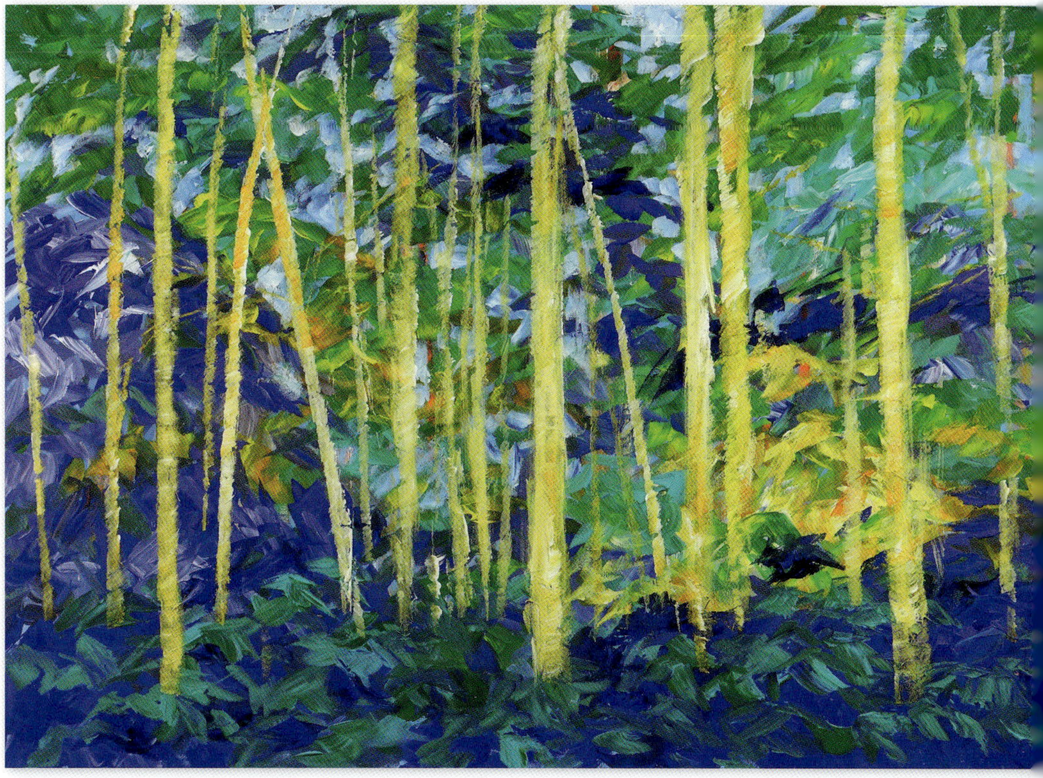

7. Schritt

Verstärke mit dem nächsten Schritt die Farbigkeit der Baumrinden. Reagiere in jedem Stadium auf Farben und Formen neu. Erfordert deine Farbsetzung breitere Baumstämme, dann verändere daraufhin das Bild. Um das Leuchten der Abendstimmung zu steigern, modelliere die Baumrinden mit Zinnoberrot, Titanweiß, Brillantgelb, Ultramarinblau, Blauviolett und Krappbraun. Verstärke die Queräste und setze gelbe und weiße Lichtkanten auf die gebogenen Äste. Gestalte vereinzelte Äste auch mit den Farben Heller Ocker gebrannt, Titanweiß und Blauviolett.

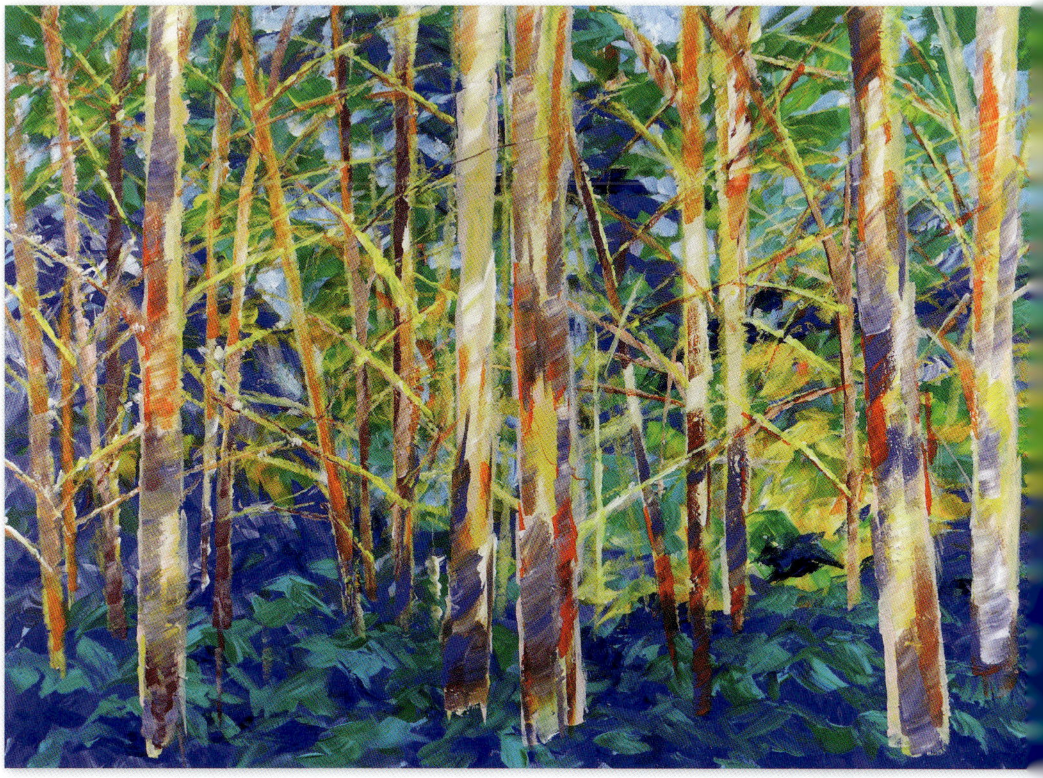

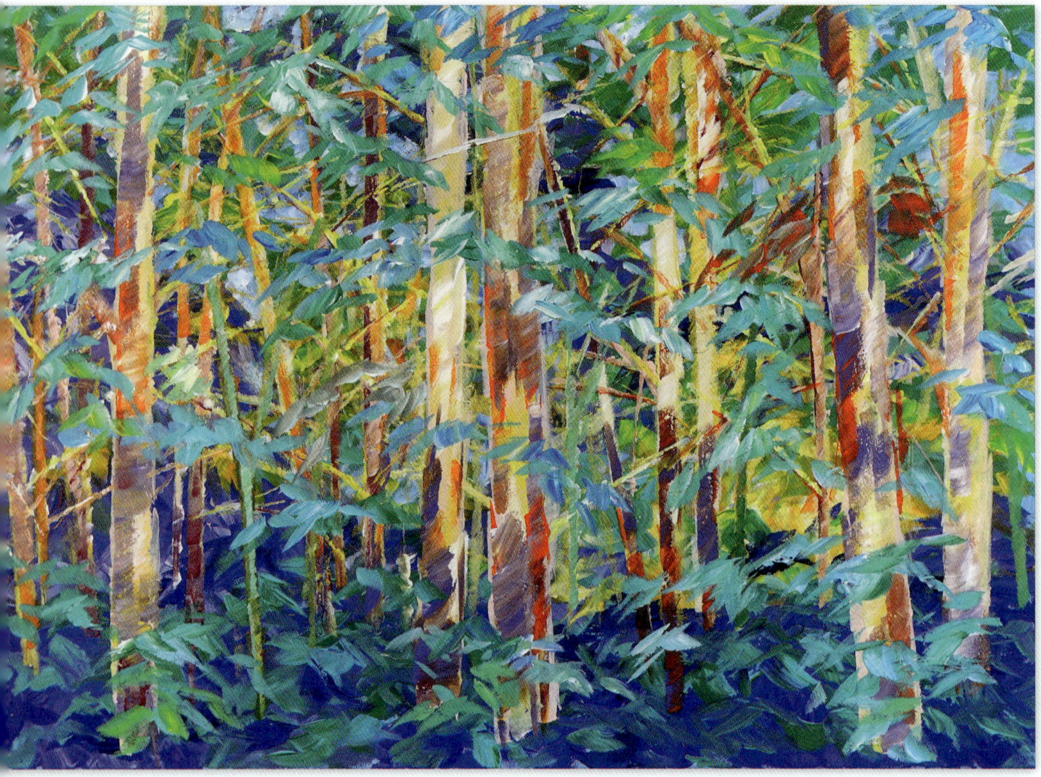

8. Schritt

Eine charakteristische Waldstimmung gelingt dir, wenn du die leuchtenden Rinden mit hereinragenden Blättern der Laubbäume überdeckst. Nun entsteht eine intensive Verflechtung kalter und warmer Farbpunkte. Der entstehende Komplementärkontrast Gelb und Blau verstärkt das geheimnisvolle Abendlicht. Ein mystisch wirkendes Gelb blitzt vereinzelt hinter Stämmen und Blättern. Verbinde Blätter immer entlang eines Astes und achte darauf, dass dir die hellen Durchblicke im Laufe der Malschritte nicht verloren gehen.

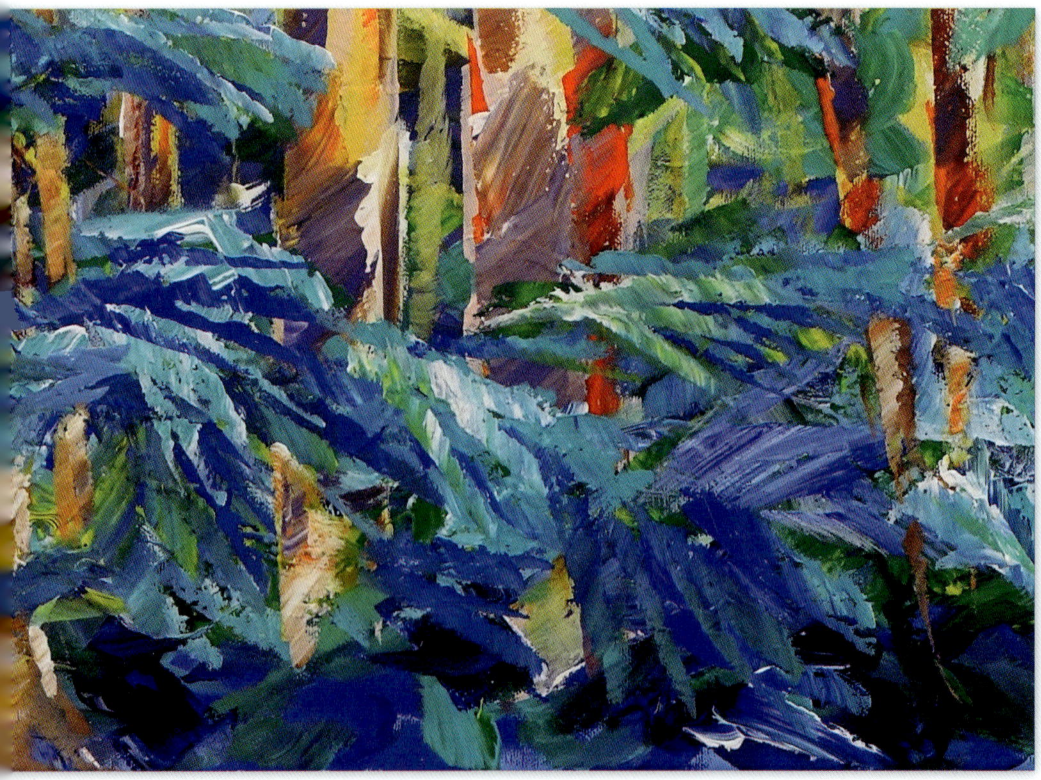

Ausschnitt

Ultramarinblau, Kobalttürkis, Titanweiß und Permanentgrün hell vereinen sich zu einem idealen Farbrhythmus. Acryl eignet sich ausgezeichnet für die dichten Farbschichten. Der pastose Auftrag überdeckt die dunkelsten Töne. Male die Farben mehrfach übereinander, dann erreichst du die malerische und flimmernde Wirkung. Achte darauf, dass die Dunkelheit am unteren Bildrand durch deine Pflanzenstrukturen nicht völlig verschwindet. Wenn dir durch die Waldbodenverdichtung die hellen Tannenstämme verloren gehen, dann setze sie erneut über den dunklen Waldboden. Bleibe bei einer lockeren und großzügigen Umsetzung.

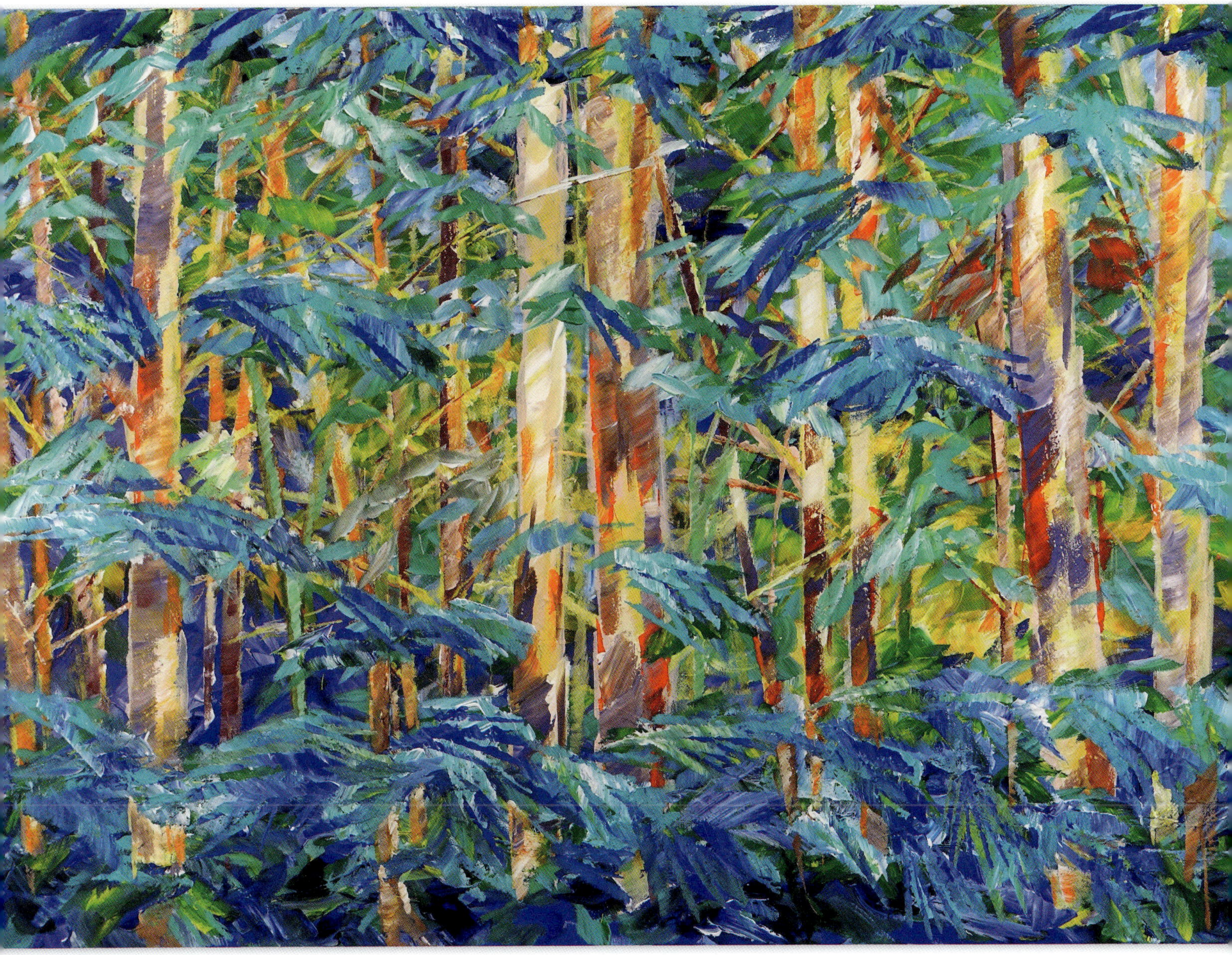

Fertiges Bild

Der Waldboden ist mit einem dichten Farnteppich überzogen. Tannenzweige schweben über den strahlenden Fichtenstämmen. Vollende die Waldstimmung mit einem 80 mm-Flachpinsel und male mit Ultramarinblau, Kobalttürkis und Titanweiß die hängenden Farne und Nadeln.

Parklandschaft

Du brauchst:

Keilrahmen, 70 × 100 cm

Acrylfarben in Titanweiß, Elfenbein, Zitronengelb, Brillantgelb, Brillantorange, Neapelgelb hell, Neapelgelb dunkel, Lichter Ocker, Heller Ocker gebrannt, Siena, Siena gebrannt, Rubin, Lichtgrau, Kobalttürkis, Indigo, Delftblau, Ultramarinblau, Kobaltblau dunkel, Kobaltblau hell, Coelinblau, Königsblau, Orientblau, Blauviolett, Mangan-Coelinblau, Aquamarin, Preußischblau, Chromoxidgrün feurig, Orientgrün, Olivgrün, Permanentgrün hell, Vanadiumgrün, Gelbgrün, Saftgrün, Krappbraun, Eisenoxidgelb und Vandyckbraun

Flachpinsel, 80 mm, 50 mm, 40 mm, 30 mm, 20 mm

Universalpinsel, ca. 16 mm

Küchenrolle

Farbpalette

Über dieser Parklandschaften liegt ein Zauber der Beschaulichkeit. Harmonisch fügen sich Gruppen von Sträuchern und Baumalleen zu einem Gesamtkunstwerk. Sonnendurchflutet öffnen sich weite Wiesenflächen zwischen den Bepflanzungen. Ein gut gewählter Parkausschnitt kann alle nur erdenklichen Grüntöne in sich vereinen. Hohe Bäume und Sträucher sind nur angeschnitten, und der Himmel blitzt wie ein Kaleidoskop zwischen den Blättern. Die Sonne wird zu einem flutenden Scheinwerfer, der die Parkwege und alles darin Blühende zu einer Filmkulisse verzaubert. Mit diesem Motiv kannst du die Lichtverhältnisse umdrehen.
Die Kernfrage bei diesem Motiv lautet: Wie gestaltest du eine Landschaft aus Bäumen und Sträuchern ausdrucksstark, wenn nur Ausschnitte zu sehen sind?

1. Schritt

Lege als Erstes die Fläche mit Blautönen und Titanweiß an. Bei der Farbschicht verwende eine Mischung aus Coelinblau, Lichtgrau und Kobalttürkis. Experimentiere ständig mit den Untergrundfarben. Du kannst die Leinwand auf unterschiedlichste Arten bemalen, fleckig oder monochrom, mit Schlieren oder Streifen. Du kannst auch Indigo, Delftblau, Kobaltblau dunkel, Kobaltblau hell, Königsblau, Orientblau, Mangan-Coelinblau, Preußischblau und viele andere Töne pur oder aufgehellt als Farbträger ausprobieren. Auf diese Weise bekommst du ein Gefühl für die Blautöne.

2. Schritt

Bei der Skizze des Waldstückes mit einem 16 mm-Flachpinsel verwende warme und leuchtende Brauntöne. Sie vermitteln in der Zeichnung schon eine Lichtstimmung. Heller Ocker gebrannt, Neapelgelb dunkel, Rubin vermischt mit Titanweiß sind hierfür ideal. Lasse einen breiteren Abstand zwischen den Stämmen rechts auf der Leinwand für die Tiefe im Bild. Bringe Bewegung in die angedeutete Zeichnung. Jeder Stamm sollte nach links oder rechts leicht geneigt sein. Spiele mit den Abständen und dem Umfang der Baumstämme. Einige stehen am Bildrand, andere mehr in der Mitte des Waldbodens oder direkt am Horizont.

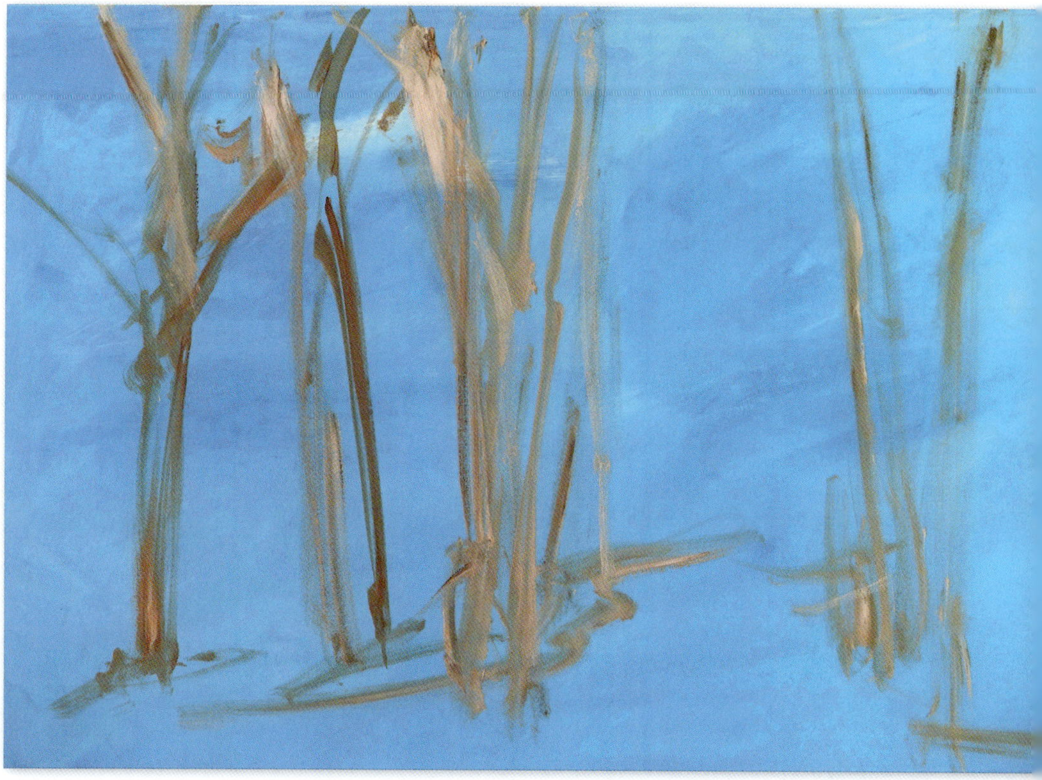

3. Schritt

Verwende für die dunklen Waldpartien Chromoxidgrün feurig und Ultramarinblau. Je lockerer die Farbflächen gesetzt sind, umso malerischer wird das Bild. Male mit einem 30 mm-Flachpinsel und Permanentgrün hell, Zitronengelb, Rubin, Krappbraun, Brillantorange und Titanweiß kurze Farbtupfer und Flecken rhythmisch übereinander. Bemale die einzelnen Flächen so spontan und spielerisch, als würdest du mit dem Pinsel über die Fläche tanzen. Eine dem Motiv entsprechende Pflanzendichte entsteht, wenn die Sträucher so ineinander wachsen, dass du die Stämme gerade noch erkennst.

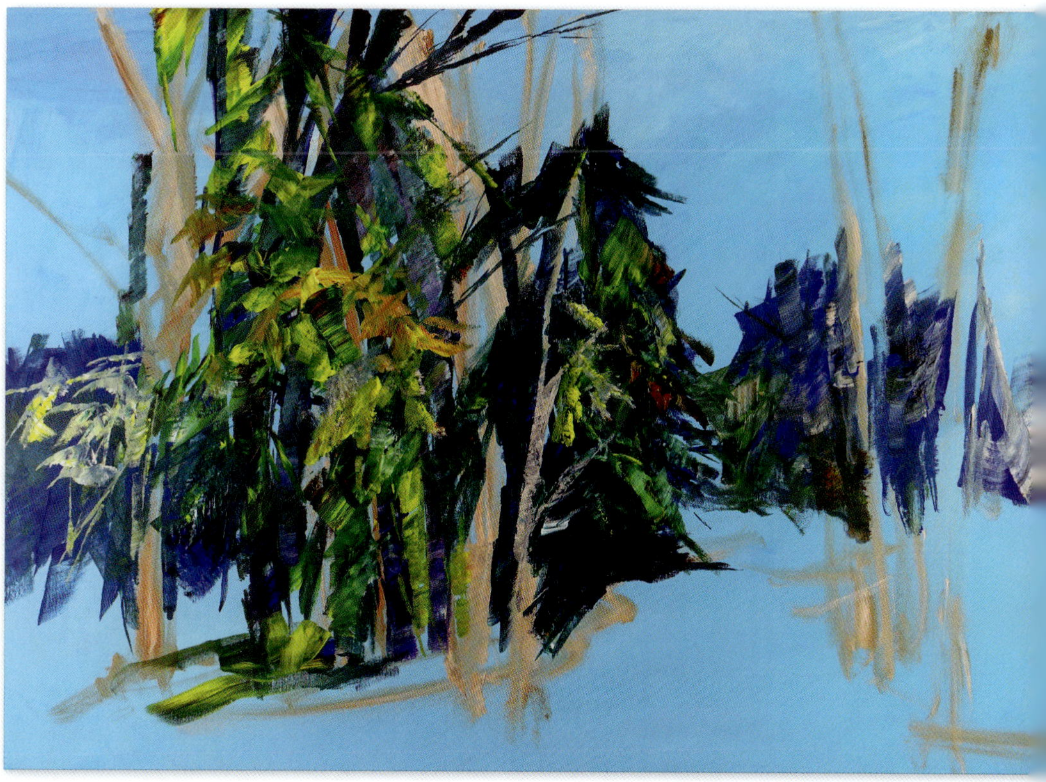

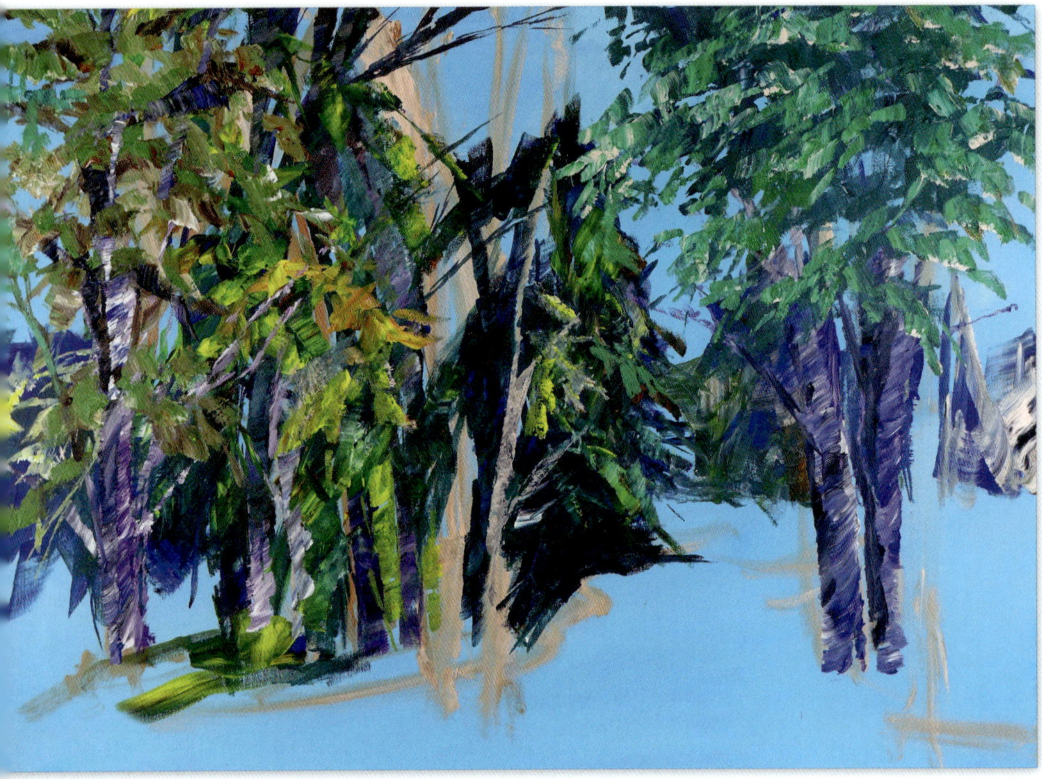

4. Schritt
Beim Gestalten der Blätter bediene dich einer großen malerischen Freiheit. Die hängenden Zweige des linken Laubbaumes setze mit Permanentgrün hell, Chromoxidgrün feurig, Neapelgelb dunkel und Titanweiß in Szene. Male links und rechts Stämme mit schimmernden Blautönen aus Blauviolett, Ultramarinblau, Kobaltblau hell, Kobalttürkis und Titanweiß. Diese schattigen Farben ergänzen hervorragend den Grünklang des Parks. Farbharmonie und ein bewegter Formenreichtum sind die beste Voraussetzung für eine gelungene Naturdarstellung.

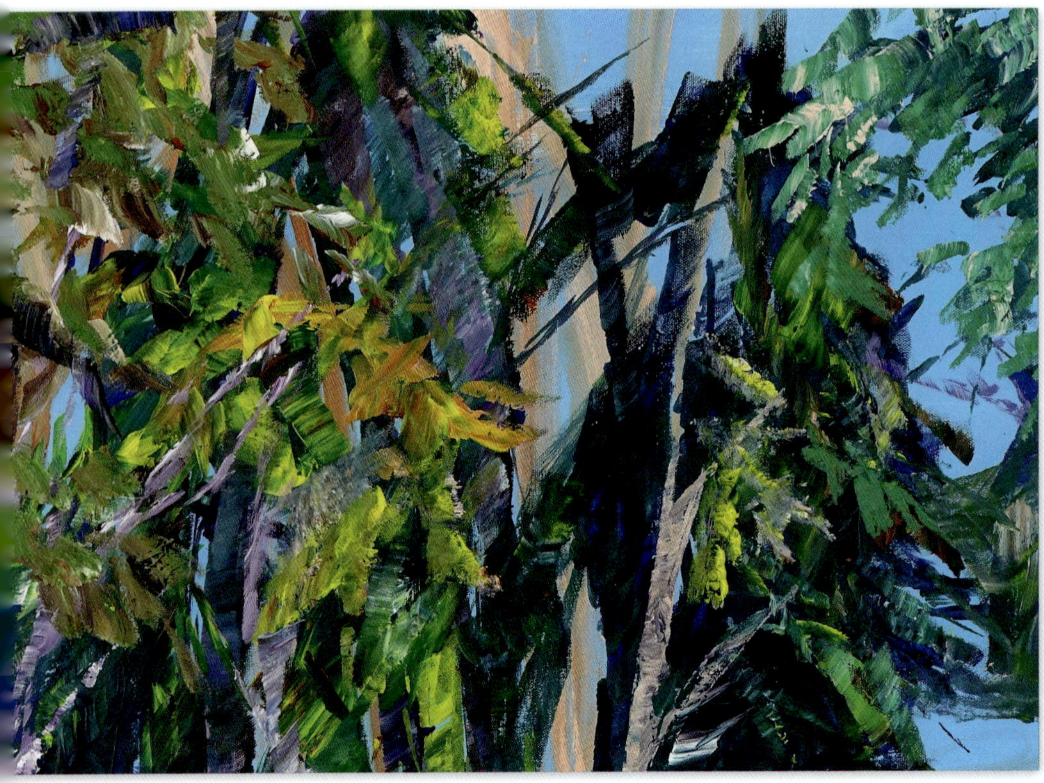

5. Schritt
Alle nur erdenklichen Farben bilden das Blätterrauschen ab, und die Pinselspuren übertreffen sich in ihrer Vielfalt. Gleite mit 16 mm-, 20 mm-, 30 mm- und 40 mm-Flachpinseln über die Leinwand und tauche dabei in unterschiedlichste Grün- und Gelbtöne. Entdecke die Leuchtkraft von Orientgrün, Olivgrün, Permanentgrün hell, Vanadiumgrün, Gelbgrün und Saftgrün. In Verbindung mit Neapelgelb hell, Heller Ocker gebrannt, Elfenbein, Zitronengelb und Brillantgelb ergeben sich die schönsten Farbmischungen. Die dunklen Töne darunter umrahmen zusätzlich die Farben.

6. Schritt

Um die Parkfläche sonnendurchflutet hervorzuheben, beginnst du am besten mit dem Lichteinfall. Die Sonnenflecken gelingen dir mit Zitronengelb und Titanweiß. Vermische die Farben schon bei den ersten Pinselsetzungen. Lasse den Lichteinfall nach vorne breiter werden, so erreichst du eine verblüffende Perspektivenwirkung. Male die Sonnenflecken zuerst mit Titanweiß und gehe dann mit Zitronengelb oder auch Brillantgelb in die noch feuchte Acrylschicht. Im Idealfall entstehen die Farbverläufe und Mischungen auf der Leinwand und nicht auf der Palette.

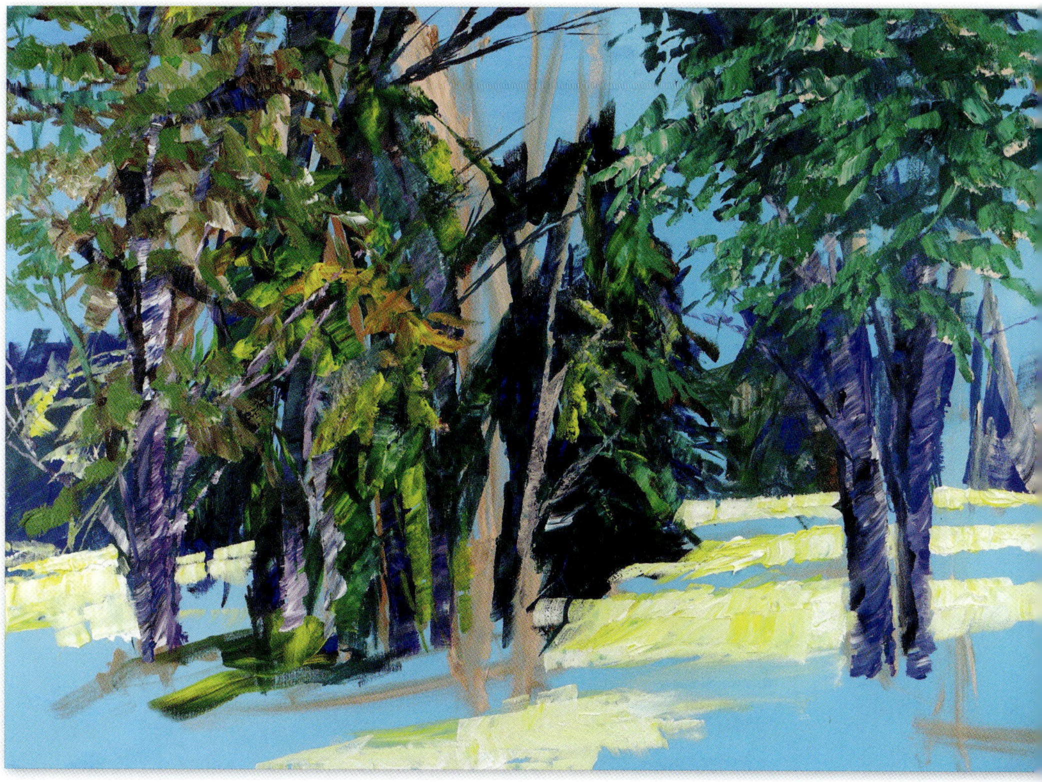

7. Schritt

Den kurz geschnittenen Rasen stellst du mit einem 50 mm-Flachpinsel durch schmal gestrichene Farbstreifen dar. Verwende Permanentgrün hell, Vanadiumgrün, Chromoxidgrün feurig, Aquamarin, Ultramarinblau, und Zitronengelb. Auch Brauntöne aus Neapelgelb dunkel, Eisenoxidgelb, Heller Ocker gebrannt und Titanweiß für das Erdreich beeinflussen und begünstigen entscheidend die Farbigkeit. Füge schmale Acrylstreifen aus unterschiedlichsten Grün- und Brauntönen übereinander, bis sie vor deinem Auge flimmern und leuchten.

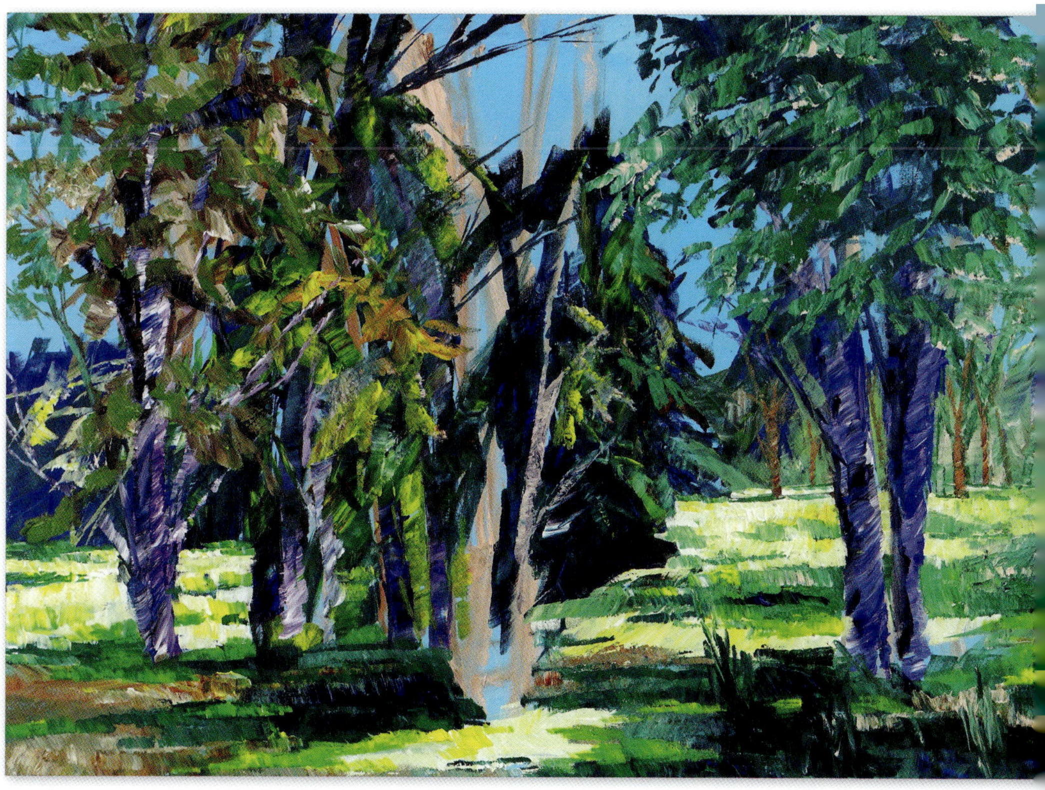

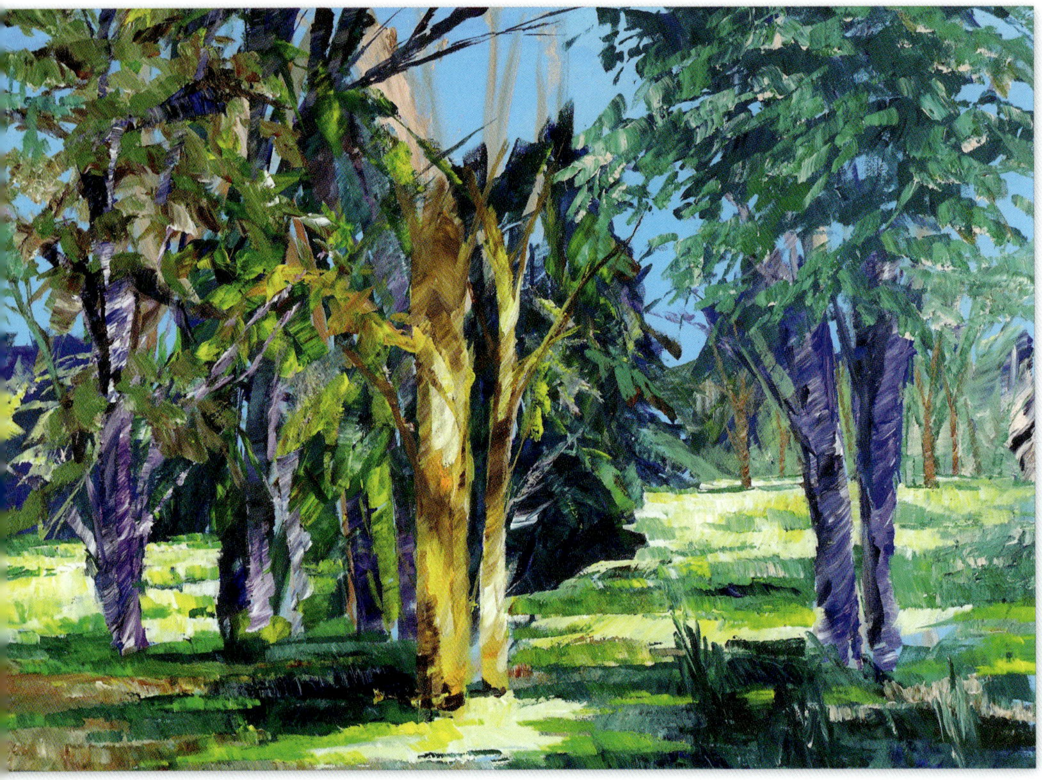

8. Schritt
Das sonnenbeschienene Baumpaar wird zum zentralen Mittelpunkt des Bildes. Wichtig für die Bildkomposition: Platziere sie minimal aus der Mitte. Die Komposition gewinnt, wenn du darauf achtest, dass rechts der Blick in die Ferne erhalten bleibt. Die leuchtende Modellierung erreichst du dabei mit den Farben Lichter Ocker, Brillantorange, Brillantgelb, Zitronengelb, Vandyckbraun und Titanweiß. Modelliere die Rinde mit breiten hellen wie auch dunklen Partien. Durch diesen Wechsel entsteht ein Leuchten in den Stämmen, und dir gelingt die Darstellung von Sonnenlicht.

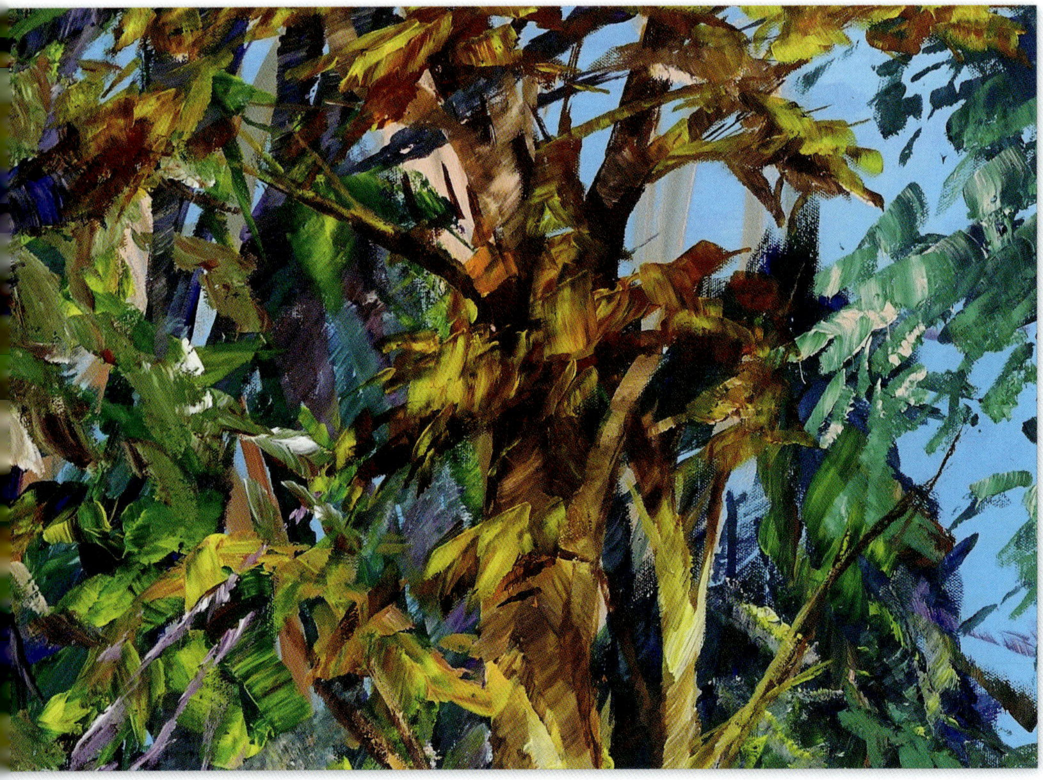

9. Schritt
Als Gegensatz zur unteren, beschienenen Hälfte male den oberen Teil des Stammes schattig. Verwende für die Ausarbeitung Heller Ocker gebrannt, Siena und Vandyckbraun. Ein intensiver Kontrast entsteht. Setze mit Zitronengelb, Brillantgelb, Siena und Titanweiß leuchtende Blätter über den Stamm. Modelliere als Erstes dunkle Flecken und gestalte die Zweige aus den Farben Siena, Siena gebrannt, Heller Ocker gebrannt und Vandyckbraun. Die dunkle Untermalung steigert die Brillanz der gelben Blätter. Setze im noch feuchten Zustand Siena, Brillantorange und Zitronengelb auf die sonnenbeschienenen Blätter.

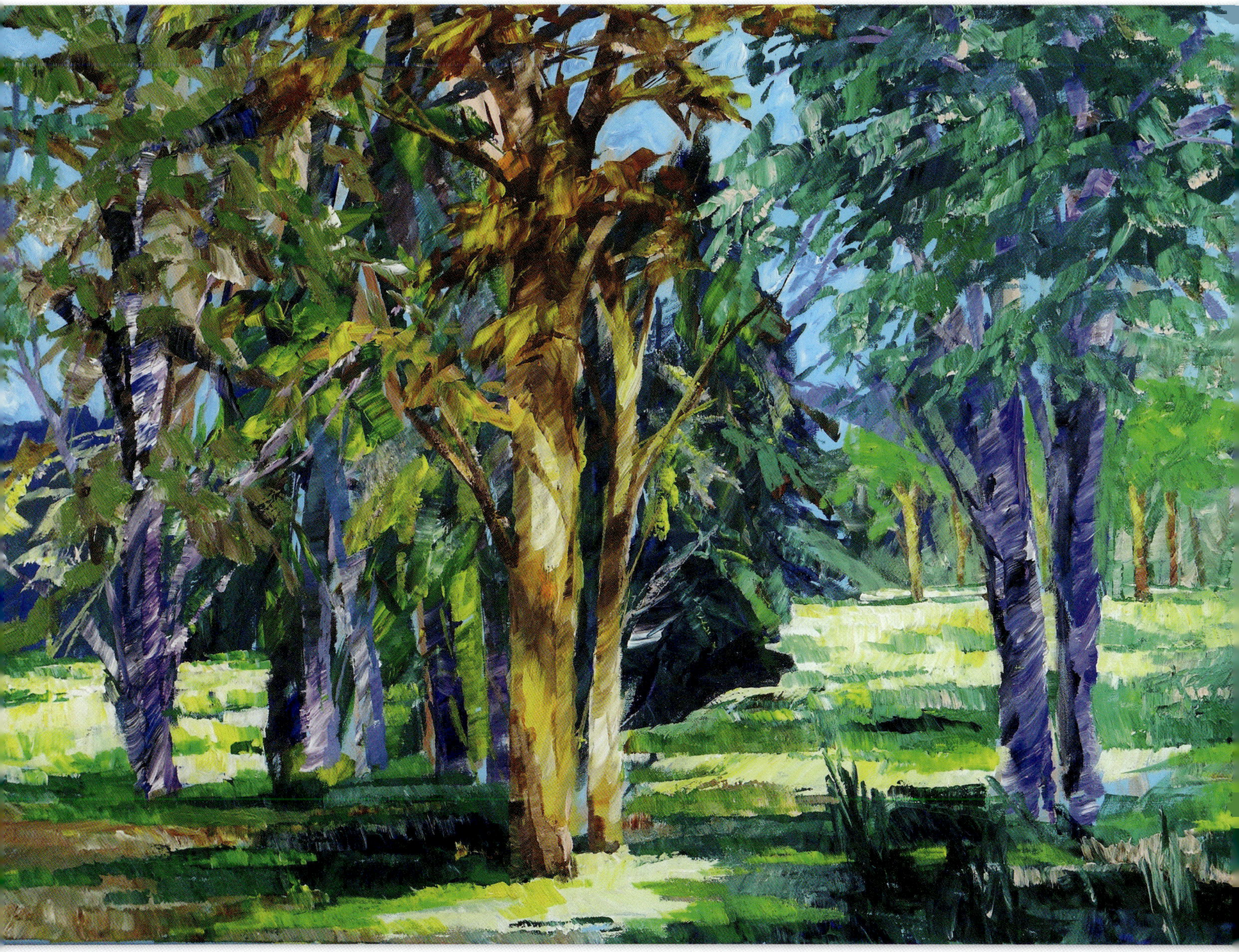

Fertiges Bild

Es geht immer um Licht. Gezielte Aufhellungen der rechten hinteren Waldgruppe erhöhen die Tiefe im Bild. Verwende Permanentgrün hell, Zitronengelb und Titanweiß, um den hinteren Hain in den sonnigen Park zu integrieren. Das helle Grün steigert die Atmosphäre des warmen Frühlingstages. Wenn du der gelbgrünen Farbigkeit noch einige dezente Töne mit Ultramarinblau, Kobaltblau hell, Königsblau oder auch Orientblau gegenüberstellst, gewinnt das Bild an Ausdruck. Zwischen den Blattkronen blitzt hin und wieder ein Ast hervor. Eine willkommene Gelegenheit, hier das Blau in den Baumkronen zu verstärken.

Savanne

Du brauchst:

- Keilrahmen, 70 × 100 cm
- Acrylfarben in Titanweiß, Zitronengelb, Brillantgelb, Coelinblau, Neapelgelb hell, Neapelgelb dunkel, Siena, Siena gebrannt, Orientgrün, Chromoxidgrün feurig, Gelbgrün, Permanentgrün hell, Lichter Ocker, Heller Ocker gebrannt, Eisenoxidgelb, Phthalotürkis, Kobalttürkis, Blauviolett, Ultramarinblau, Lichtgrau, Krappbraun und Vandyckbraun
- Flachpinsel, 80 mm, 50 mm, 40 mm, 30 mm, 20 mm
- Universalpinsel, ca. 16 mm
- Küchenrolle
- Farbpalette

In der Tradition der klassischen Landschaftsmalerei passt dieser Bildausschnitt hervorragend. Mit den Motiven lernst du, wie du Sträucher und Bäume ausdrucksstark in eine Bildkomposition einfügst. Zuerst einmal benötigst du einen Mittelpunkt, der den Betrachter magisch anzieht. Du brauchst Alleen und Baumgruppen, die ihn einrahmen und den Blick in die Weite bis zum Horizont öffnen. Mit einer grandiosen Wolkenstimmung während der Regenmonate kannst du das heiße Sommergefühl der Savanne in den Baumkronen verewigen. Bei dieser Landschaft lautet deine Kernfrage: Wie legst du ein südliches Flair über die Landschaft?

1. Schritt

Eine mögliche Variante bei der ersten Farbanlage ist eine gezielte, teilweise Untermalung des Farbgrundes. Verwende für das Motiv Ultramarinblau, Coelinblau und Titanweiß. Für mehr Tiefenleuchtkraft am Horizont helle den Mittelteil zusätzlich mit Titanweiß auf. Der Farbauftrag kann ohne Weiteres Flecken und Schlieren bilden, und du musst mit der Himmelsfläche nicht exakt an der Horizontlinie aufhören. Es reicht, wenn sie einigermaßen gerade verläuft. Den Charakter des Horizonts, diffus und weit entfernt, und die Begrenzung der Landschaft kannst du auch erst im nächsten Schritt festlegen.

2. Schritt

Das Leuchten in der schwebenden Wolkenstimmung erreichst du mit Titanweiß, Neapelgelb hell, Ultramarinblau, Blauviolett und Lichtgrau. Die Savannenlandschaft gestaltest du am besten mit Neapelgelb hell, Orientgrün, Siena, Siena gebrannt, Kobalttürkis, Permanentgrün hell, Brillantgelb, Vandyckbraun und Titanweiß. Verwende kein Schwarz, denn reines Schwarz überzieht die warmen Töne mit einem Grauschleier. Verstreiche die gelben und grünen Töne in die hellbraune Farboberfläche und erhalte so einen schönen Farbverlauf.

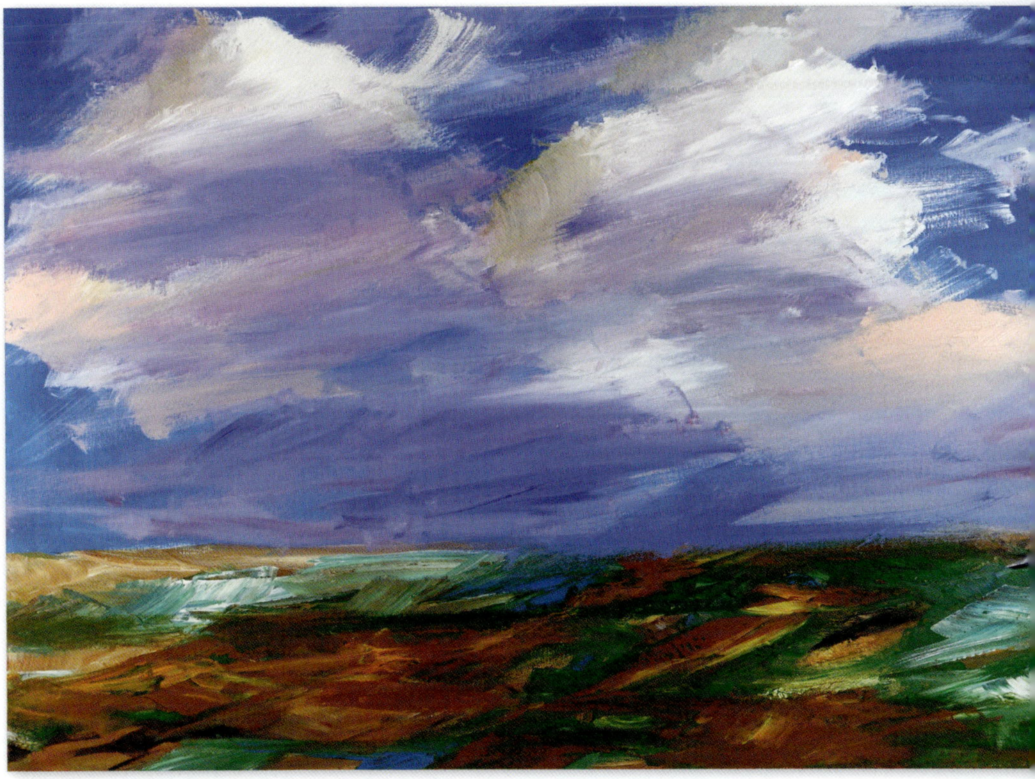

3. Schritt

Die Blattkronen der Bäume und Büsche im rechten Bildteil formst du am besten mit Permanentgrün hell, Chromoxidgrün feurig und Zitronengelb mit einer kleinen Spur Titanweiß. Tupfe und streiche die Acrylschichten solange über- und ineinander, bis eine lebendige Baumspitze entsteht. Du erreichst dieses Oberflächenmuster mit kurzen Pinselstrichen. Unterlege an einigen Stellen die hellgrüne Farbe mit Chromoxidgrün feurig. Das mit Permanentgrün hell gemischte Zitronengelb schwebt dann räumlich über dem dunklen Grün, und eine dreidimensionale und reliefartige Struktur entsteht. Mit Abstand erscheinen die Flächen dem Betrachter wie blühende Baumkronen.

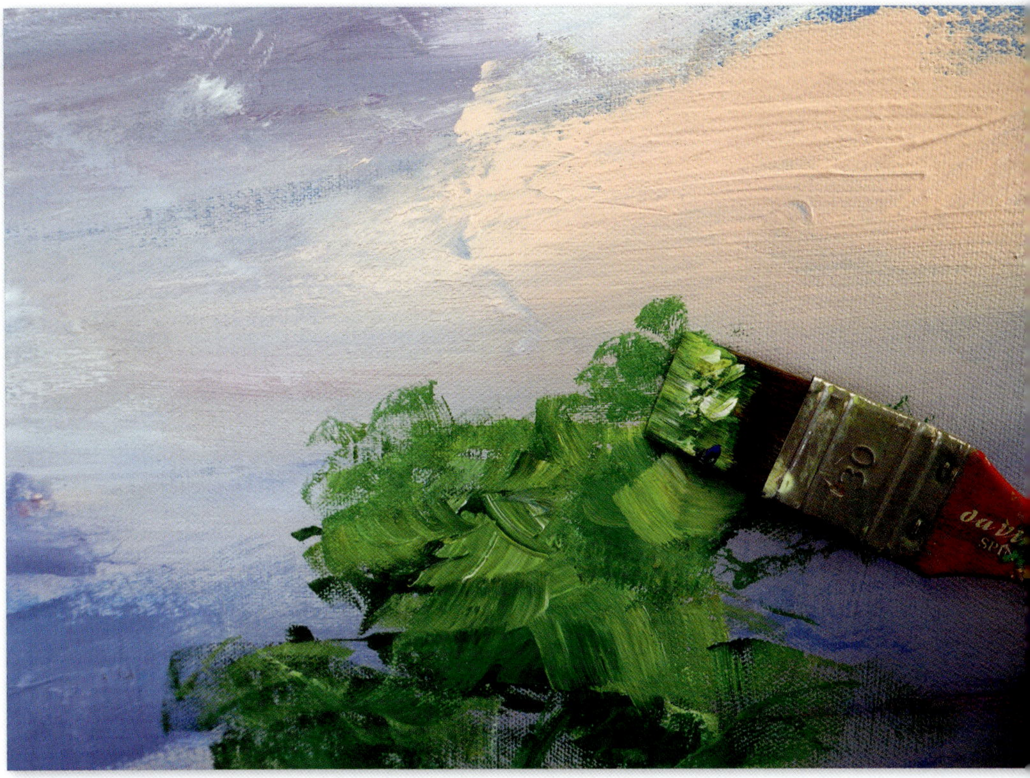

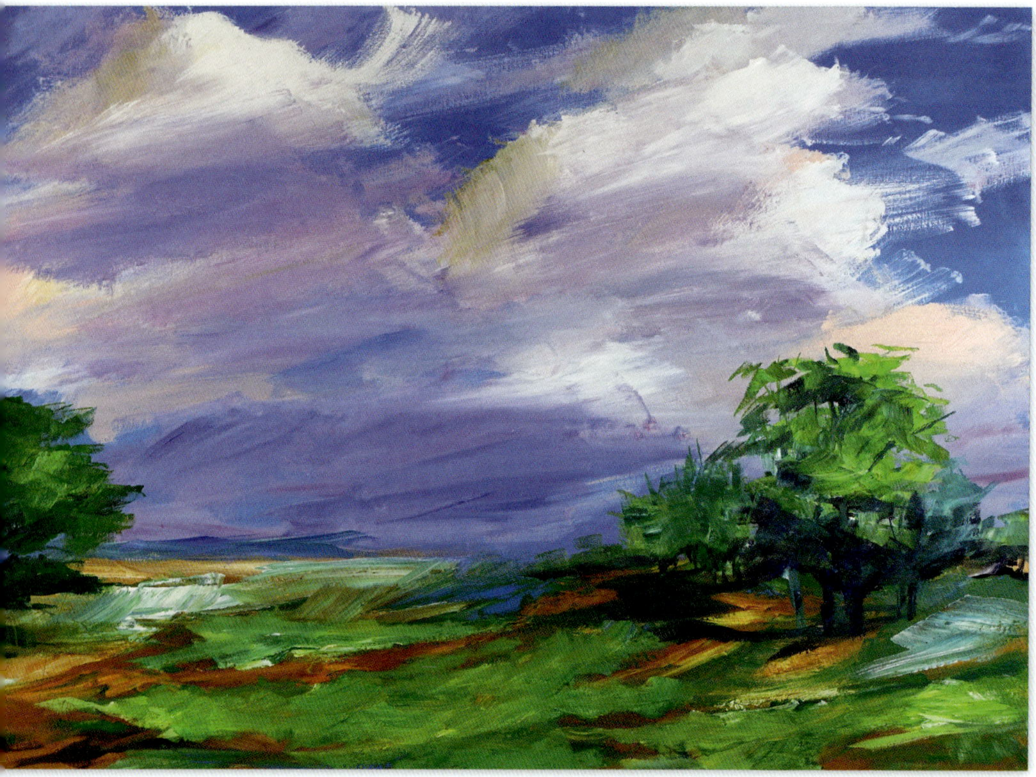

4. Schritt

Setze an der linken Leinwandkante eine Baumgruppe und lasse sie in das Landschaftsgeschehen ragen. Angeschnittene Baumgruppen am Bildrand machen die Kompositionen interessant. Sie verleihen dem Bildausschnitt Spannung. Das Bild wirkt nun wie ein spontaner Schnappschuss in der Natur. Verbinde und beruhige anschließend die mit Gras bewachsene Senke zwischen beiden Baumgruppen mit Permanentgrün hell und Chromoxidgrün feurig. Das entstehende sanfte Tal vergrößert die Weite der afrikanischen Landschaft.

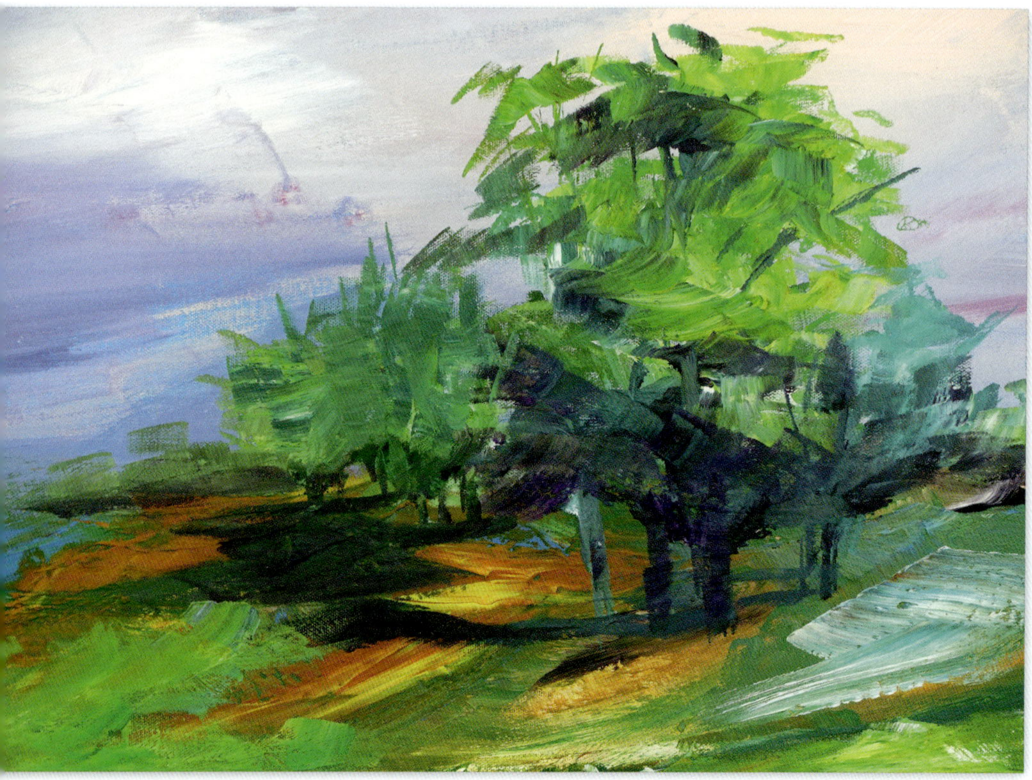

5. Schritt

Male mit den dunklen Schattenflächen der Baumgruppen einen Zusammenhalt zwischen dem hügeligen Steppenland und den Baumwurzeln. Du verbindest damit die Bäume mit den Grasflächen und verstärkst die Lichtwirkung im Bild. Zeichne immer wieder mit der Pinselkante kurze Linien in die Kronenspitzen. Hier reichen minimale Andeutungen. Erst die Andeutung von Zweigen und Ästen lässt die Bäume als solche erscheinen. In der impressionistischen Malerei ist es wichtig, etwas nur anzudeuten. Der Betrachter erkennt und vervollständigt die Natur in seiner Fantasie.

6. Schritt

Spannend für das Bild wird die Baumgruppe, die, leicht nach links versetzt, das heiße Licht der Sonne einfängt. Mit Siena gebrannt, Krappbraun, Lichter Ocker, Vandyckbraun und einem 30 mm-Flachpinsel kannst du hervorragend die Struktur dieser exotischen Baumriesen wiedergeben. Das Astwerk wird dabei zu einem spannenden Liniengeflecht. Beginne zuerst mit den dunklen Farben und helle sie im noch feuchten Zustand mit Siena auf. Durch das Mischen auf der Leinwand entstehen Zwischentöne, die derart plastisch wirken, als würden sie aus der Fläche herauswachsen.

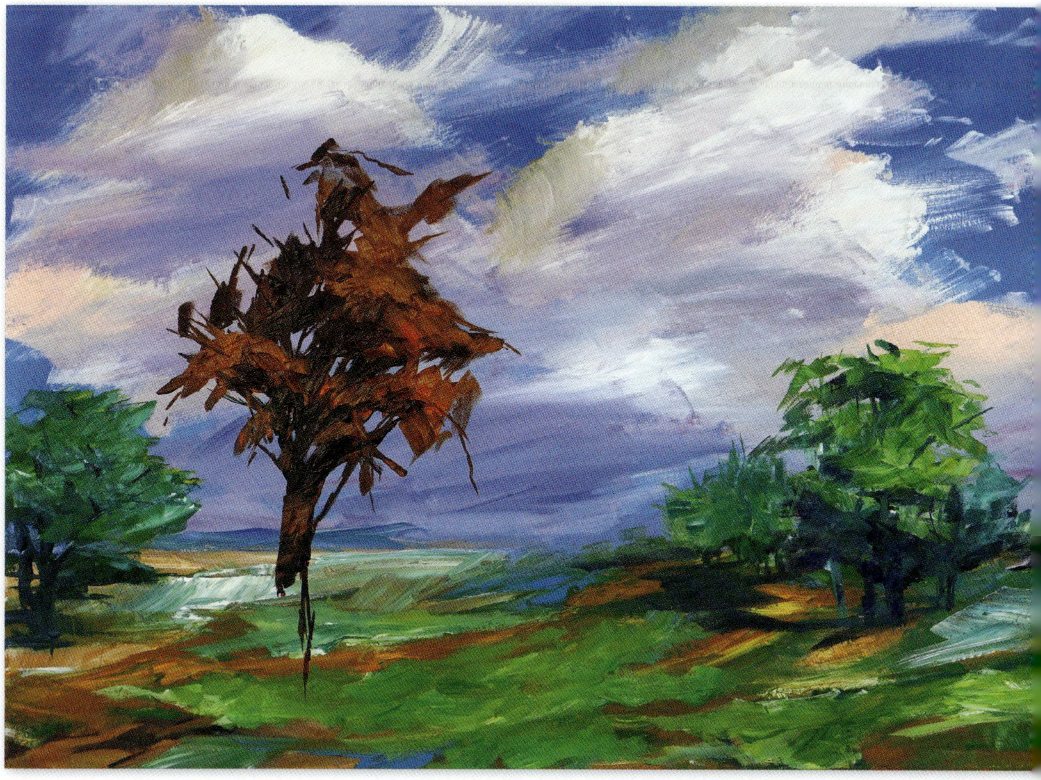

7. Schritt

Von der Sonne beschienene Laubflächen und die Baumstämme fangen das magische Licht dieses Kontinents ein. Gestalte die Neigung der beiden Stämme im Vordergrund und ihre Form immer mit leichten Unterschieden. Die Bäume neigen sich in entgegengesetzte Richtungen, und ein Stamm ist deutlich breiter. Um dem Gemälde Ausdruck zu verleihen, ist es immer wichtig, die Unterschiede der Formen herauszuarbeiten. Mit Neapelgelb dunkel, Neapelgelb hell, Heller Ocker gebrannt und Eisenoxidgelb kannst du das Volumen der gelbbraunen Wipfel verstärken.

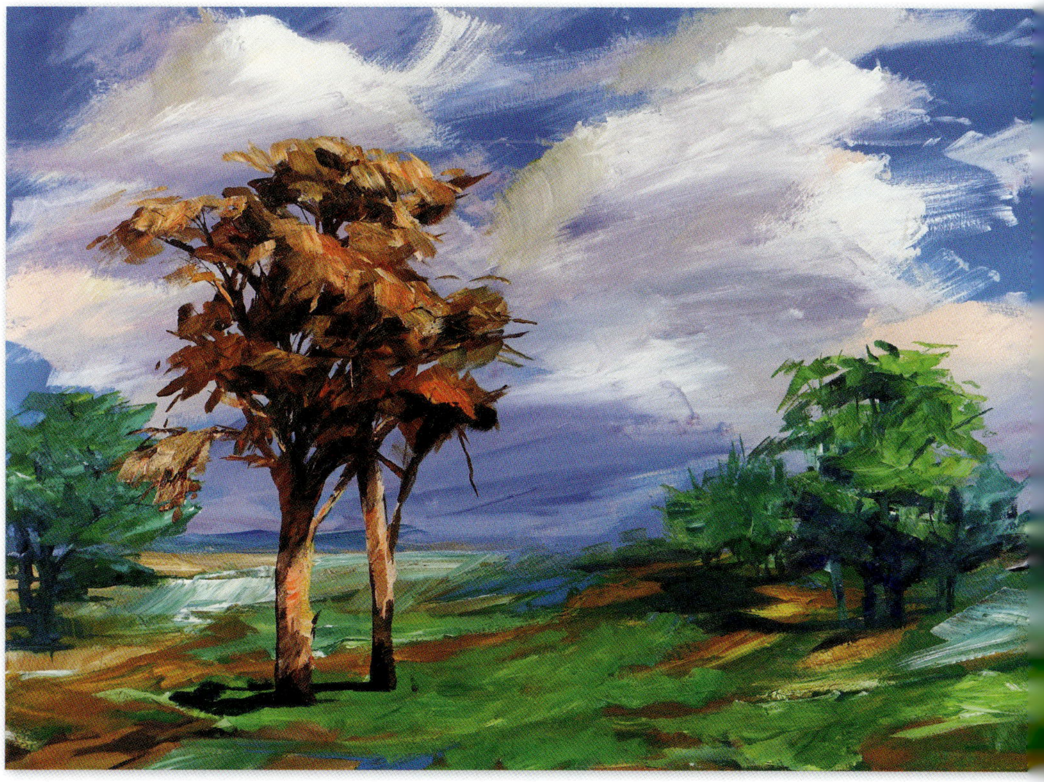

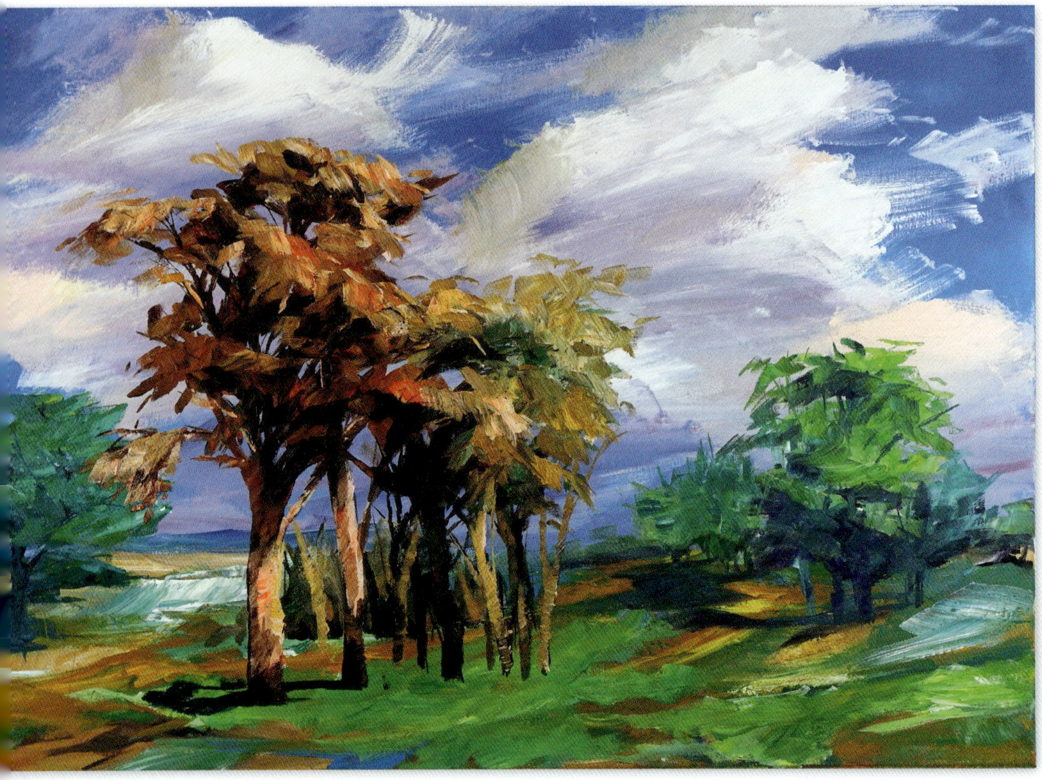

8. Schritt

Du steigerst die Atmosphäre des Bildes mit einer zusätzlichen Ansammlung von Büschen und einem kleineren Baumdickicht. Verwende hierfür Lichter Ocker, Permanentgrün hell, Chromoxidgrün feurig und Phthalotürkis. Für die lichten Blätter eignen sich hier hervorragend Gelbgrün, Neapelgelb hell und Neapelgelb dunkel. Untermale die kleine Baumgruppe zuvor mit Chromoxidgrün feurig und Permanentgrün hell. Verdichte die Krone der niedrigen Baumgruppe zu einem geschlossenen Blätterdach. An dieser Landschaft lässt sich auch gut erkennen, wie ein Motiv langsam aus sich herauswächst und ein Motivteil einen anderen nach sich zieht bzw. auch bedingt.

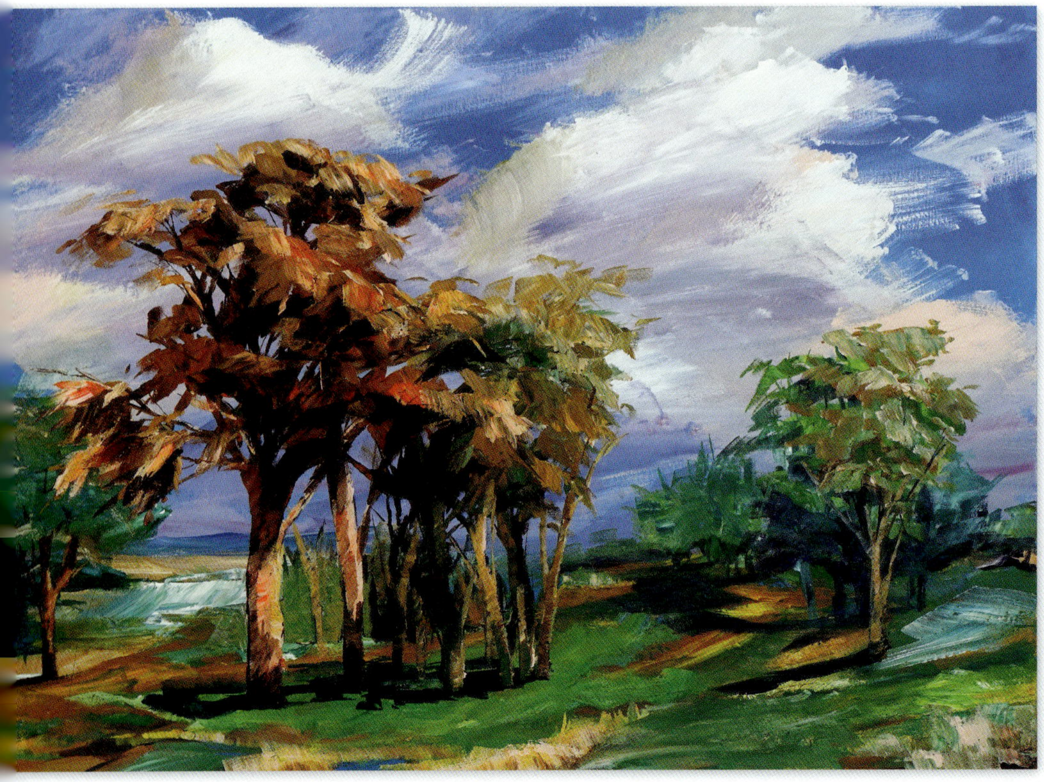

9. Schritt

Vervollständige in der Grassteppe die Schatten der Bäume. Furchen im Gras gestalten die Steppenflächen und verbinden die Bäume zu einer zusammenhängenden Grünfläche. Verwende auch hier für das hohe Steppengras Neapelgelb hell, Neapelgelb dunkel, Heller Ocker gebrannt und Titanweiß. Streife mit einem 30 mm- und 40 mm-Flachpinsel die kurzen Grasbüschel 1 cm bis 3 cm in die Höhe. Gestalte die Grasränder bogenförmig und hügelig und verbinde so die einzelnen Flächen zu einer großen tropischen Landschaftszone.

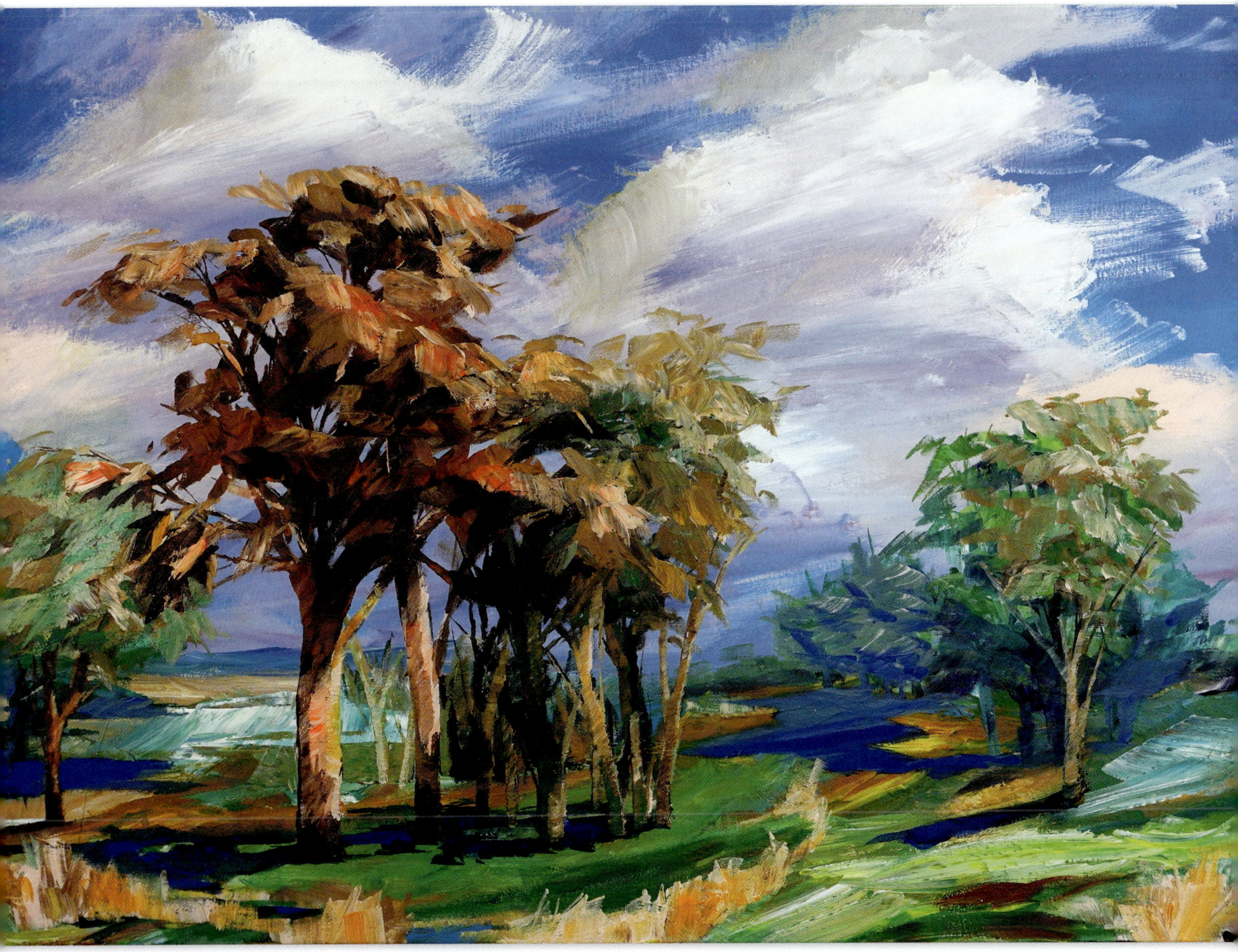

Fertiges Bild
Zum Vollenden des Bildes reichen einige wenige Farb- und Formakzente. Helle im vorderen Bereich die Grünfläche mit Neapelgelb hell und Permanentgrün hell auf. Füge dem Schattenwurf ein bläuliches Leuchten mit Ultramarinblau, Coelinblau und Titanweiß hinzu. So stellst du mit wenigen Akzenten die tropische Hitze im Bild dar. Verlängere links den Landschaftsstreifen aus Kobalttürkis und Titanweiß zwischen der mittleren Baumgruppe und erweitere den Durchblick zwischen den Bäumen bis zu der am Horizont gelegenen Bergkette.

Wintertal

Du brauchst:

- Keilrahmen, 70 × 100 cm
- Acrylfarben in Titanweiß, Zitronengelb, Brillantgelb, Kadmiumgelb dunkel, Indischgelb, Neapelgelb hell, Neapelgelb dunkel, Brillantorange, Siena, Heller Ocker gebrannt, Eisenoxidgelb, Lichter Ocker, Blauviolett, Coelinblau, Ultramarinblau, Indigo, Kobaltblau hell, Permanentgrün hell und Schwarz
- Flachpinsel, 80 mm, 50 mm, 40 mm, 30 mm, 20 mm
- Universalpinsel, ca. 16 mm
- Kreidestift in Weiß
- Küchenrolle
- Farbpalette

Wie behaupten sich Bäume in einer weißen Fläche? Auch dies ist eine spannende Kernfrage.
Bäume in einer schneebedeckten Landschaft sind eine echte Herausforderung. Vereinzelte Farbpunkte schweben auf dem gemalten Weiß und rufen schöne Wintertage in Erinnerung. Wie auf einem Silbertablett liegen lange Baumschatten auf verschneiten Hügeln. Mit diesem Motiv kannst du die Lichtwirkung von beschienenen Baumwipfeln erforschen und in Szene setzen. Unendliches Weiß bietet dir einen großen Spielraum. Obwohl die Bäume auf dem Gemälde wenig Platz einnehmen, werden sie als Blickfang dennoch zum Bildthema. Hier erlebst du, wie angeleuchtete Tannen die größte Aufmerksamkeit bekommen.

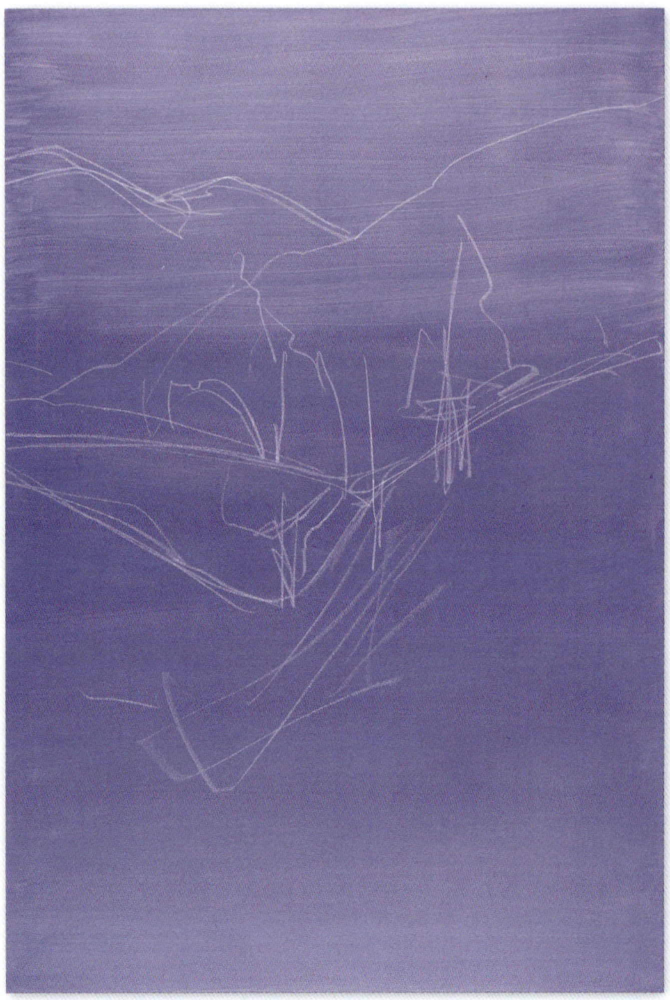

1. Schritt
Verwende als Hintergrund ein gemischtes Blau. Für die Winterstimmung eignet sich hervorragend Ultramarinblau mit Blauviolett. Das Blau schimmert durch das spätere Weiß und verleiht so dem Schnee einen kühlen Glanz. Verteile die Mischfarbe locker über die Fläche. Skizziere mit einer weißen Kreide das verschneite Tal. Wähle eine gewagte Bildaufteilung und gruppiere das Waldstück entlang dem Schneehang. Platziere sieben Tannen imposant aufgereiht vor den tiefblauen Schatten der Alpenkette.

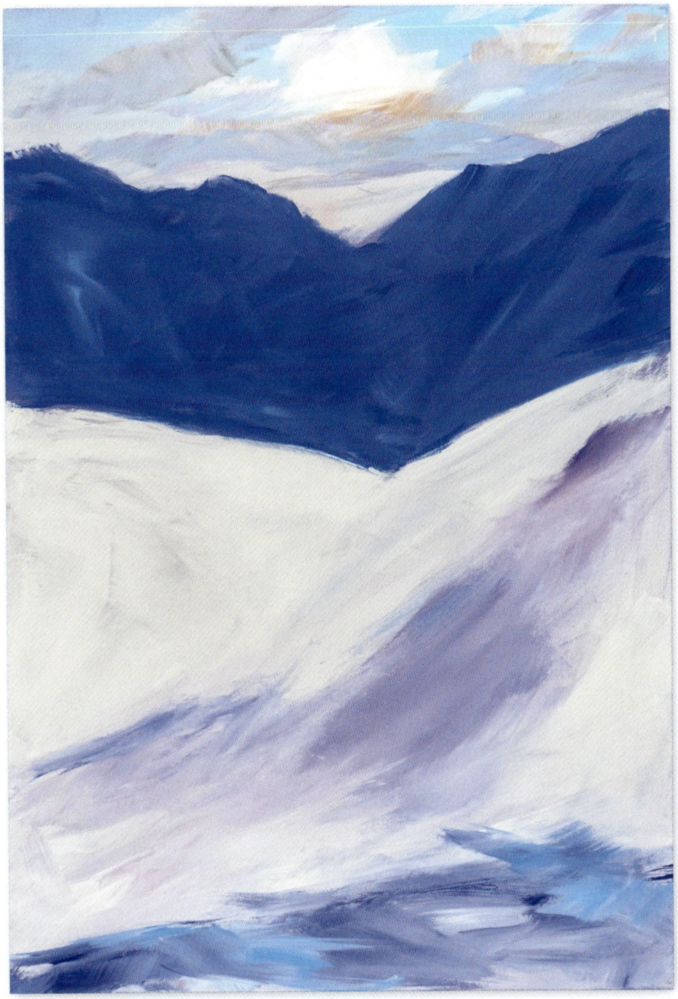

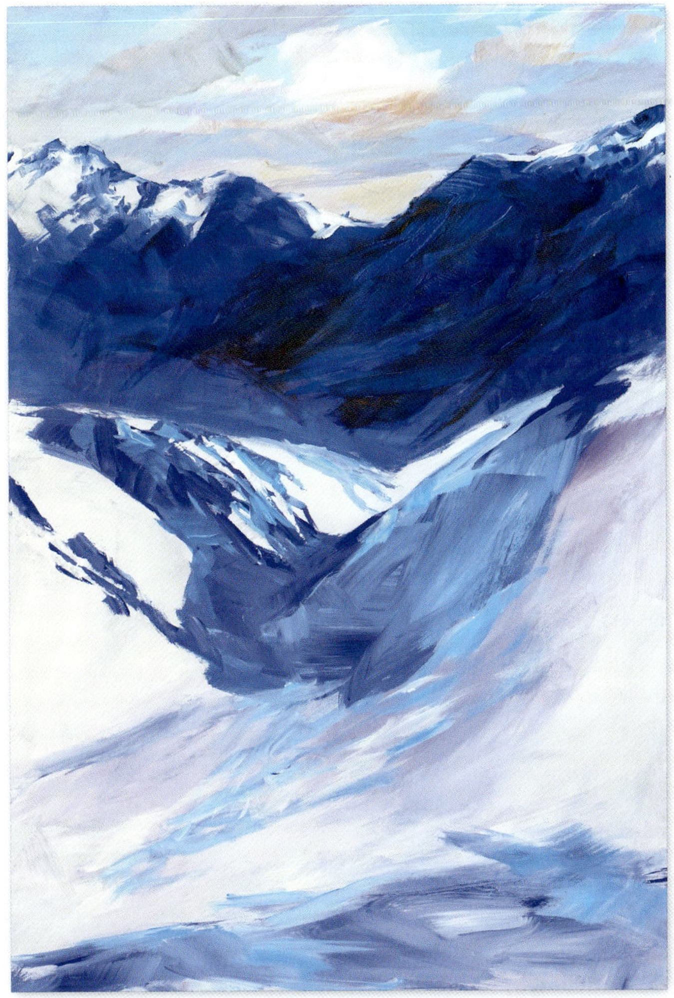

2. Schritt

Im zweiten Schritt lege den Himmel und den Wolkendunst mit Coelinblau, Titanweiß und Heller Ocker gebrannt an. Im unteren Teil gestalte mit Titanweiß die Schneehügel und mit Coelinblau und Blauviolett die Schattenfurchen. Eine gelbliche oder bläuliche Untermalung kann bei durchschimmernden Farbschichten große Wirkung entfalten. Untermale das ferne Bergmassiv mit Coelinblau, Ultramarinblau, Kobaltblau hell und einer Spur Titanweiß. Die Felskanten und Täler im Abenddunst entstehen in den Folgeschritten. Mithilfe von Titanweiß, Heller Ocker gebrannt, Siena, Blauviolett und Schwarz entsteht das Lichtspiel wie von selbst. An der Bergsilhouette entlang verwandeln sich die Luftschichten in ein durchschimmerndes Rosa.

3. Schritt

In diesem Stadium es ist sinnvoll, die Schneefelder auf den Berggipfeln und die schattigen Felskanten auszumodellieren. Die gerade Kante des Flachpinsels hilft dir hier, schnell den Felscharakter zu imitieren. Verwende Ultramarinblau und Indigo für die dunklen Stufen der Bergtäler. Die schneebedeckten Bergspitzen gelingen dir mit einem 30 mm-Flachpinsel, Titanweiß und Coelinblau. Auch die Baumschatten, die die Winterstimmung erst richtig zur Geltung kommen lassen, bringen die Szenerie zum Leuchten, und klirrende Kälte wird geradezu spürbar. Das Blau in der Senke wird später zu den Baumschatten. Die blaue Farbe muss vor den Bäumen untermalt werden.

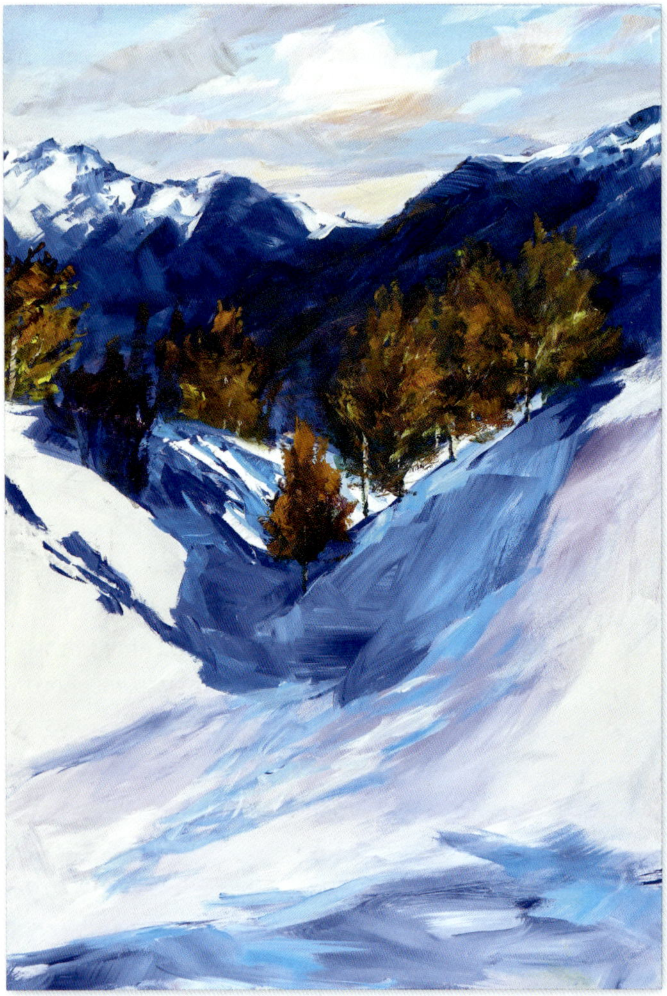

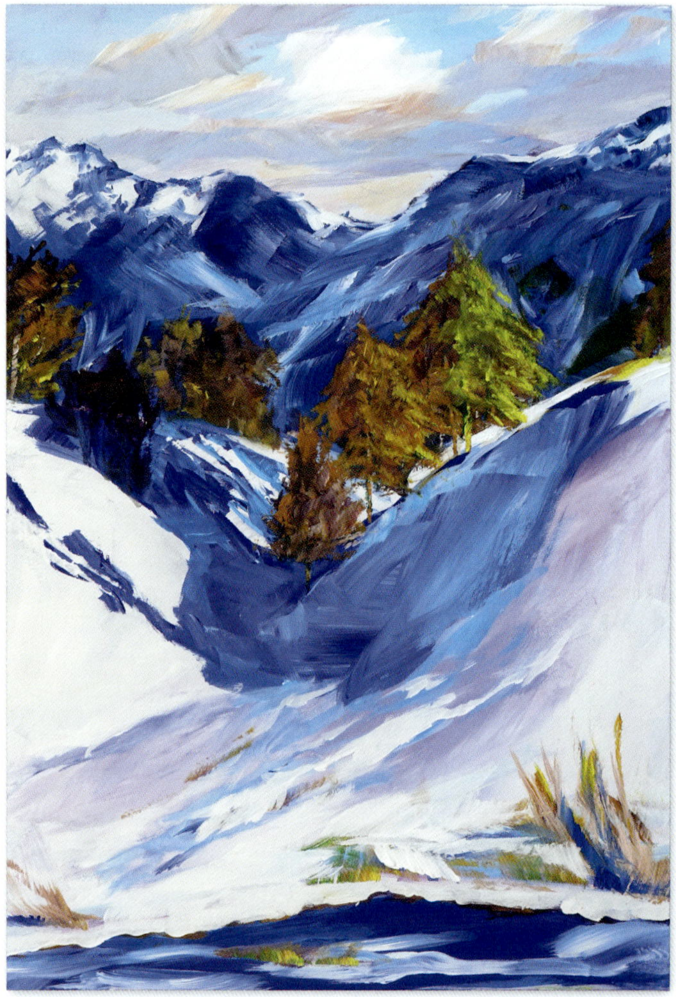

4. Schritt

Die Abstände zwischen den Bäumen sind für die Bildwirkung entscheidend. Platziere sie abwechslungsreich und nicht zu dicht. Lasse das Bergmassiv in den Zwischenräumen durchscheinen. Die Durchblicke zu den Schatten der fernen Gebirgszüge sind wichtig. Achte auf den weißen Lichtstreifen zwischen den Stämmen. Platziere die Zweige und Stämme mit hellen und dunklen Konturen vor das Schneefeld. Die blau-gelbe Balance führt zu dem Abendleuchten. Die beschienenen Nadelspitzen der Tannen und Fichten kannst du mit einem 50 mm-Flachpinsel darstellen. Verwende dafür Gelb und Ockertöne, die im Kontrast zu Blau eine starke Leuchtkraft entwickeln. Setze die Pinseltupfer mehrfach übereinander, bis eine interessante Abstufung der gelben Farbschichten mit dem blauen Untergrund entsteht. Achte darauf, dass der blaue Untergrund punktuell sichtbar bleibt.

5. Schritt

Die Bildwirkung entsteht im Malprozess. Nun geht es um die Feinheiten der Farbigkeit. Helle die Schattenbereiche des Gebirges auf. So erzielst du mehr Leichtigkeit und Struktur im Bild. Mische in Ultramarinblau, Coelinblau und Kobaltblau hell einen größeren Anteil von Titanweiß, und die schroffen Felsen zeichnen sich deutlicher ab. Auch die Anordnung der Bäume kannst du an die helleren Blauflächen angleichen. Verwende auch bei den Bäumen Zitronengelb, Permanentgrün hell, Siena, Indischgelb, Heller Ocker gebrannt und Titanweiß zur Steigerung der Lichtstimmung. Die Bäume werden so zu Hauptakteuren des Bildtheaters.

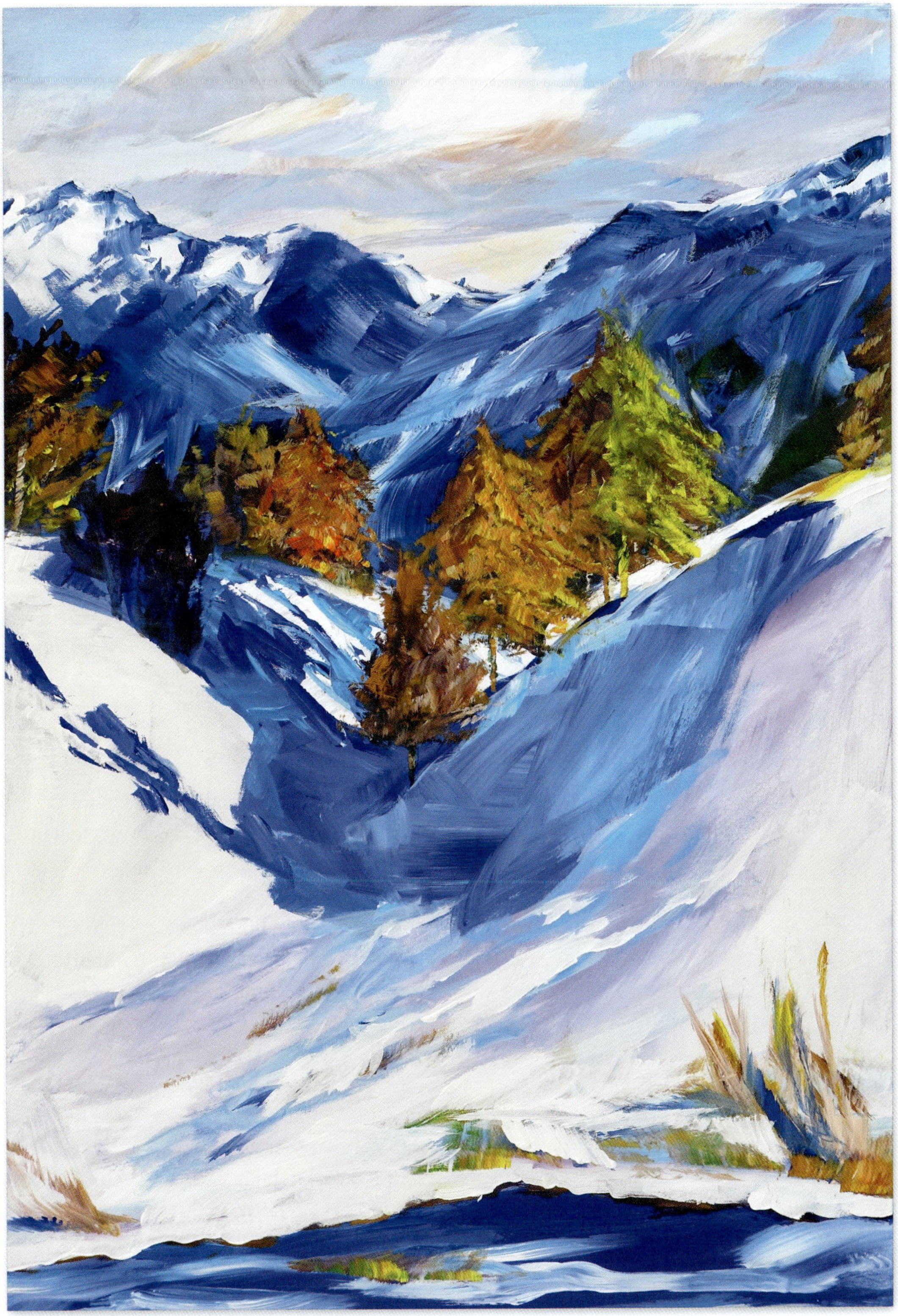

Fertiges Bild

Wie kannst du das Bild jetzt noch steigern? Je mehr du mit Brillantorange und Zitronengelb durch Glanzpunkte das Abendsonnenleuchten auf den Tannenwipfeln verstärkst, umso farbgewaltiger tritt die Winterstimmung insgesamt in den Mittelpunkt. Dasselbe gilt für den vereisten Weiher im Bildvordergrund. Durch vereinzelt gesetzte Farbakzente schaffst du eine Farbschwingung zwischen dem tiefen Ultramarinblau des Weihers und den strohähnlichen Schilfpartien, die in der verschneiten Landschaft gerade noch sichtbar sind. Hier genügen einige wenige Gelb- und Orangetupfer für die Steigerung, und das Bild gewinnt enorm an Wirkung und Ausdruckskraft.

Hanfpalmen

Du brauchst:

Keilrahmen, 70 × 100 cm

Acrylfarben in Titanweiß, Elfenbein, Zitronengelb, Brillantgelb, Indischgelb, Neapelgelb hell, Neapelgelb dunkel, Brillantorange, Zinnoberrot, Chinacridon Rot, Krapprot, Dunkelrot, Siena, Siena gebrannt, Eisenoxidgelb, Heller Ocker gebrannt, Lichter Ocker, Gelbgrün, Permanentgrün hell, Kobalttürkis, Ultramarinblau, Coelinblau, Lichtgrau, Krappbraun, Umbra natur und Vandyckbraun

Flachpinsel, 80 mm, 50 mm, 40 mm, 30 mm, 20 mm

Universalpinsel, ca. 16 mm

Küchenrolle

Farbpalette

Bäume und Sträucher übertreffen sich in ihrer Formenvielfalt. Die Chinesische Hanfpalme kann sicher zu den ganz besonderen exotischen Schönheiten gerechnet werden. Ihre verwelkenden Blätter schillern tatsächlich in allen Farben. Mit diesen Schrittfolgen kannst du alle Entstehungsphasen, von der impressionistischen Pinselskizze bis hin zur expressionistischen Farbexplosion, erleben, nachvollziehen und danach selbst umsetzen. Eine traditionelle Palmenabbildung aus Erdfarben und Grüntönen kann aber genauso ihren Reiz entfalten. Dir ist es aber ebenso gut möglich, in den gezeigten Schritten die Palme in ein buntes und schillerndes Feuerwerk zu verwandeln. Gelingt dir jedes Palmenblatt individuell und farbenbrillant, dann ragen dir die Fächer optisch entgehen. Verschiebe und variiere die verschiedenen Palmenfächer auf der Leinwand, bis du eine beeindruckende Komposition entdeckst. Deine Kernfrage bei diesem Bild sollte lauten: Wie bringst du die Schönheit von Palmen zur vollen Entfaltung?

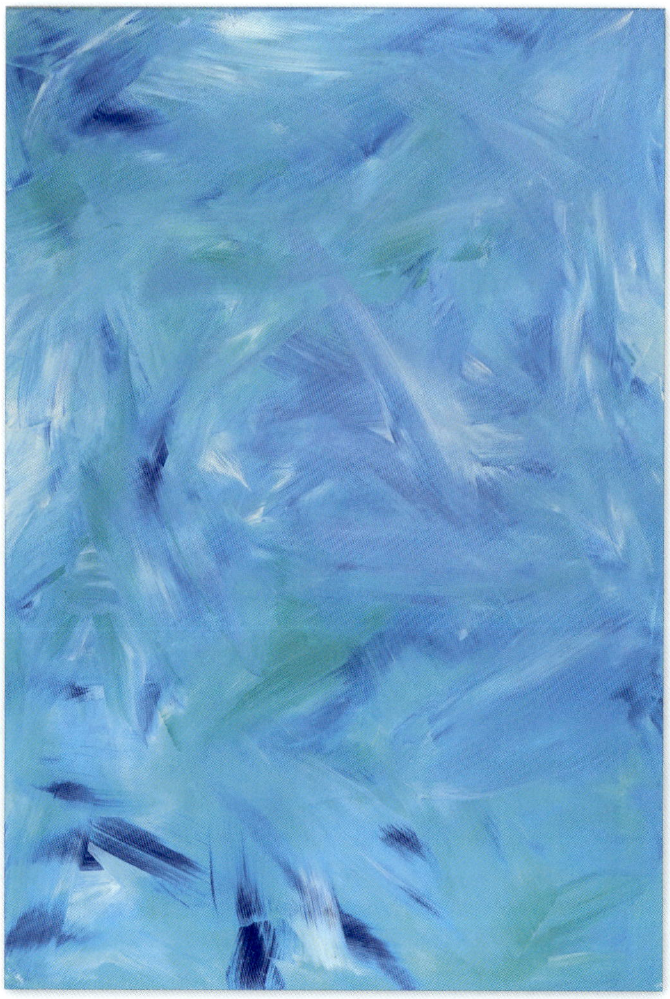

1. Schritt

Du kannst die Blautöne bei der Grundierung der Leinwand ganz lebendig auftragen. Tauche hierfür deinen Pinsel in Ultramarinblau, Coelinblau, Kobalttürkis, Titanweiß und eine Spur Zitronengelb in Verbindung mit reichlich Wasser. Nun entstehen sehr viele Facetten, Stufen und Farbübergänge. Eine lebendige Farbstruktur kann die Pflanzendarstellung hervorheben. Male so lange, bis dir die Bewegungen locker und mühelos von der Hand gehen. Der Ausdruck der Malerei entwickelt dann eine ganz andere Wirkung.

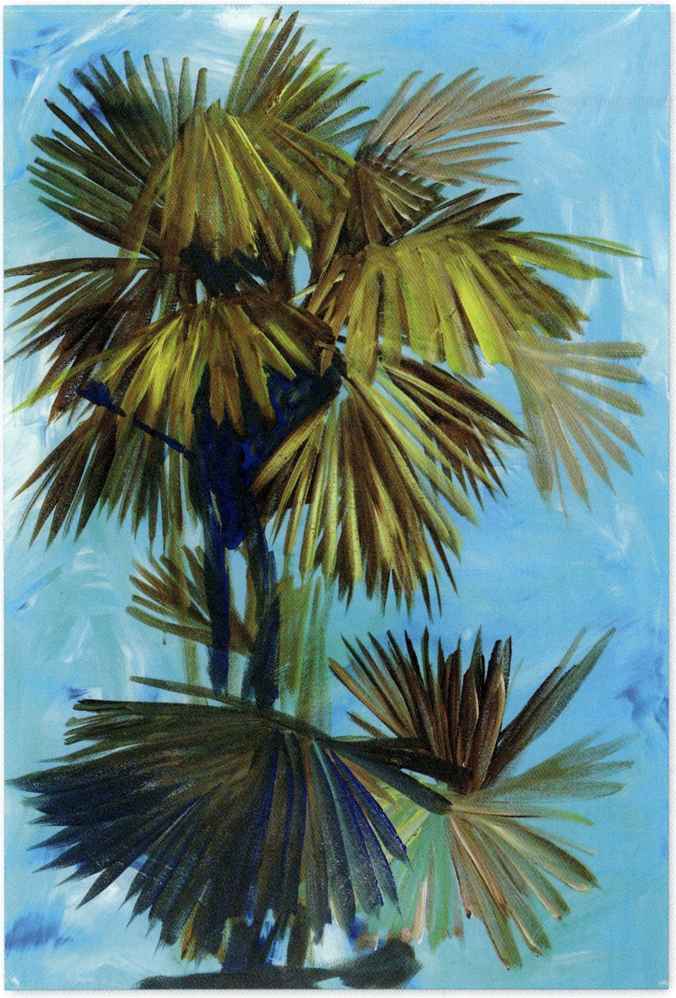

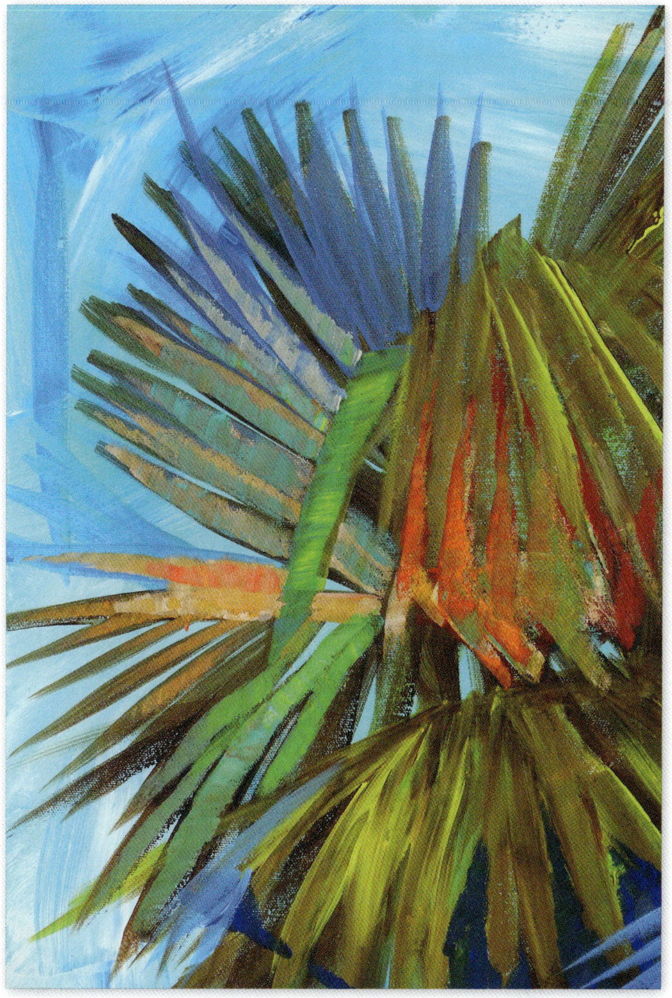

2. Schritt

Lege bei der ersten farbigen Pinselzeichnung die Komposition und Bildaufteilung fest. Wähle für das Bild zwei Schwerpunkte. Die unteren Palmen können hier mehr Dominanz und Spannbreite bekommen. Verwende zuerst nur Ultramarinblau, Zitronengelb und Umbra natur mit viel Wasser und konzentriere dich auf die Spannung der Palmenfächer.

Mit 20 mm-, 30 mm-, 40 mm- und auch 50 mm-Flachpinseln lassen sich eindrucksvolle Farbverläufe zusammenstellen. Kobalttürkis, Zinnoberrot, Permanentgrün hell und Zitronengelb ergeben eine mögliche Kombination. Eisenoxidgelb auf Chinacridon Rot, aber auch Gelbgrün auf Lichtgrau führen zu faszinierenden Farbüberschneidungen.

3. Schritt

Wenn du auf die dunklen Farben helle setzt, wirken diese dreidimensionaler. Dabei bildet Ultramarinblau mit Titanweiß einen guten Kontrast zu Elfenbein oder Neapelgelb hell gemischt mit Umbra natur. Dunkelblaue, hellblaue und grünbraune Farben erzeugen einen faszinierenden Farbklang.

Mit dem Malen der schmalen Blütenstreifenreihen entdeckst du gelungene Farbkombinationen. Setze an die Spitzen helle Farbverläufe. Die dunkle Untermalung steigert die Leuchtkraft der helleren Farben. Ist die Skizze mit verdünntem Umbra natur oder auch Ultramarinblau angelegt, dann eignet sich ein Farbverlauf zwischen Rosa und Türkis für den farblichen Aufbau. Tauche dabei den Flachpinsel in Neapelgelb hell, Neapelgelb dunkel, Krappbraun, Eisenoxidgelb und Zinnoberrot aufgehellt mit Titanweiß.

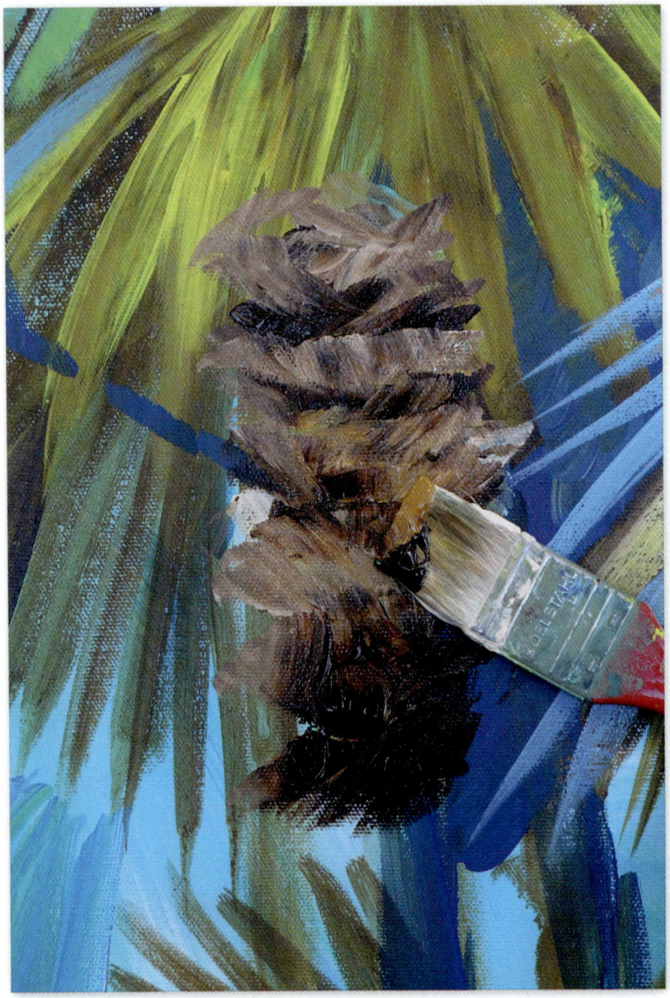

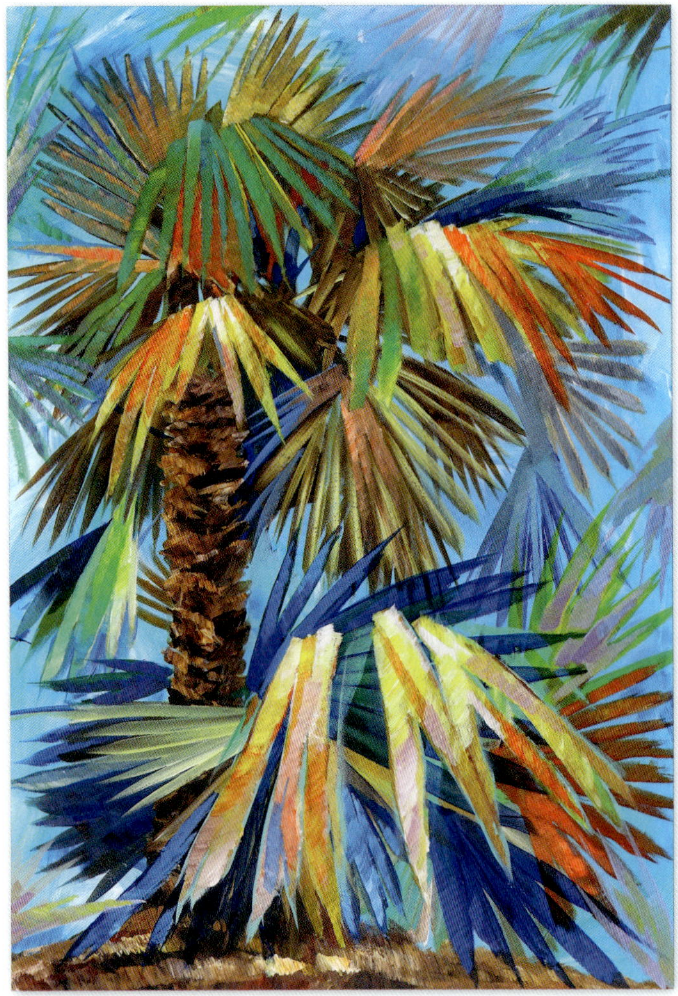

4. Schritt

Genauso verhält es sich mit den Fasern des Stammes. Streiche Siena, Siena gebrannt, Heller Ocker gebrannt, Vandyckbraun und Titanweiß mit kurzen Pinselstrichen ineinander. Die Vertiefungen und schattigen Stellen in der Stammstruktur musst du dabei mit Vandyckbraun zusätzlich betonen. Modelliere die schuppenartige Baumstruktur so lange, bis sie dir als realistisch greifbar erscheint. Die typischen Faserkanten der abgeschnittenen Palmfächer gelingen dir mit Indischgelb, Umbra natur und Titanweiß. Je schmäler du sie aufträgst und stehen lässt, umso mehr entsprechen sie dem wahren Charakter dieser Pflanzen.

5. Schritt

Einem Strahlenkranz gleich ragen die farbigen Spitzen in alle Richtungen. Dabei steigern hellrote und rosa Töne die grünen Pflanzenblätter. Du entlockst den braunen Blattspitzen ein schimmerndes Leuchten, wenn du sie mit den Farben Zitronengelb, Brillantgelb, Permanentgrün hell, Kobalttürkis, Heller Ocker gebrannt und Titanweiß übermalst. Den Palmenstamm gestaltest du mit Brillantorange, Siena und Krapprot facettenreich, lichtdurchflutet und feurig.

Du verstärkst die Komposition, wenn du die unteren Palmenblätter noch gewaltiger in Szene setzt. Ultramarinblau über Dunkelrot entwickelt eine leuchtende Nachbarschaft, genauso wie Zitronengelb und Heller Ocker gebrannt. Stellenweise kannst du die Farben auch durchscheinend und lasierend auftragen.

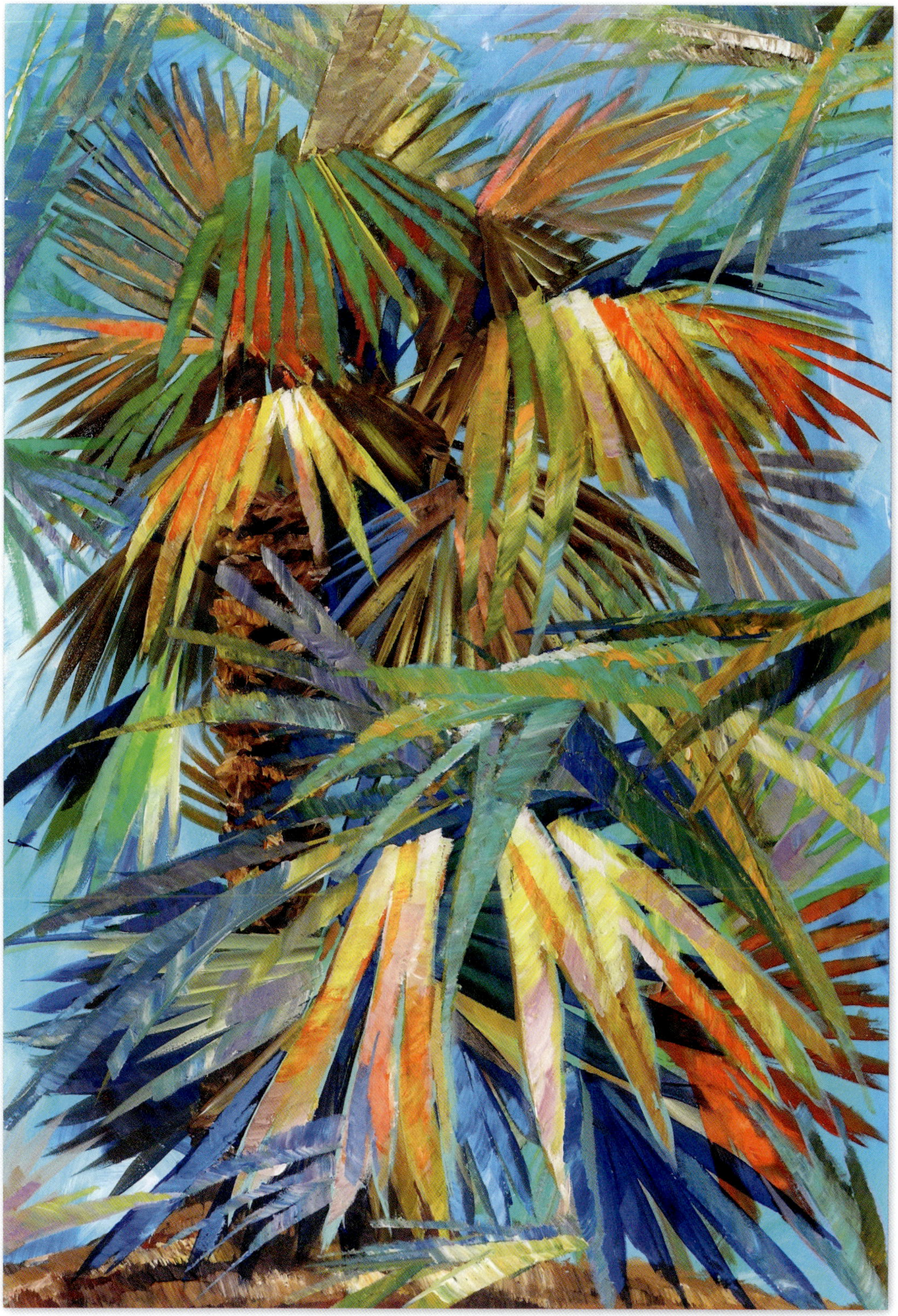

Fertiges Bild

Der große untere Palmfächer sollte jetzt in seiner Farbigkeit und Schönheit alles schon Gemalte auf dem Bild übertreffen. Es ist letztlich die Steigerung der Farbbrillanz, die das Bild so spannend werden lässt. Das intensive Leuchten in den einzelnen Blättern gelingt dir mit den Farben Heller Ocker gebrannt, Zitronengelb, Brillantorange, Lichter Ocker, Lichtgrau und Titanweiß. Beim Gestalten der rechten Palmspitzen verstärken Brillantorange und Zinnoberrot den glänzenden Eindruck. Entscheidend hierfür ist natürlich das intensive Ultramarinblau, das darunter liegt und hervor funkelt.

Blühende Herbststräucher

Du brauchst:

- Keilrahmen, 70 × 100 cm
- Acrylfarben in Titanweiß, Zitronengelb, Brillantgelb, Brillantorange, Neapelgelb hell, Neapelgelb dunkel, Indischgelb, Siena, Lichter Ocker, Heller Ocker gebrannt, Chinacridon Magenta, Rubin, Blauviolett, Ultramarinblau, Kobalttürkis, Delftblau, Coelinblau, Blauviolett, Orientgrün, Lichtgrau und Vandyckbraun
- Flachpinsel, 80 mm, 50 mm, 40 mm, 30 mm, 20 mm
- Universalpinsel, ca. 16 mm
- Küchenrolle
- Farbpalette

Der Herbst ist der Meister der Farben. Was noch vor Wochen in grüner Pracht stand, färbt sich goldgelb bis glutrot. Oft sind die Bäume schon entlaubt, und die Blätter der Sträucher halten noch dem ersten Frost stand. Bei diesem Naturschauspiel kannst du die Leuchtkraft deiner Farben testen. Bei diesem Motiv wird der dunkle Hintergrund zu einer malerischen Herausforderung und zeigt dir zugleich Lösungen für deine Ausgangsfrage: Wie platzierst du einen Herbststrauch ins Zentrum des Bildgeschehens?

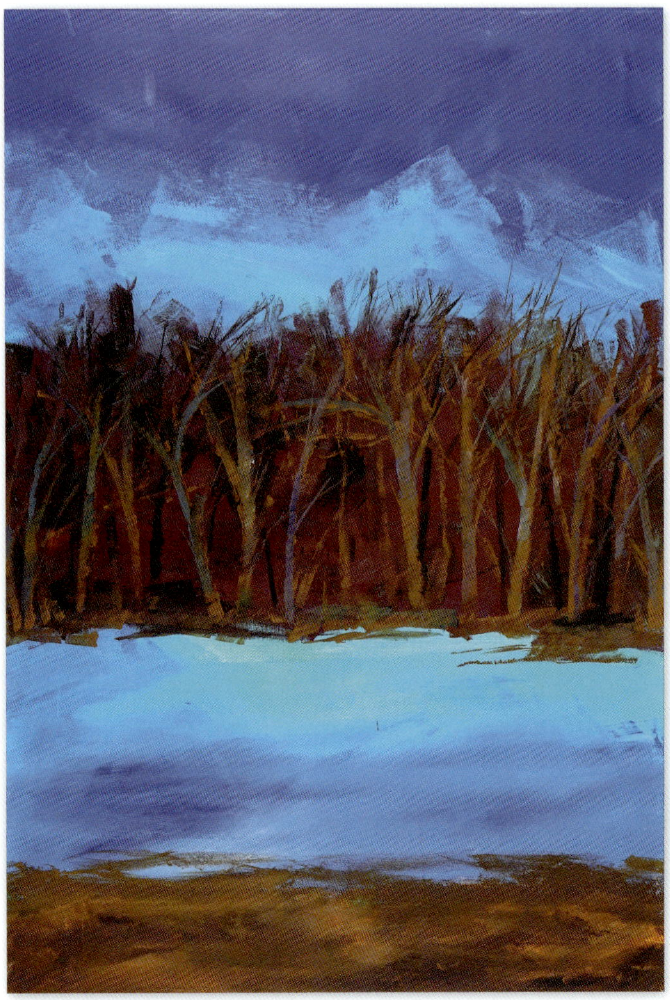

1. Schritt

Bei einer Herbststimmung ist der Farbkontrast besonders wichtig. Dunkle Waldstücke am Horizont umrahmen die welken und golden glänzenden Blätter der Sträucher. Verwende als Grundfarbe Chinacridon Magenta und Blauviolett. Male zuerst die dunklen Bäume mit Vandyckbraun. Für die vorderste Baumreihe verwende Kobalttürkis, Lichtgrau, Lichter Ocker, Blauviolett und Titanweiß. Lege auch die Himmels- und die Flussfarbe um das fern liegende Ufer mit Ultramarinblau, Kobalttürkis, Coelinblau und Titanweiß an.

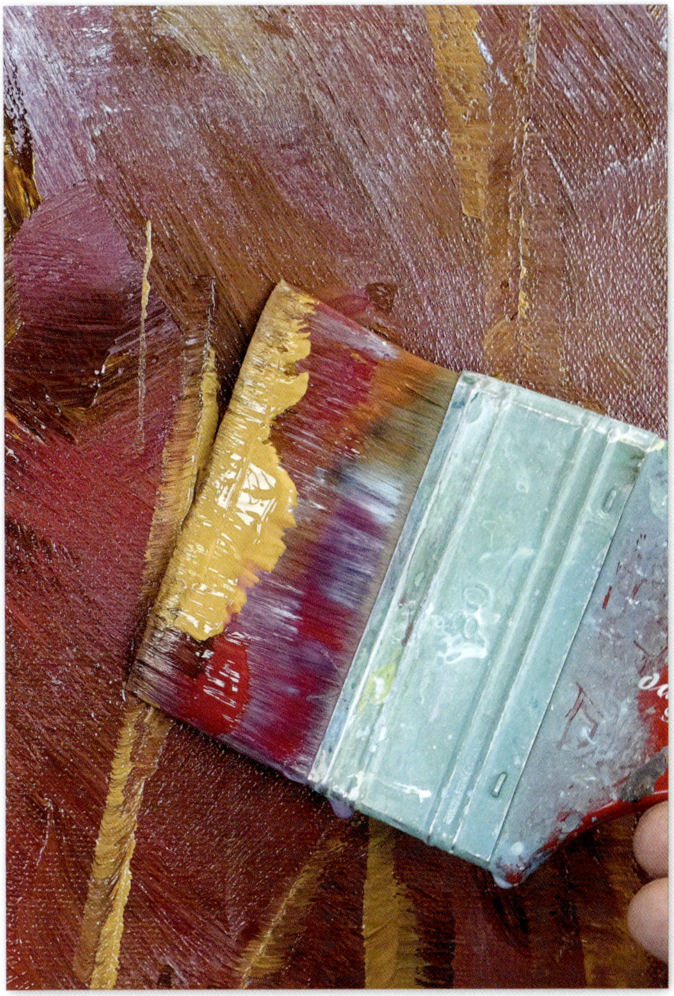

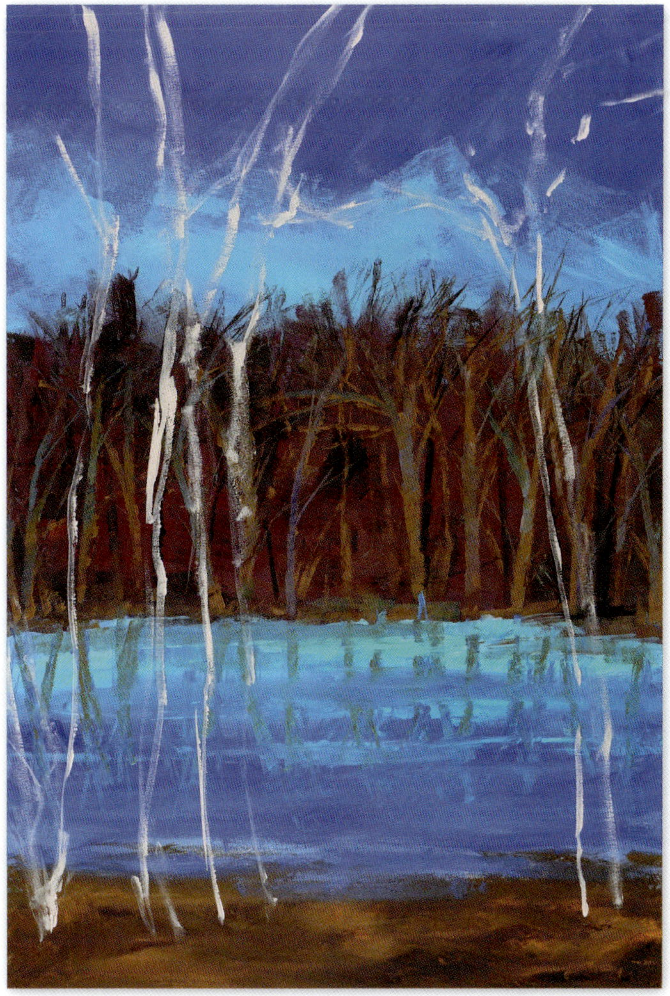

2. Schritt

Mit gelben und roten Farblasuren kannst du die Dunkelheit des Walddickichts aufhellen. Stelle dir dabei entlaubte Baumgruppen vor und fotografiere dazu entsprechende Fotos im Herbst. Die Verflechtungen des Astwerks kannst du auf ihnen hervorragend studieren. Verwende hierfür Blauviolett, Neapelgelb hell, Neapelgelb dunkel, Rubin, Chinacridon Magenta und Titanweiß. Skizzenhafte Andeutungen reichen hier völlig. Tupfe mit dem 80 mm-Flachpinsel die Astandeutungen mehrfach in die dunkle Acrylschicht.

3. Schritt

Entlaubte Bäume ragen nun zwischen den Sträuchern in den Himmel. Umrahme die Sträucher mit ausdrucksstarken und farbintensiven Bäumen am Ufer. Die Linien aus Titanweiß heben sich deutlich vom Untergrund ab. Setze die Bäume bewegt und knorrig in Szene. Je ausdrucksstärker du sie darstellst, umso interessanter wird das spätere fertige Gemälde. Unscharfe Spiegelungen im Wasser sind hier von Vorteil. Verbinde beide Ufer des Flusses. Verstärke noch einmal mit Kobalttürkis die Wasserspiegelungen und setze Längsstreifen mit einen 16 mm-Pinsel.

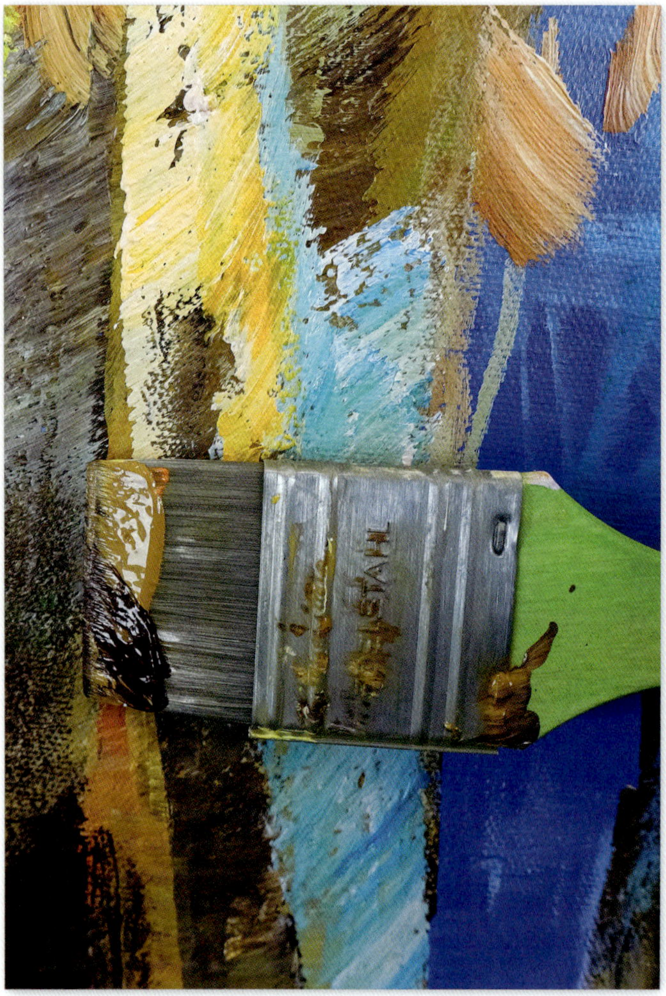

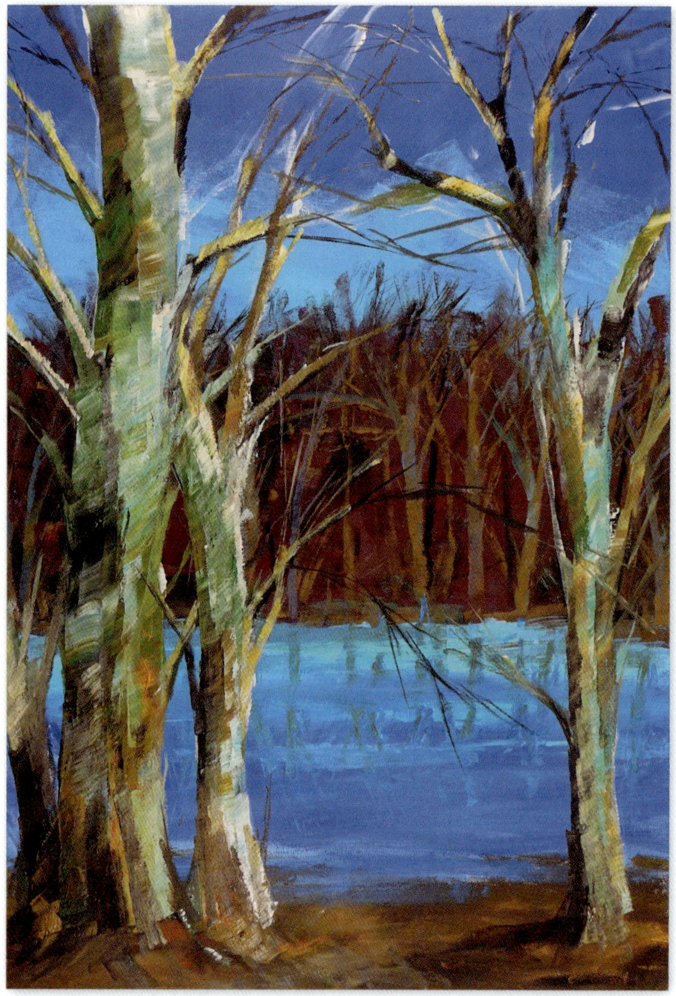

4. Schritt
Auch dunklen Stellen kannst du mit gelblichen und bräunlichen Farblinien Tiefe verleihen. Mit der Richtung des Pinselstrichs ist die Rundung der Rindenoberfläche räumlich nachzuahmen. Verwende hierfür den 30 mm-, den 50 mm- und den 80 mm-Flachpinsel. Durch die unterschiedlichen Breiten kannst du die Maserung abwechslungsreich gestalten. Auf der Abbildung siehst du einen 30 mm-Flachpinsel. Auf der Pinselfläche befinden sich Vandyckbraun und Lichter Ocker. Bei mehrfachem Überstreichen vermischen sich beide Farben zu einer perfekten Holzstruktur.

5. Schritt
Mit Kobalttürkis, Titanweiß, Siena, Vandyckbraun, Neapelgelb hell, Orientgrün und Brillantgelb kannst du die Rinde in den schillerndsten Farben wiedergeben. Sie muss sich deutlich von den schon vorhandenen Bildfarben absetzen. Nutze die Ausdruckskraft all deiner Acrylfarben. Setze nur kurze längliche Flächen. Mit den Pinselkanten entlang der Rindenfläche wirken die Bäume plastisch, ausdrucksstark und expressiv. Unterlege die Kronenzweige mit Vandyckbraun und vollende sie mit Lichtpunkten aus Brillantgelb, Indischgelb und Titanweiß.

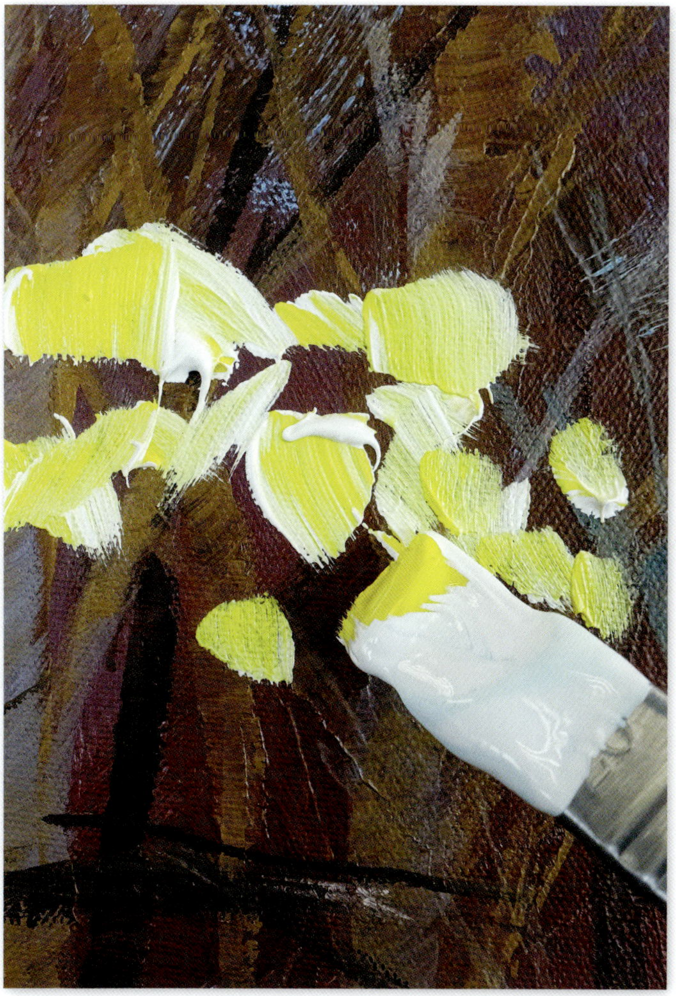

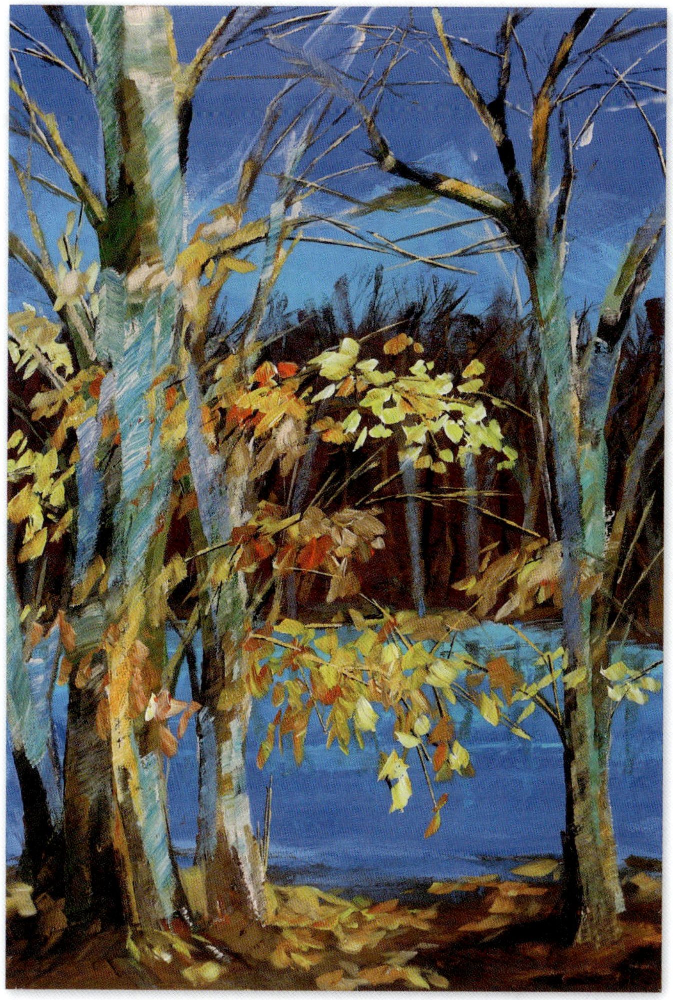

6. Schritt

Verteile mit einem 20 mm-Flachpinsel einzelne Farbakzente aus Zitronengelb und Titanweiß gleich einem lockeren Mosaik entlang eines Astes. Tauche zuerst den Pinsel in Titanweiß und anschließend in Zitronengelb. Diese Reihenfolge ist für die Farbwirkung entscheidend. Es entstehen intensive gelbe Punkte, die weiß eingefasst verblüffend leuchten und dem Betrachter dreidimensional entgegenkommen. Setze einige Punkte dicht nebeneinander und andere wieder mit viel Zwischenraum. Die Unterschiede der Abstände kannst du überall in der Natur beobachten. Durch das Imitieren der Natur entsteht eine besondere Magie im Bild.

7. Schritt

Variiere die Gelb- und Braunschattierungen der Herbstblätter. Male nicht abwechselnd helle und dunkle Blätter. Setze an einer Stelle verdichtet mehr bräunlich welke Blätter und an einer anderen Stelle gehäuft hell strahlende und gelbe Herbstblätter. Bleibe also bei einem Ast eher bräunlich und bei einem anderen eher strahlend hell. Setze Lichtkanten auf die sich nach unten biegenden, dünnen Zweige. Sie wirken dadurch plastischer und verbinden sich mit dem sonnenbeschienenen Herbstlaub. Mit den Farben Brillantgelb, Heller Ocker gebrannt, Siena, Lichter Ocker, Zitronengelb und Titanweiß gelingt dir die fein abgestufte Vielfalt an Tönen. Gestalte die feinen Zweige des Busches herabhängend und filigran.

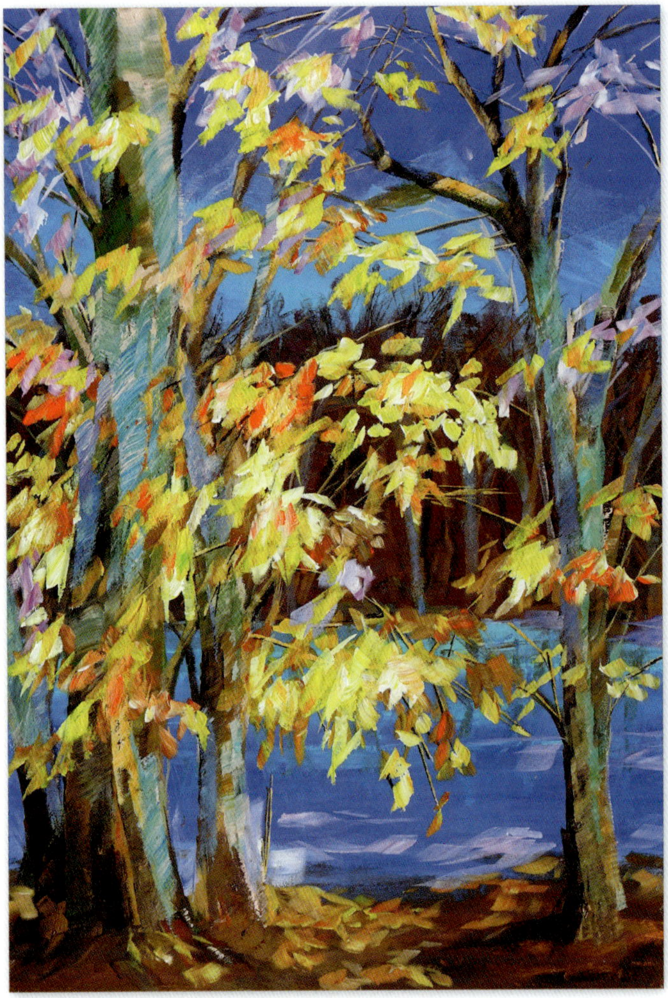

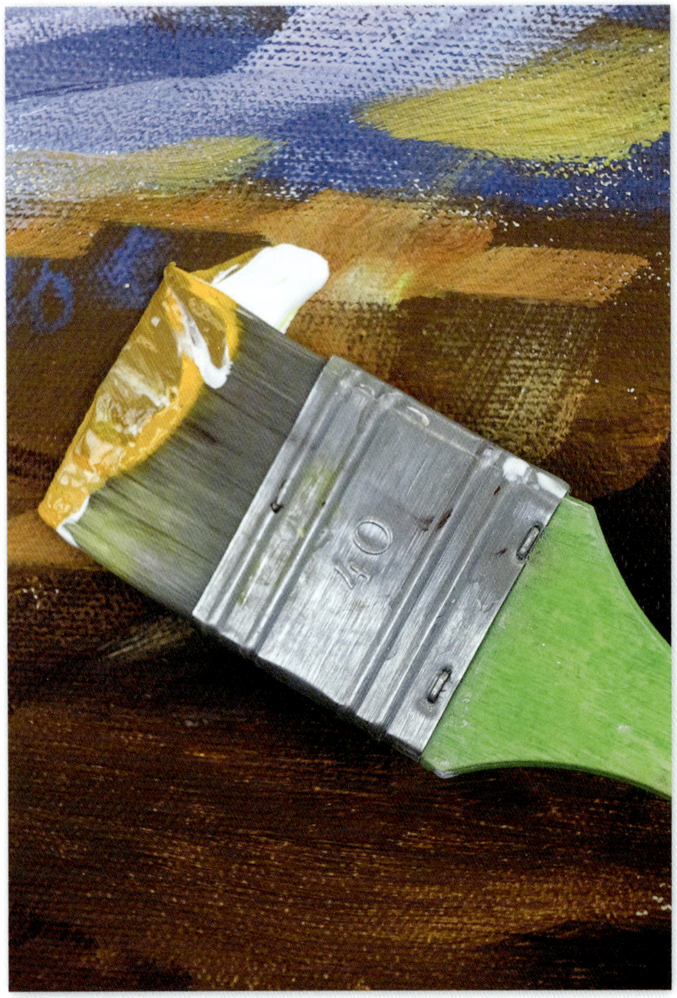

8. Schritt

Violett ist die Komplementärfarbe von Gelb. Sie steigert deren Farbigkeit und harmoniert mit dem Türkisgrün der Baumrinden. Für diese verwende Chinacridon Magenta, Coelinblau und Titanweiß. Setze dieselben Akzente auch in das Gewässer. Die violettroten Blätter tanzen farblich zwischen Fluss und Himmel.

Abgefallene Blätter verteilen sich am Uferrand. Eine Farbmischung aus Siena, Brillantorange, Lichter Ocker, Brillantgelb und Titanweiß erhellt die rotbraun leuchtende Erde. Hier kannst du für eine natürliche Wirkung die unterschiedlichsten farbigen Blätter übereinander und ineinander setzen. Dasselbe gilt für die obersten Baumzweige. Verwende hier keine gelbbraunen Blättergruppen mehr. Mit reinem Brillantgelb, gemischt mit Titanweiß, erreichst du bei den oberen Zweigen eine lichtdurchflutete Wirkung.

9. Schritt

Mit einem 40 mm-Flachpinsel und Brillantgelb, Siena und Titanweiß kannst du das herabgefallene Laub kontrastreich steigern. Die Blätter heben sich deutlich von dem dunkelbraunen Boden ab. Alle drei Farben sind auf dem Kamm des Flachpinsels gemischt. Ziehe den Pinsel für einen dynamischen Pinselduktus beim Aufsetzen immer leicht zur Seite. Die Farbflecken wirken dann wie welkes Laub.

Titanweiß hellt die Farben auf und zaubert Licht ins Bild. Verstärke bei einzelnen Blätterpartien den Kontrast. Setze noch einmal dunkle Farben auf diese Stellen, um sie anschließend mit Siena, Brillantgelb und einem großen Anteil Titanweiß zu übermalen. In diesem Schritt siehst du deutlich, wie die Farbflecken aus Titanweiß, gemischt mit der Bandbreite der Gelbtöne, die Blätter regelrecht dreidimensional erscheinen lassen.

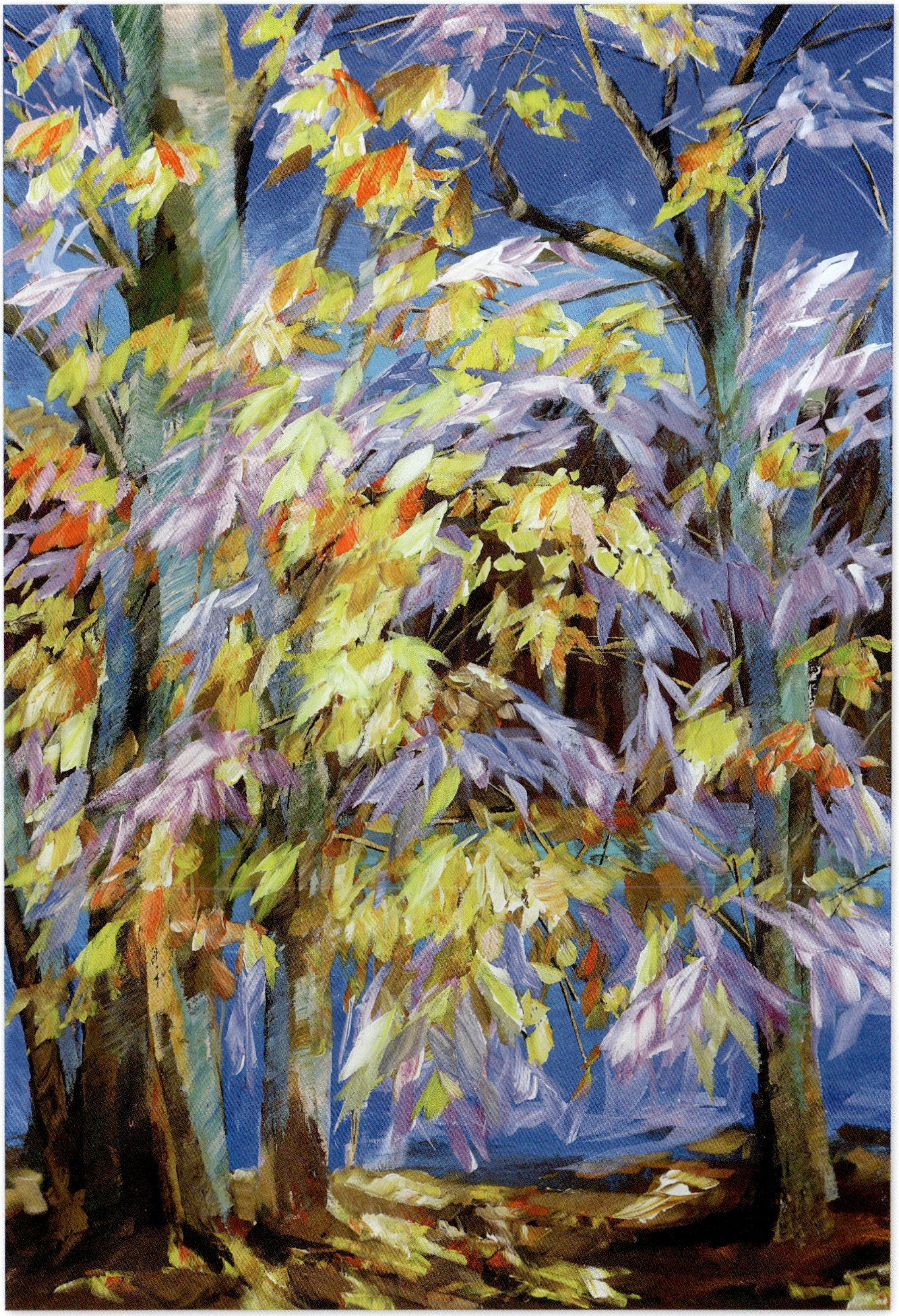

Fertiges Bild
Mit Titanweiß, Blauviolett, Magenta und Delftblau vollendest du die Farbwirkung. Die violettweißen Blätter bilden eine Brücke zwischen den tiefen Blautönen des Hintergrundes und dem leuchtenden Herbstlaub. Die violetten Sträucher sind der ideale Kontrast, und in ihrer Farbpracht erfüllen sie das Herbstbild mit einem geheimnisvollen Zauber. Der dunkle Hintergrund verschwindet fast völlig, aber an den wenigen Stellen betont er die Leuchtkraft von hellweißem Gelb und Violett.

Zwei Birken im Wind

Du brauchst:

- Keilrahmen, 70 × 100 cm
- Acrylfarben in Titanweiß, Zitronengelb, Brillantgelb, Neapelgelb hell, Lichter Ocker, Siena, Siena gebrannt, Kadmiumrot hell, Orientgrün, Ultramarinblau, Kobalttürkis, Kobaltblau hell, Coelinblau, Orientblau, Blauviolett, Krappbraun, Umbra natur, Lichtgrau und Schwarz
- Flachpinsel, 80 mm, 50 mm, 40 mm, 30 mm, 20 mm
- Universalpinsel, ca. 16 mm
- Küchenrolle
- Farbpalette

Wie interessant kann ein Baumausschnitt werden? Sehr interessant, wenn Herbstbäume ins Spiel kommen. Die Blauschattierungen des Himmels umrahmen die goldenen Blätter. Mit diesem Motiv kannst du die intensiven Komplementärkontraste Blau-Orange und Gelb-Violett zur vollen Entfaltung bringen. Teste hier, wie weit Vereinfachung und Abstraktion in deine Malerei einfließen können.

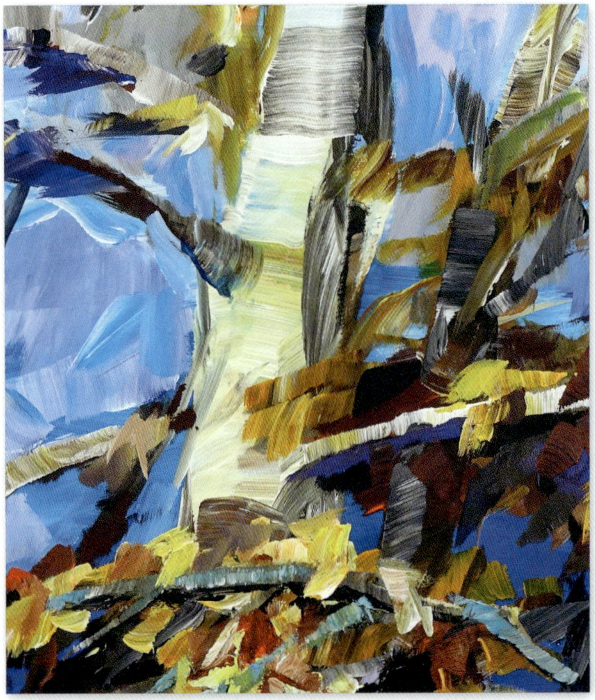

Ausschnitt 1

Birkenstämme strahlen vor unterschiedlichsten Blautönen. Neige die Richtung der Bäume leicht nach rechts oben, so erhöhst du die Spannung in der Komposition. Ein Kompositionsgesetz lautet: Variiere so einfallsreich wie möglich die Abstände, Farben und Formen. Sorge deshalb auch für Unterschiede in den Abständen und der Neigung der Äste. Verteile die Helligkeitswerte unterschiedlich im Bild. Die oberen Hälften sind mehr vom Licht beschienen und heben sich vom dunklen Untergrund ab. Die vom Laub verdeckte Rinde in der unteren Bildhälfte erscheint schattig und grau.

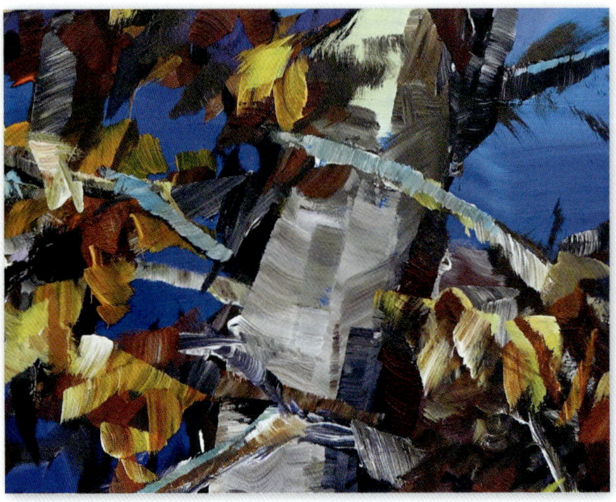

Ausschnitt 2

Male mit einem 80 mm-Flachpinsel die Birkenrinden mit dünnen Lasurschichten. Die schwarzen Schattenstriche verleihen den hellen Stämmen zugleich Halt und Ausdruck. Verwende dafür Titanweiß, Schwarz, Coelinblau, Lichtgrau und Lichter Ocker. Die Durchblicke zum Himmel sind sehr unterschiedlich. Verteile auch gelbliche und bräunliche Laubblätter.

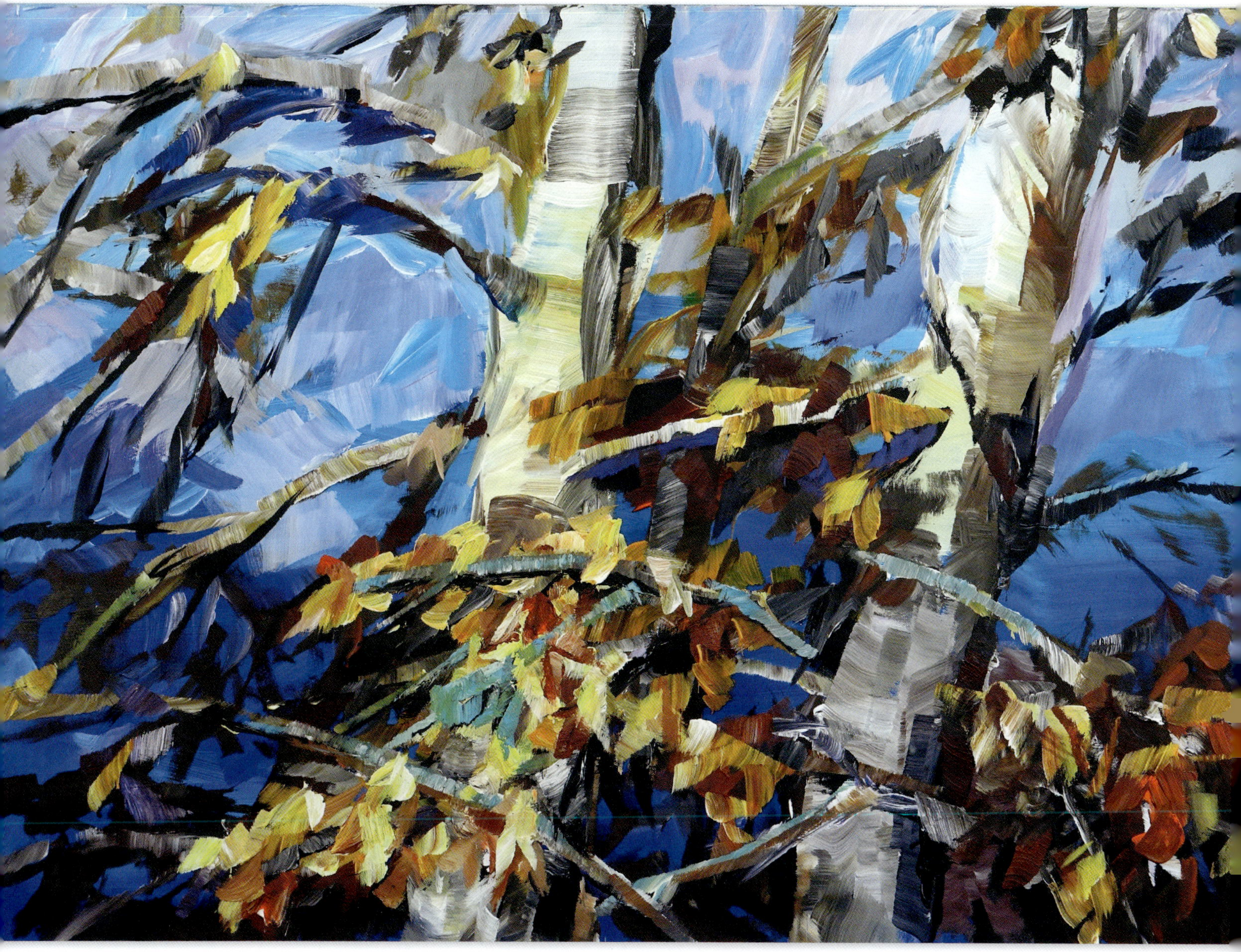

Vorgehensweise

Der blaue Hintergrund und die gelbe Blätterdichte sollten miteinander in eine ausgewogene Balance treten. Die unterschiedlichen Braun- und Gelbtöne heben sich gut von dem dunkelblauen Untergrund ab. Mit den Farben Ultramarinblau, Kobaltblau hell, Orientblau, Coelinblau, Blauviolett und Titanweiß gelingen diese herrlichen Blauverläufe gut. Für die Struktur der herbstlichen Blätter eignen sich Brillantgelb, Zitronengelb, Krappbraun, Kadmiumrot hell, Umbra natur, Neapelgelb hell, Lichter Ocker, Siena, Siena gebrannt, einige Farben davon mit Titanweiß abgemischt. Die farbliche Spannung zwischen all den Tönen entsteht durch die türkisfarbenen Zweige. Unterlege die Zweige mit Schwarz und modelliere sie mit Kobalttürkis, Orientgrün, Lichtgrau, Coelinblau und Titanweiß.

Pinien

Du brauchst:

Keilrahmen, 70 × 100 cm

Acrylfarben in Titanweiß, Elfenbein, Zitronengelb, Neapelgelb hell, Brillantgelb, Brillantorange, Chinacridon Magenta, Kadmiumrot hell, Rubin, Siena, Heller Ocker gebrannt, Blauviolett, Coelinblau, Ultramarinblau, Eisenoxidrot, Eisenoxidgelb, Chromoxidgrün feurig, Permanentgrün hell, Lichtgrau, Krappbraun und Schwarz

Flachpinsel, 300 mm, 80 mm, 50 mm, 40 mm, 30 mm, 20 mm

Universalpinsel, ca. 16 mm

Küchenrolle

Farbpalette

Zwischen den hoch gewachsenen Bäumen wird das ganze Landschaftspanorama sichtbar. Der Hintergrund muss hier dieselbe malerische Ausdruckskraft wie die Pinien entwickeln. Ist der Hintergrund einfarbig und ideenlos, so wirkt die Umgebung wie eine Theaterkulisse. Die Landschaft als Hauptakteur entwickelt sich mit Hilfe einer expressiven und abstrakten Farbtechnik. So glückt ein passendes Zusammenspiel zwischen Landschaft und Baumgruppe.

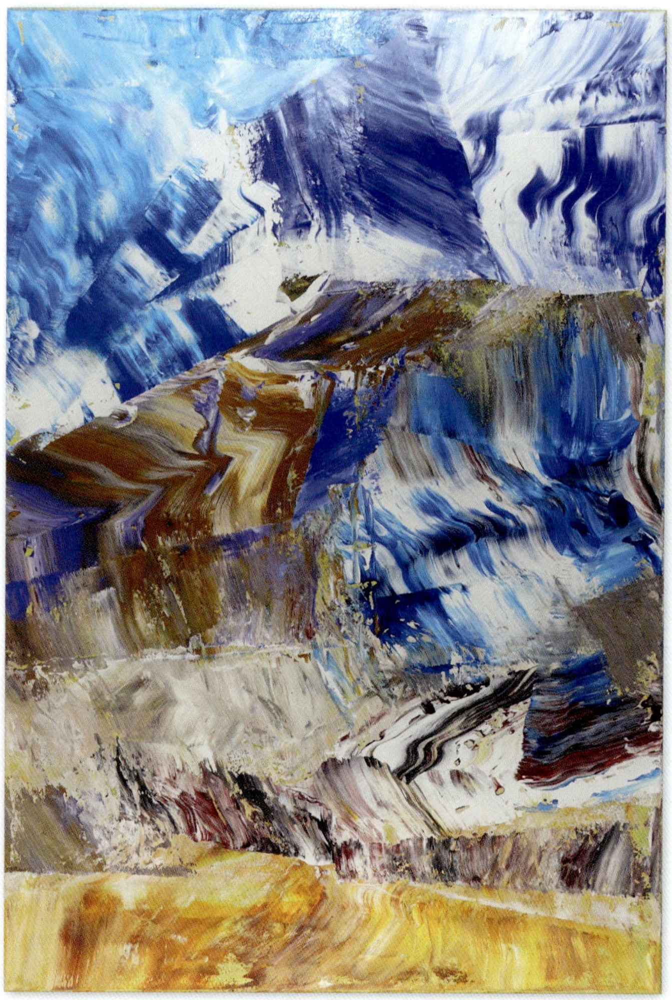

1. Schritt

Gestalte nun den Hintergrund aus unterschiedlichsten Farben. Die Farbschichtungen entstehen mit einem 300 mm breiten Flachpinsel (siehe S. 16). Verwende für den Sandboden Neapelgelb hell, Brillantgelb, Siena, Heller Ocker gebrannt und Titanweiß. Für die weißliche Felsschicht darüber verteile Lichtgrau, Elfenbein, Chinacridon Magenta, Schwarz, Heller Ocker gebrannt und Titanweiß. Der dunkle Berg besteht aus Blauviolett, Neapelgelb hell, Eisenoxidgelb, Krappbraun, Ultramarinblau und Titanweiß. Der Himmelsstreifen schillert durch Ultramarinblau, Coelinblau und Titanweiß.

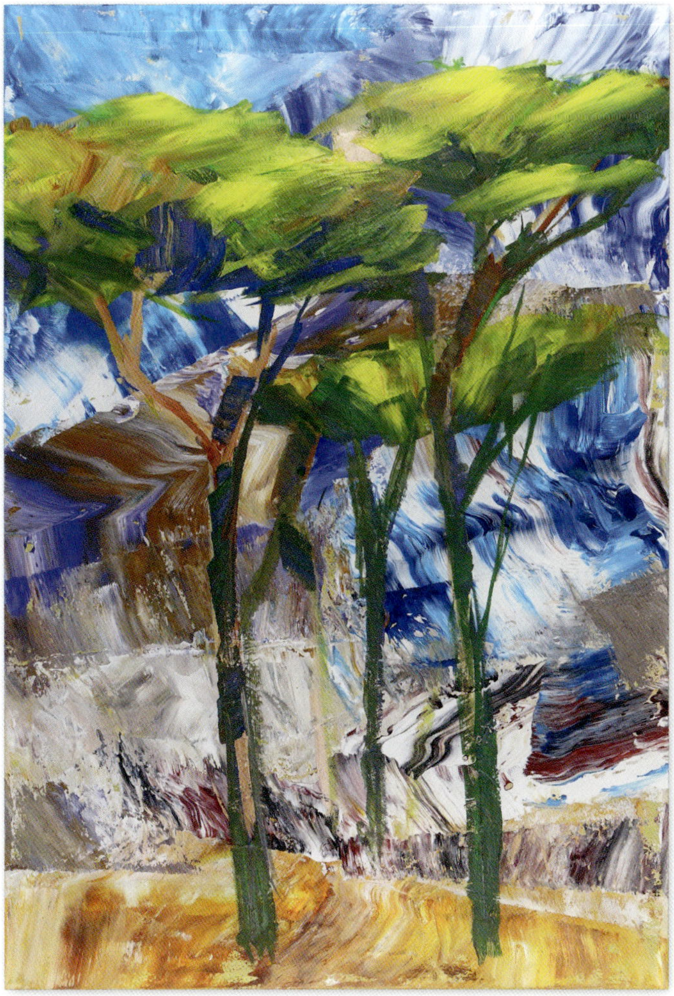

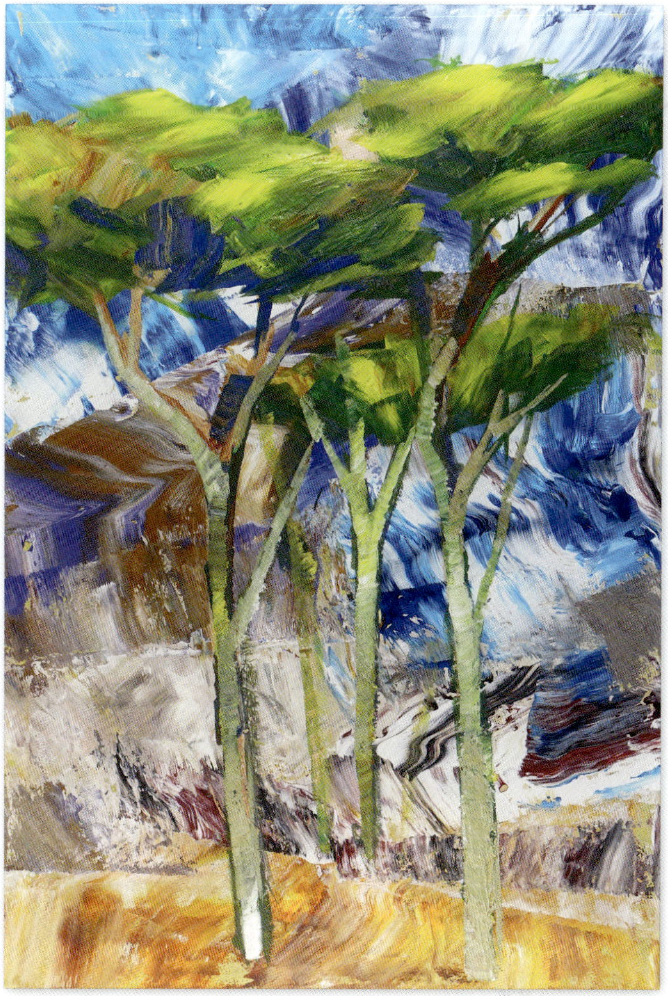

2. Schritt

Wie Schirme stehen die Pinien in der südlichen Landschaft und werfen ihre großen Schatten. Skizziere mit einem 30 mm-Flachpinsel sowie den Farben Chromoxidgrün feurig, Heller Ocker gebrannt und Ultramarinblau die Baumstämme. Schatten und Licht breiten sich in den Kronen aus. Lege hier erst dunkle Flächen mit Ultramarinblau und Lichtgrau an und setze dann Chromoxidgrün feurig, Permanentgrün hell und Zitronengelb vermischt mit Siena und Heller Ocker gebrannt darüber. Den Blick in die Landschaft musst du erhalten. Die Bäume und der Farbhintergrund schaukeln sich gegenseitig hoch.

3. Schritt

Helle die länglichen Stämme auf. Sie bekommen auf diese Weise Farbkraft und Volumen. Die Farbe verwandelt sie dabei in eine Art Leuchtstreifen. Verwende für diesen Effekt die Farben Lichtgrau, Zitronengelb, Permanentgrün hell und Titanweiß. Verteile unterschiedliche Farbmischungen über die Länge der Stämme. Der hellgrüne Schimmer schafft eine Verbindung zu den sonnendurchfluteten Kronen. Die Untermalung kann an den Rändern hervorleuchten. Die Stämme erlangen so eine verblüffende Dreidimensionalität, und die feinen Randlinien sorgen für eine effektvolle und zeichnerische Qualität im Bild.

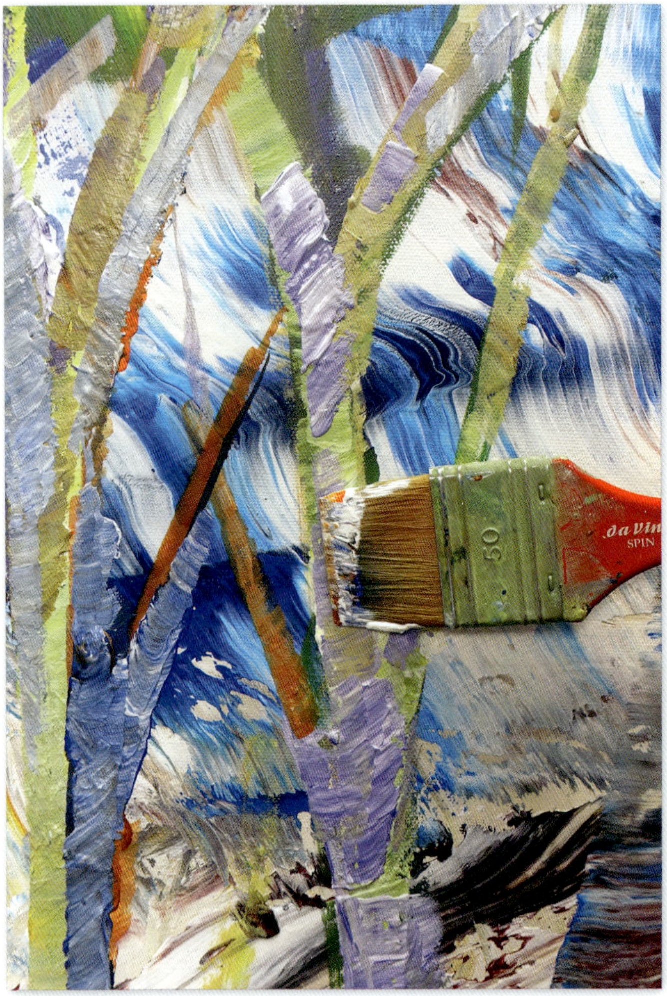

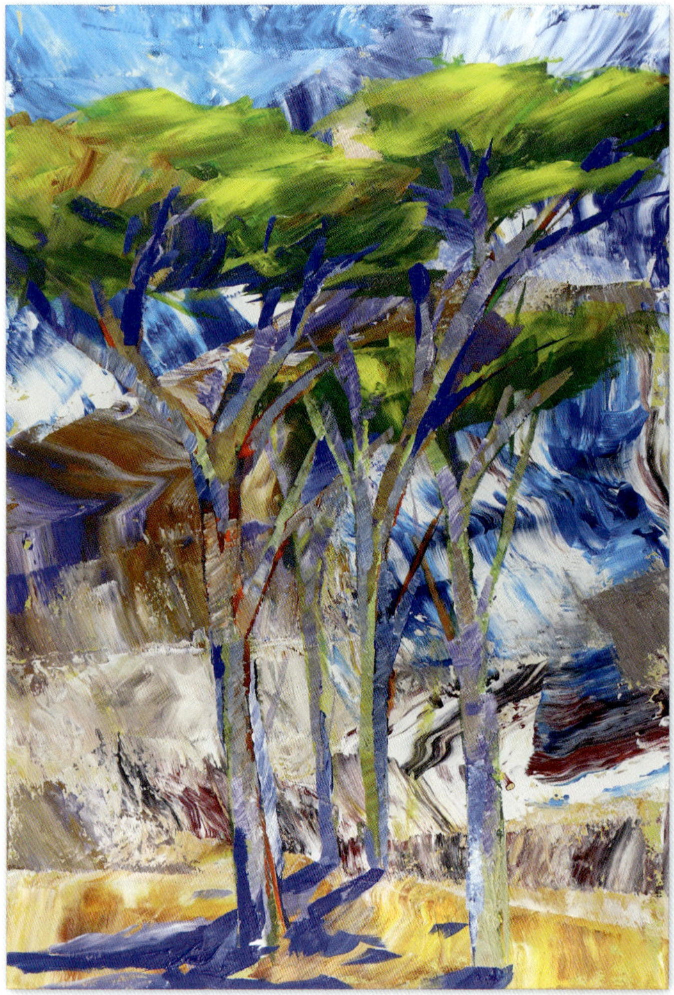

4. Schritt
Blauviolett und Titanweiß ergeben einen hervorragenden Farbkontrast. Die unterschiedliche Farbigkeit integriert die Stämme in die Landschaft. Die entstehenden Farbakzente sind für die Qualität der Malerei sehr wertvoll. 30 mm-, 50 mm- und 80 mm-Flachpinsel eignen sich hierfür sehr gut. Verwende Lichtgrau, Ultramarinblau, Coelinblau, Blauviolett, Heller Ocker gebrannt und Titanweiß. Achte auf die braunen Gebirgssteine zwischen den Ästen. Es ist sehr wirkungsvoll, wenn sie farblich dazwischen hervorleuchten.

5. Schritt
Betone mit farbigen Linien die filigranen Stämme des Pinienhains. Zu den hellgrünen Rinden passen besonders gut Kadmiumrot hell, Eisenoxidgelb, Lichtgrau, Blauviolett, Eisenoxidrot, Krappbraun und Titanweiß. Setze alles mit einer spielerischen Leichtigkeit. Eine brillante Farbigkeit gelingt dir, wenn du mit Ultramarinblau und Titanweiß den Bodenschatten der Bäume über dem Sandboden verteilst. Male die schattigen Äste in den Kronen ebenfalls mit Ultramarinblau und umrahme auf diese Weise die farbintensiven Stämme.

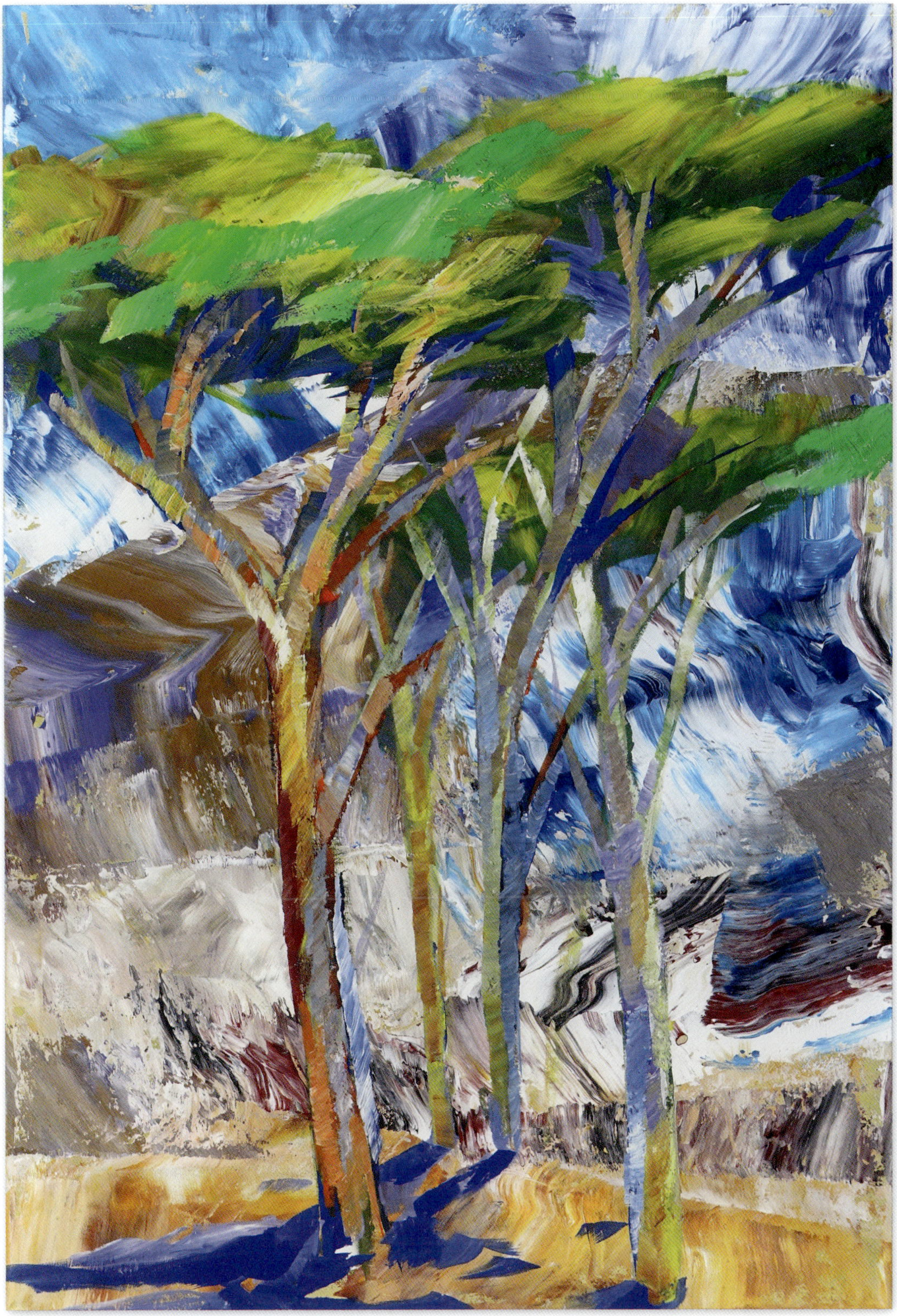

Fertiges Bild

Mit hellen und rötlichen Farben zauberst du die südliche Sonne ins Bild. Hierfür verteile Brillantgelb, Zitronengelb, Rubin, Brillantorange, Heller Ocker gebrannt, Lichtgrau, Blauviolett und Titanweiß über die ultramarinfarbenen Kronenäste. Übermale nur die linke und die entfernteste Pinie. Versehe nie alles mit den gleichen Farbtönen. Unterschiede in der Farbverteilung verleihen dem Bild erst das gewisse Etwas, so auch bei den Blätterkronen. Ein frisches Permanentgrün hell vermischt mit Zitronengelb und Titanweiß, unabhängig von der lokalen Farbe der Piniennadeln ist extrem entscheidend für die Farbpracht.

Oase

Du brauchst:

- Keilrahmen, 70 × 100 cm
- Acrylfarben in Titanweiß, Zitronengelb, Brillantgelb, Brillantorange, Neapelgelb hell, Neapelgelb dunkel, Siena, Siena gebrannt, Heller Ocker gebrannt, Lichter Ocker, Krappbraun, Eisenoxidrot, Orientgrün, Permanentgrün hell, Chromoxidgrün feurig, Ultramarinblau, Coelinblau, Königsblau, Blauviolett, Kobaltblau hell, Kobalttürkis, Eisenoxidbraun, Umbra natur, Vandyckbraun und Schwarz
- Flachpinsel, 300 mm, 80 mm, 50 mm, 40 mm, 30 mm, 20 mm
- Universalpinsel, ca. 16 mm
- Küchenrolle
- Farbpalette

Bei Baumbildern stellt man sich oftmals auch die wiederkehrende Frage: Welche Bäume sind Repräsentanten des Lichts und dafür prädestiniert?
Palmen etwa versetzen die meisten Betrachter in eine sehnsuchtsvolle Urlaubsstimmung. Bei ihnen denkt man sofort an südliche Länder und weiße Strände. Sie können dabei aber leider extrem langweilig und kitschig abgebildet sein. Genauso können die Palmen aber auch farbgewaltig und ausdrucksstark dargestellt werden. Mit diesem Beispiel siehst du, wie das Abbild einer Palme mit Acrylfarbe zum malerischen Erlebnis wird und gelingt.

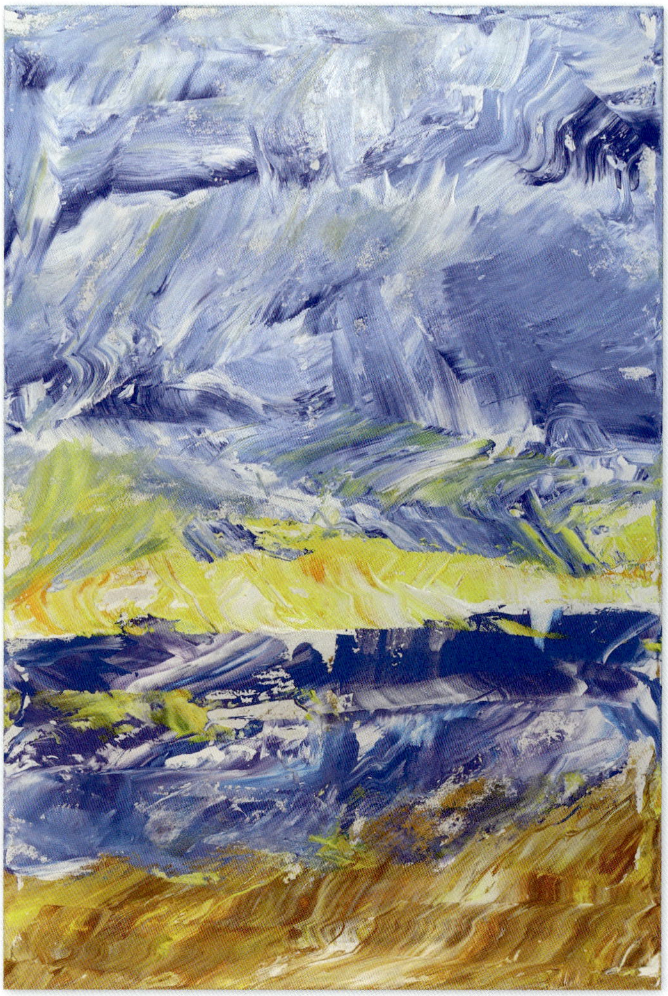

1. Schritt
In Afrika flimmert die warme Luft häufig vor den Augen des Betrachters. Um diesen Eindruck im Bild wiederzugeben, lege den Untergrund mit durchmischten Farbschichten an. Diese sollen den Dunst von Luft und Wasser, der über dem heißen Sand und der warmen Erde des Südens wie ein hauchdünner Seidenvorhang schwebt, darstellen. Für die oberen Luftwirbel verwende Ultramarinblau, Coelinblau, und Titanweiß. In der gelben Sandbank im Mittelgrund findest du Brillantorange und Titanweiß. Der fordere Uferstreifen lebt durch Siena, Brillantgelb, Lichter Ocker und Titanweiß. Die lebhafte Oberfläche gelingt dir mit einem 300 mm-Flachpinsel.

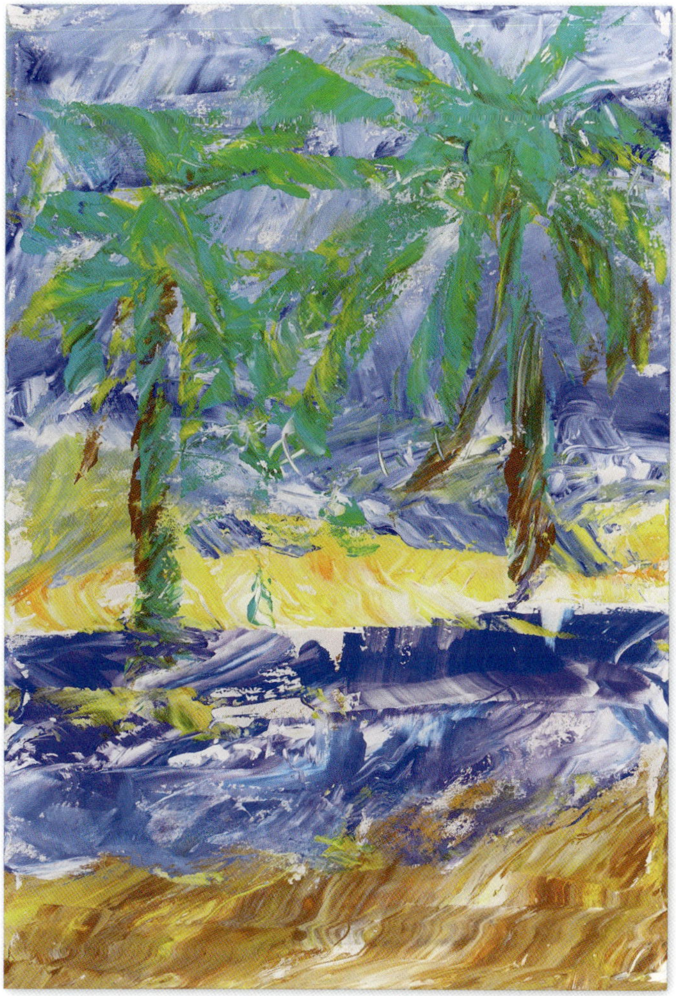

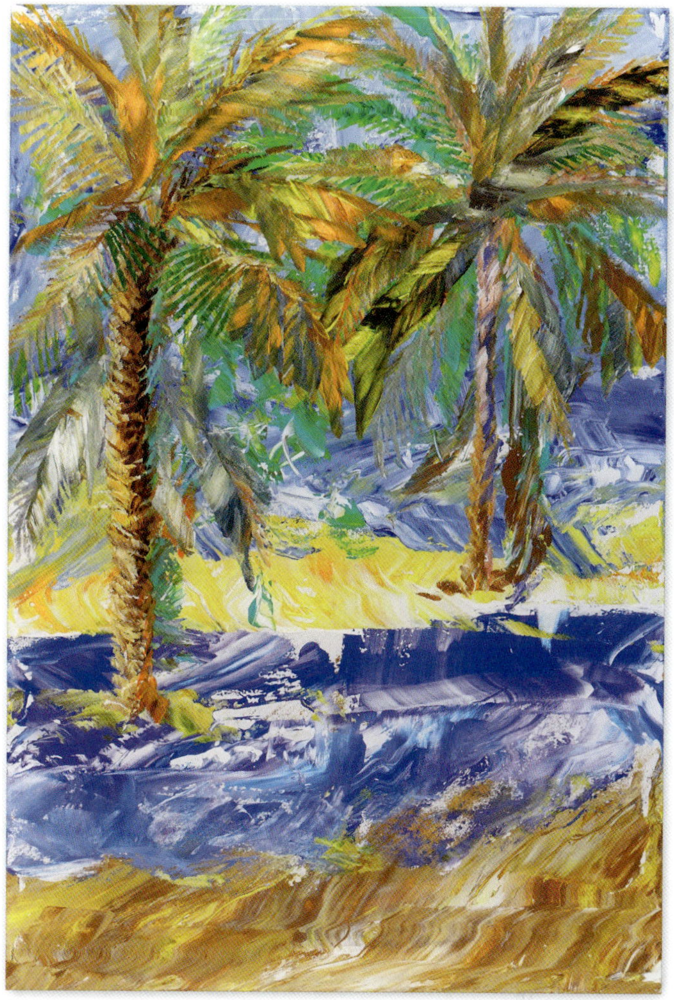

2. Schritt

Dattelpalmen am Ufer verwandeln das Bild in eine romantische Oase. Setze eine rechts in den Hintergrund, eine links auf die Wasserinsel und eine weitere dominiert den Vordergrund sowie das nahe Ufer. Leicht hingeworfen sind sie nur eine vorläufige Anlage. Die Stämme legst du mit Siena gebrannt, Permanentgrün hell und Siena an. Für die Palmenwedel verwende Permanentgrün hell, Kobalttürkis und Zitronengelb. Farbspuren von Siena heben auch das Kolorit und bringen einen malerischen Klang in das Bild.

3. Schritt

Überarbeite die Palmenwedel mit einem 50 mm- und einem 80 mm-Flachpinsel und Titanweiß, Zitronengelb, Brillantorange, Brillantgelb und Siena. Entdecke die Palmkronen als bunte Experimentierflächen. Verwende Neapelgelb hell, Heller Ocker gebrannt, Lichter Ocker, Königsblau, Blauviolett, Orientgrün und Chromoxidgrün feurig. Wechsle zwischen exakten Linien der Palmen und verbinde dann wieder die Fächer zu ganzen Flächen. Übermale mehrfach die Palmfächer, bis interessante farbige Linienmuster entstehen. Die Komplementärkontraste Orange-Blau, Gelb-Violett und Rot-Grün wirken sommerlich. Neapelgelb dunkel, Krappbraun, Titanweiß und Blauviolett steigern noch diesen Eindruck. Sie rücken den rechten Palmenstamm in die Ferne.

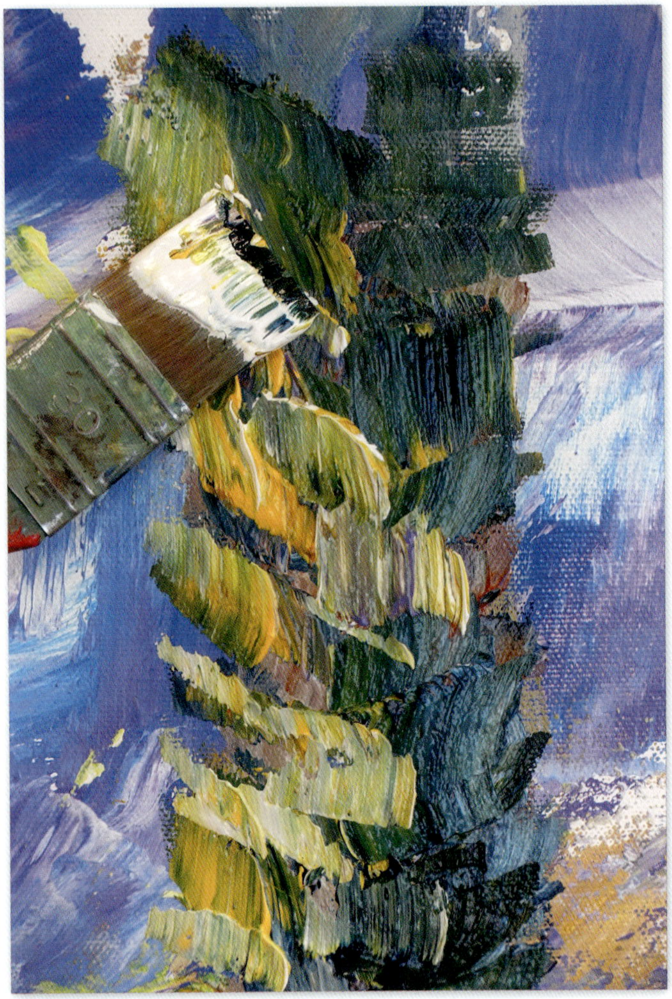

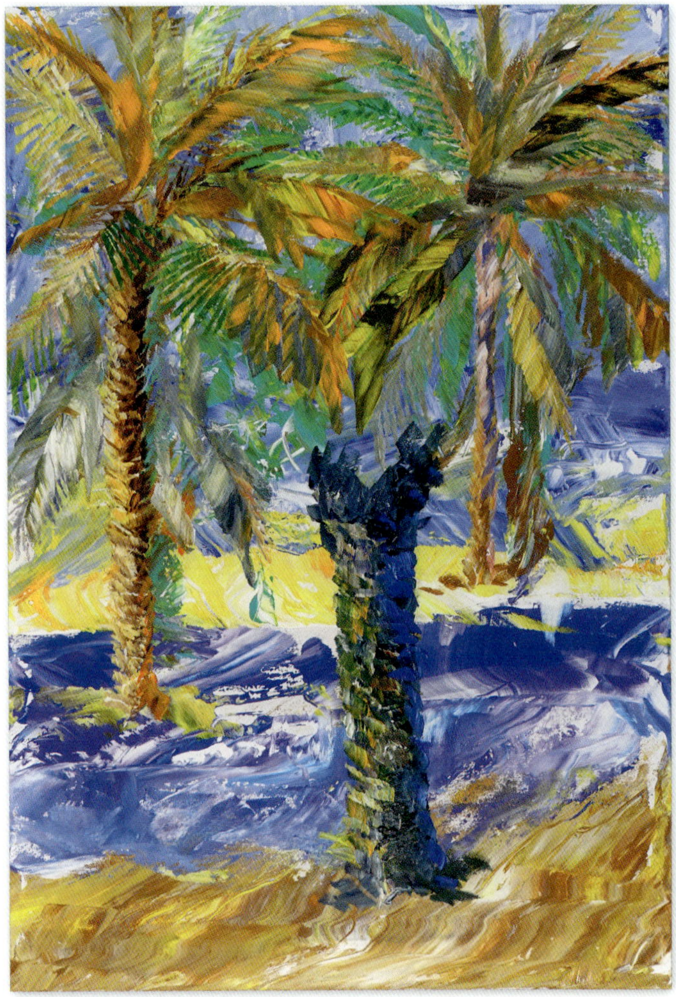

4. Schritt

Ein 30 mm-Flachpinsel ist für die abgeschnittenen Palmfasern wie geschaffen. Hier können sich die Farbkontraste gegenseitig hochschaukeln, ja sogar übertreffen, und du erlebst dieses einzigartige Lichtspiel zwischen rötlichen und bläulichen Acrylschichten. Tauche den Pinsel mehrfach neu ein, und es entsteht auf engstem Raum eine abwechslungsreiche Dichte von feinsten bunten Farbstrichen. Hier kannst du die Brauntöne Eisenoxidrot, Eisenoxidbraun, Umbra natur, Siena gebrannt, Vandyckbraun und sogar Schwarz hervorragend einsetzen.

5. Schritt

Der Schatten taucht den Stamm in ein geheimnisvolles Blau. Dieses Farbleuchten erreichst du mit Kobaltblau hell, Ultramarinblau, Coelinblau und Titanweiß. Modelliere den Stamm so lange, bis er für dich ein brillantes Schimmern ausstrahlt. Achte darauf, dass die vordere Palme sich leicht neigt. Alles zu Statische im Bild reduziert die Lebendigkeit und die realistische Wirkung einer Darstellung. Male den Stamm bis zur Mitte des Bildes, denn folgt der gewaltige Palmfächer als die „Sensation" des Gemäldes, dann bedenke, dass du hierfür viel Platz brauchst. Vertraue dabei deinem Kompositionsgefühl.

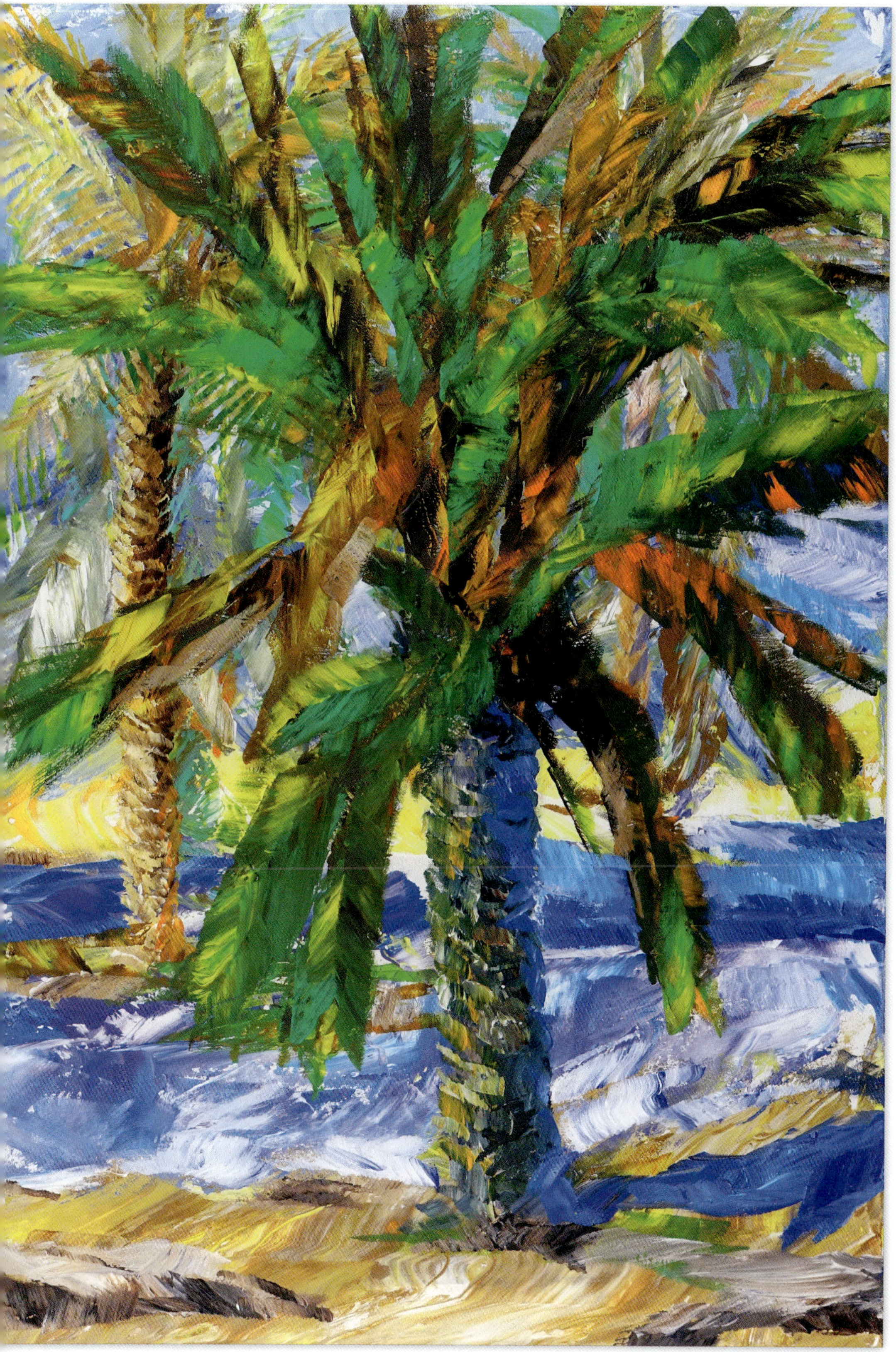

Fertiges Bild

Du denkst nun vielleicht: Warum die ganze Mühe beim Gestalten des Hintergrundes, wenn beim Vollenden des Bildes das schon Gemalte kaum mehr zu sehen ist? Die wenigen, so perfekt modellierten Durchblicke schaffen aber genau die entscheidende Atmosphäre im Bild. Du bekommst eine intensivere Farbspannung, wenn du die Palmfächer zuerst mit den Farben Brillantorange, Lichter Ocker, Siena und Titanweiß unterlegst. Übermale nun die dunklen gelborangenen Farbstreifen mit Permanentgrün hell, Zitronengelb, Brillantgelb, Brillantorange und Vandyckbraun. Tanze mit dem Pinsel über die Leinwand und deute viele Palmwedel nur an. Auf diese Weise entsteht eine eindrucksvolle Farbigkeit.

Mit einem spannenden Sandboden bekommt die Wüstenstimmung noch den letzten Schliff. Vereinzelte Steinplatten, die sich deutlich abheben, und der lang fallende Schatten der Dattelpalme vollenden die untere Farbstimmung. Obwohl der grüne Fächer auf den ersten Blick deutlich ausgearbeitet wirkt, ist alles locker und spontan gesetzt. Fantastisch, wenn es dir gelingt, auch die letzten Feinheiten locker und mühelos ins Bildgeschehen einzufügen. Trotz der Vollendung behält das Gemälde einen skizzenhaften Charme.

Verschneiter Waldrand

Du brauchst:

Keilrahmen, 70 × 100 cm

Acrylfarben in Titanweiß, Neapelgelb hell, Neapelgelb dunkel, Zitronengelb, Brillantgelb, Brillantorange, Siena, Siena gebrannt, Lichter Ocker, Magenta, Eisenoxidrot, Permanentgrün hell, Aquamarin, Chromoxidgrün feurig, Phthalotürkis, Ultramarinblau, Kobalttürkis, Coelinblau, Blauviolett, Krappbraun, Umbra gebrannt, Vandyckbraun, Lichtgrau und Schwarz

Flachpinsel, 80 mm, 50 mm, 40 mm, 30 mm, 20 mm

Universalpinsel, ca. 16 mm

Küchenrolle

Farbpalette

Die malerische Umsetzung des verschneiten Waldbodens ist bei diesem Werk genauso Thema wie die gelungene Darstellung der Nadelbäume. Hier siehst du, wie abwechslungsreich beleuchtete Baumstämme aus einem schattigen und schneebedeckten Waldboden ragen können. Die vielschichtigen Farbfacetten der Baumrinden vervollständigen die impressionistische Lichtwirkung des Schnees. Du erkennst an diesem Beispiel, wie das gelungene Zusammenspiel von gelblichen und bläulichen Tönen eine schillernde Lichtwirkung hervorruft. Die Ausgangsfrage bei diesem Werk war: Welche Bildausschnitte können einen verschneiten Waldrand, jenseits des Klischees, in Szene setzen?

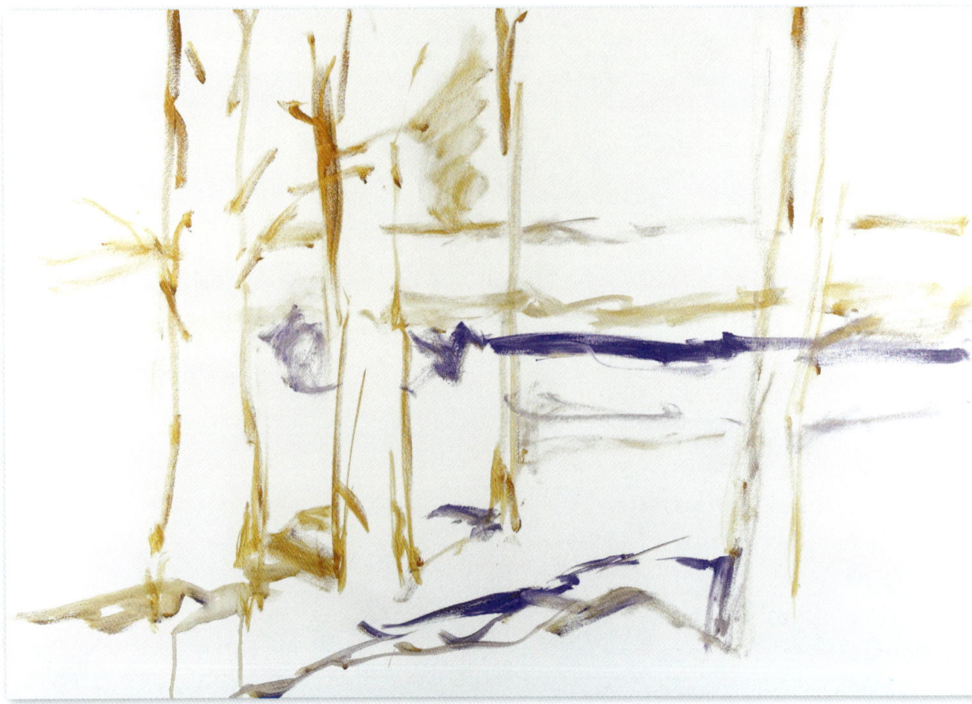

1. Schritt

Skizziere mit Siena, Ultramarinblau und Titanweiß die Vorlage für das verschneite Bild. Hier erzählt der schneebedeckte Waldboden die Geschichte eines Wintertages im Abendlicht. Gib dem Lichtspiel auf der Schneefläche Raum und setze den Horizont über die Mitte des Bildes. Gestalte die Abstände zwischen den Bäumen unterschiedlich und spannungsreich. Verleihe jeder Tanne und Fichte eine eigene Persönlichkeit und achte deshalb auf ihre individuellen Stämme. Das Bild gelingt dir, wenn die Stämme sich in Stärke und Richtung unterscheiden.

2. Schritt

Modelliere mit Kobalttürkis, Coelinblau, Ultramarinblau, Blauviolett und Magenta die Schneewehen über dem Waldboden. Erweitere die Schneefelder bis zum hinteren Waldrand. An manchen Stellen schmilzt der Schnee, und der braune Waldboden, der die weiße Pracht in der Natur auf den ersten Blick unschön stört, bereichert die Farbskala des Gemäldes. Verwende die Erdfarben Siena, Siena gebrannt, Vandyckbraun und Schwarz. Die punktuell hervorblitzende Erde steigert mit ihrem malerischen Kontrast die lichtbeschienenen Stellen im Schnee.

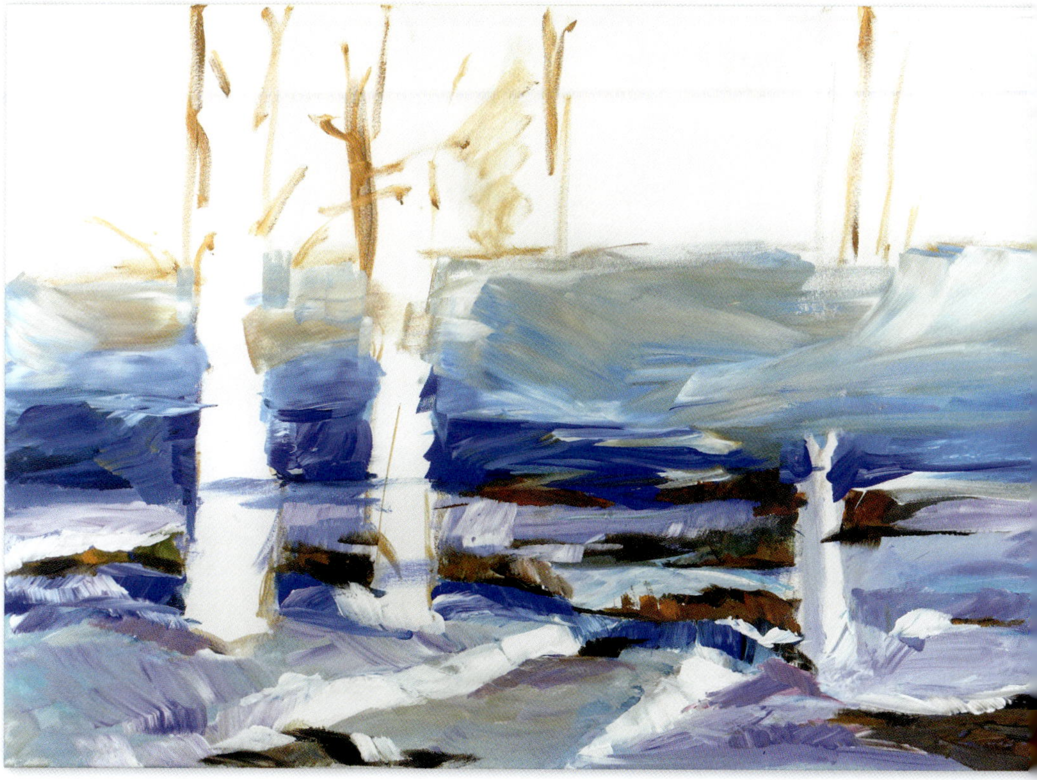

3. Schritt

Als Nächstes arbeite mit einem Grauton aus Lichtgrau, Neapelgelb dunkel, Titanweiß und einer Spur Schwarz die Lichtstimmung am Horizont des Bildes aus. Du hast für die weiteren Schritte viele farbige Möglichkeiten, wenn du den Hintergrund nur pastellfarben, hell und diffus mit Acrylfarbe bedeckst. Die Stimmung kannst du skizzenhaft mit einem 80 mm-Flachpinsel und leichten Wischbewegungen auf die Leinwand bringen. Wichtig hierbei ist, dass alle Farben, die du für den Himmel ineinander malst, noch feucht sein müssen. So entstehen spielend weiche Übergänge.

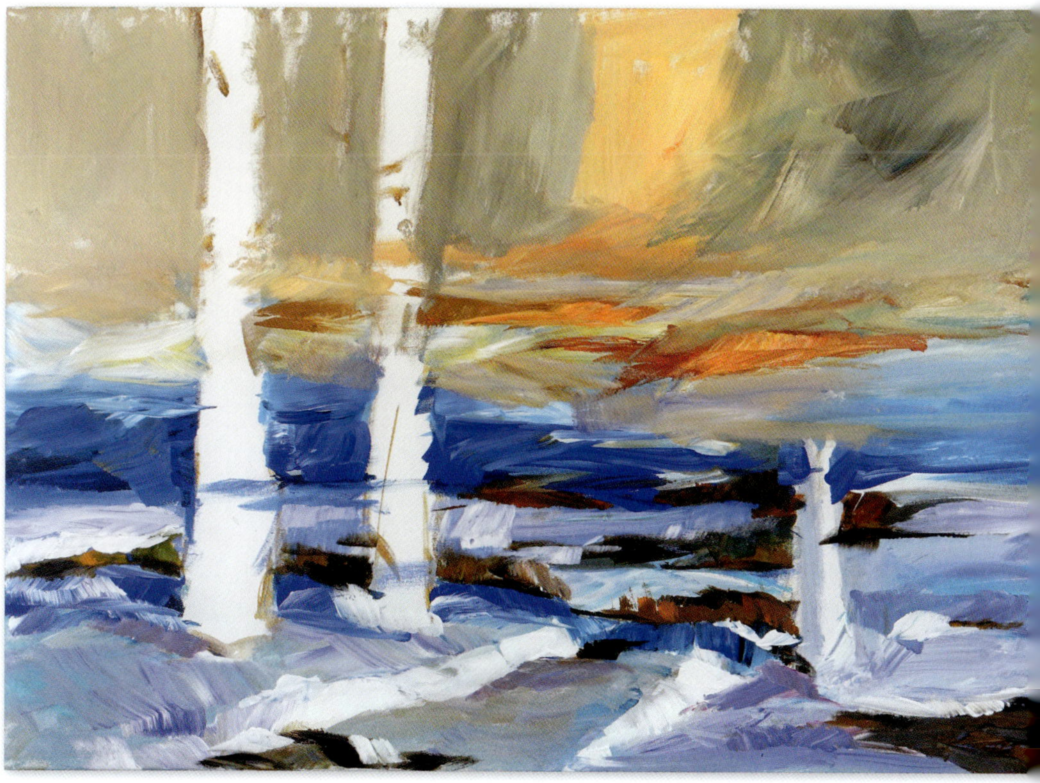

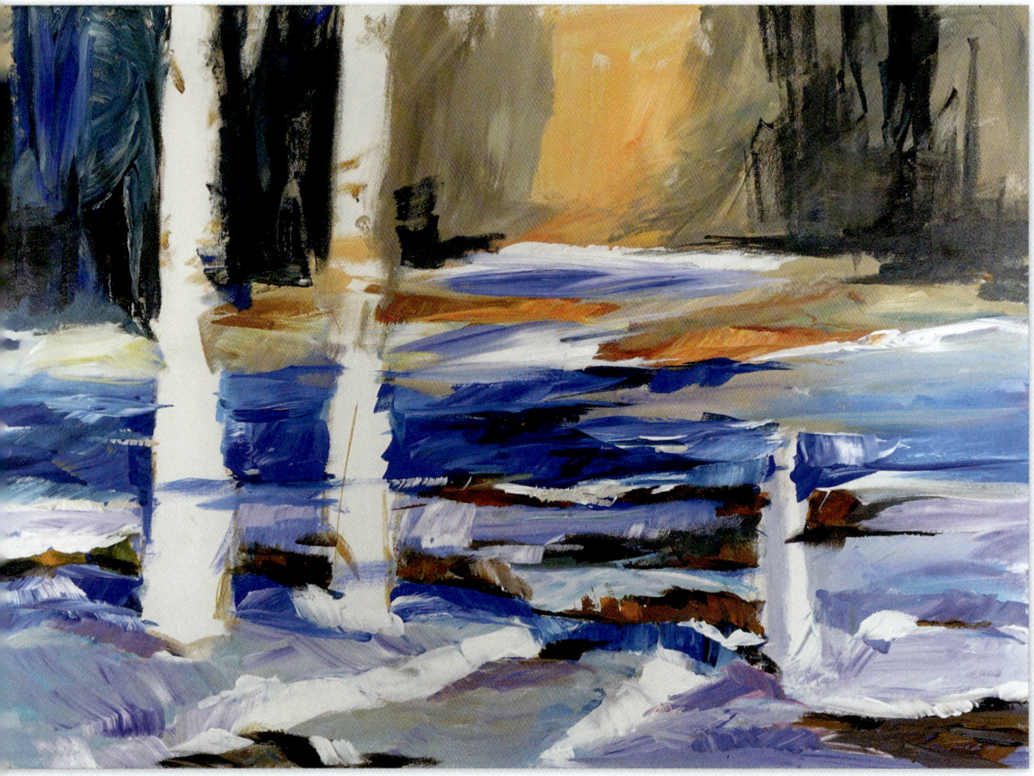

4. Schritt

Das Waldstück in der Ferne ist dicht und schattig und daher in Dunkelheit getaucht. Mit Grauabstufungen und Blautönen kannst du die Tiefe treffend darstellen. Verteile die Farbe so locker, als würdest du nur den Pinsel testen wollen. Je spontaner die Farbtöne sitzen, umso lebendiger wirkt die Malerei. Für die Graustufen des Waldhintergrundes verwende eine Mischung aus Kobalttürkis, Ultramarinblau, Lichtgrau und Schwarz. Ein intensiver Schatten bildet sich immer am Waldboden unter den Bäumen entlang des entfernten Horizonts. Akzentuiere ihn mit Lichtgrau und Schwarz.

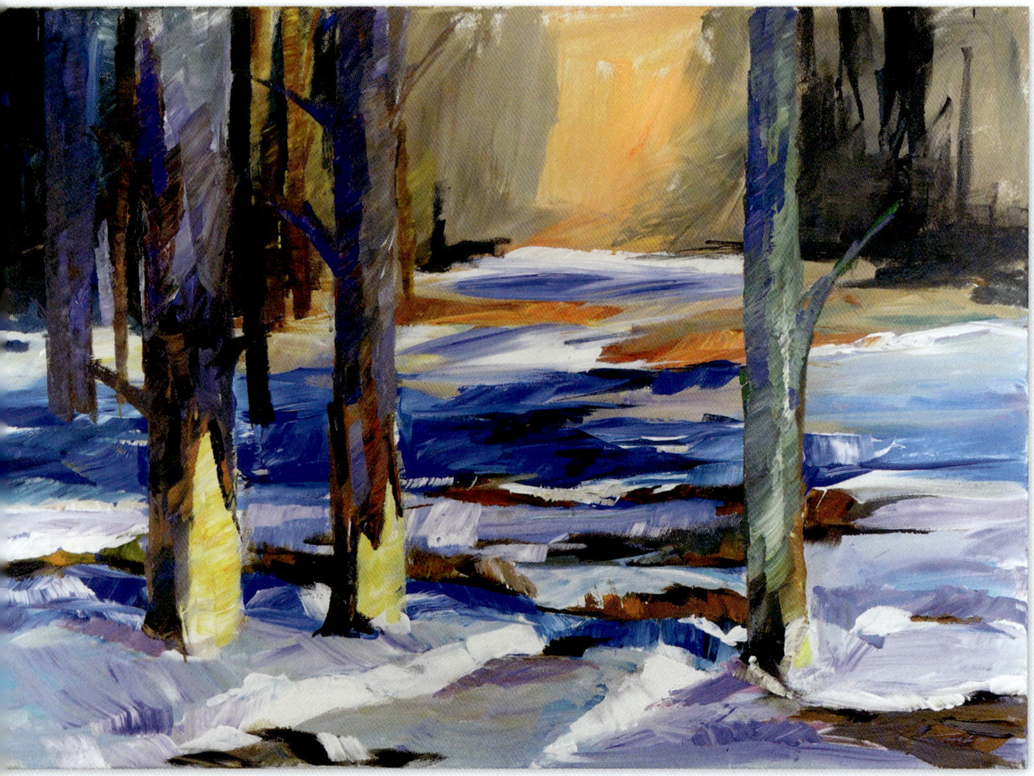

5. Schritt

Die farbige Gestaltung der vorderen Stämme verändert das Leuchten des Bildes beträchtlich. Modelliere die Rundung der Stämme mit unterschiedlichsten Farbschattierungen. Hier kannst du hervorragend Lichtgrau, Blauviolett, Siena und Eisenoxidrot ineinander malen. Für die linken Bäume benötigst du Brillantgelb, Neapelgelb hell, Siena gebrannt, Blauviolett, Ultramarinblau, Lichtgrau und Titanweiß. Durch die zahlreichen hellgrünen Töne im rechten Baum bereicherst du das Kolorit der Bildtiefe. Bekommst du das Gefühl, durch den Schnee zu stapfen und zum lichten Waldrand zu wandern, dann ist dir die Farbanlage gelungen.

6. Schritt

In der Ferne blitzt geheimnisvoll ein Lichteinfall zwischen den Stämmen hervor. Für seine Darstellung webe aus einzelnen Farbstrichen eine flimmernde Fläche. Nimm mit einem 50 mm-Flachpinsel Magenta, Siena, Brillantorange, Blauviolett und Titanweiß aus deiner Palette auf. Lege die Farben über- und nebeneinander und achte darauf, dass die Farbstreifen unterschiedlich sind und sie sich ständig abwechseln. Auf dem Pinselkamm siehst du die Farbenvielfalt, die für diese Malweise Voraussetzung ist. Dieser Pinselrhythmus wird dich immer wieder aufs Neue mit einer ungewöhnlichen Farbbrillanz überraschen.

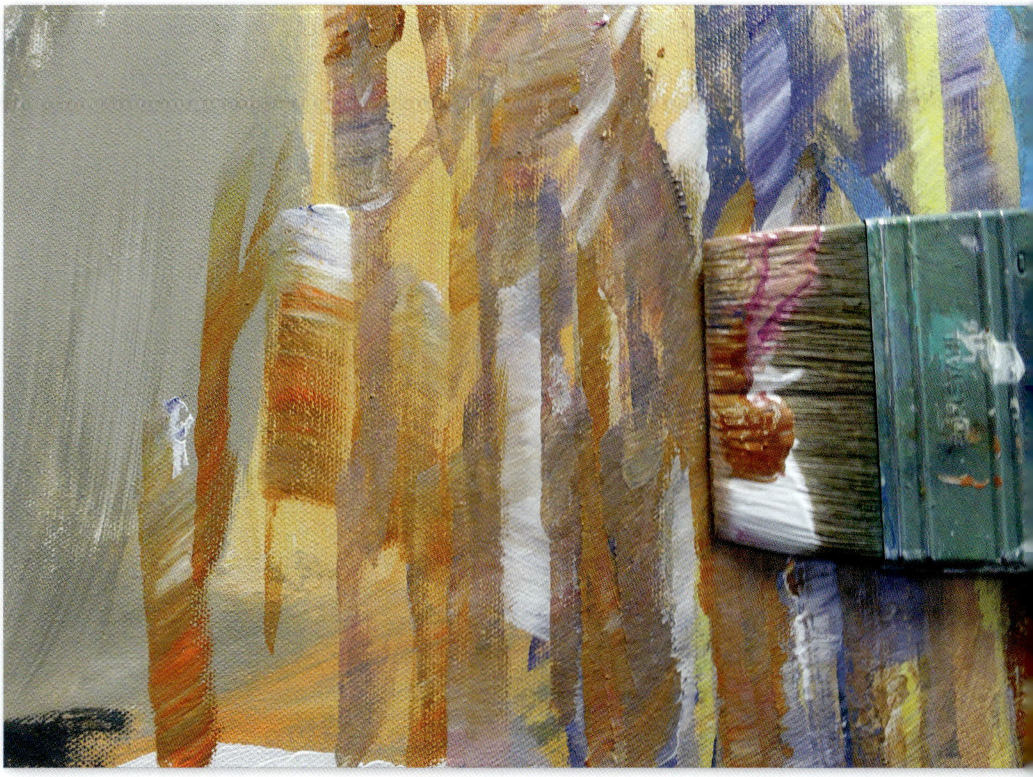

7. Schritt

Der dichte Wald im Hintergrund erhöht die leuchtenden, von der Sonne beschienenen Schneeverwehungen im Vordergrund. In diesem Bild dreht sich die Komposition um. Kein blauer Himmel erstreckt sich am Horizont, sondern eine geheimnisvolle Dunkelheit, die dahinterliegendes Licht erahnen lässt. Für die Verdichtung des Waldstückes benötigst du Coelinblau, Kobalttürkis, Ultramarinblau, Siena, Neapelgelb hell, Umbra gebrannt, Lichter Ocker, Krappbraun, Vandyckbraun und Schwarz. Setze sie mehrfach übereinander, bis eine geheimnisvoll schimmernde Fläche entsteht.

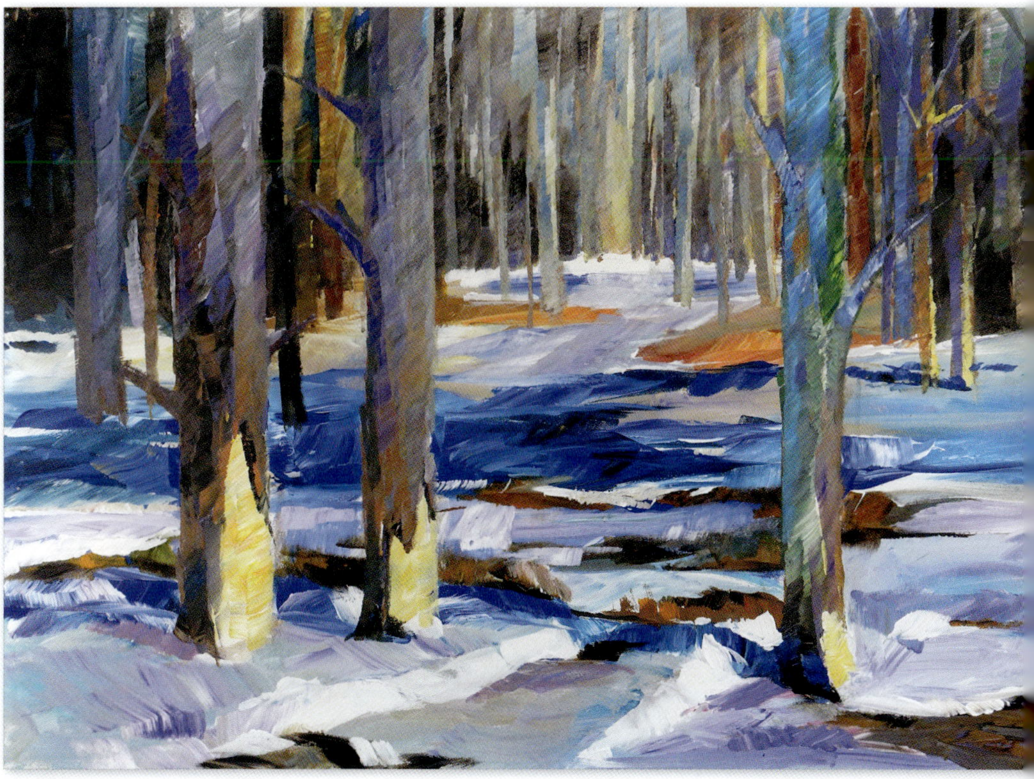

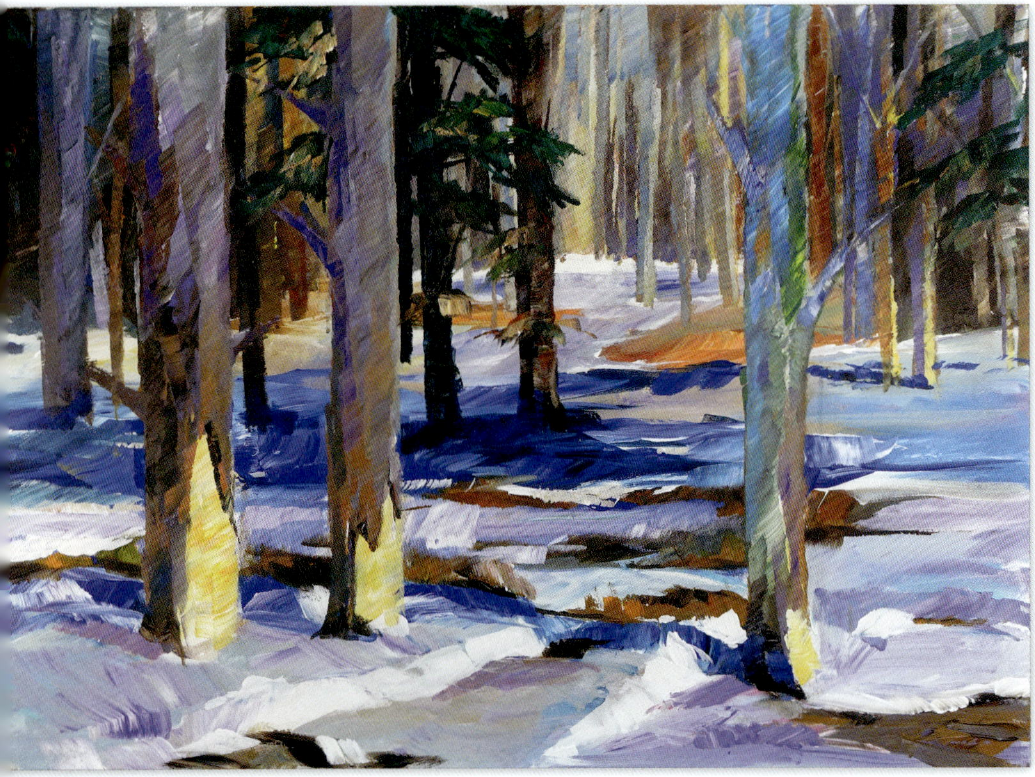

8. Schritt

In dieser klassischen Winteridylle fehlen noch dunkle Tannennadeln, denn tiefe Grüntöne bereichern die entfernten Tannen mit hängenden Nadelzweigen. Die Grünabstufungen dominieren die Farbpalette des impressionistischen Gemäldes. Das schattige Waldstück umrahmt die vorderen Bäume und hebt sie hervor. Mit einem 16 mm-Universalpinsel und den Farben Permanentgrün hell, Aquamarin, Chromoxidgrün feurig und dem dunklen Phthalotürkis kannst du hervorragend die gezackten Nadelformen herausarbeiten. Setze sie locker und vereinzelt. Der Hintergrund sollte noch zwischen den Zweigen zu sehen sein.

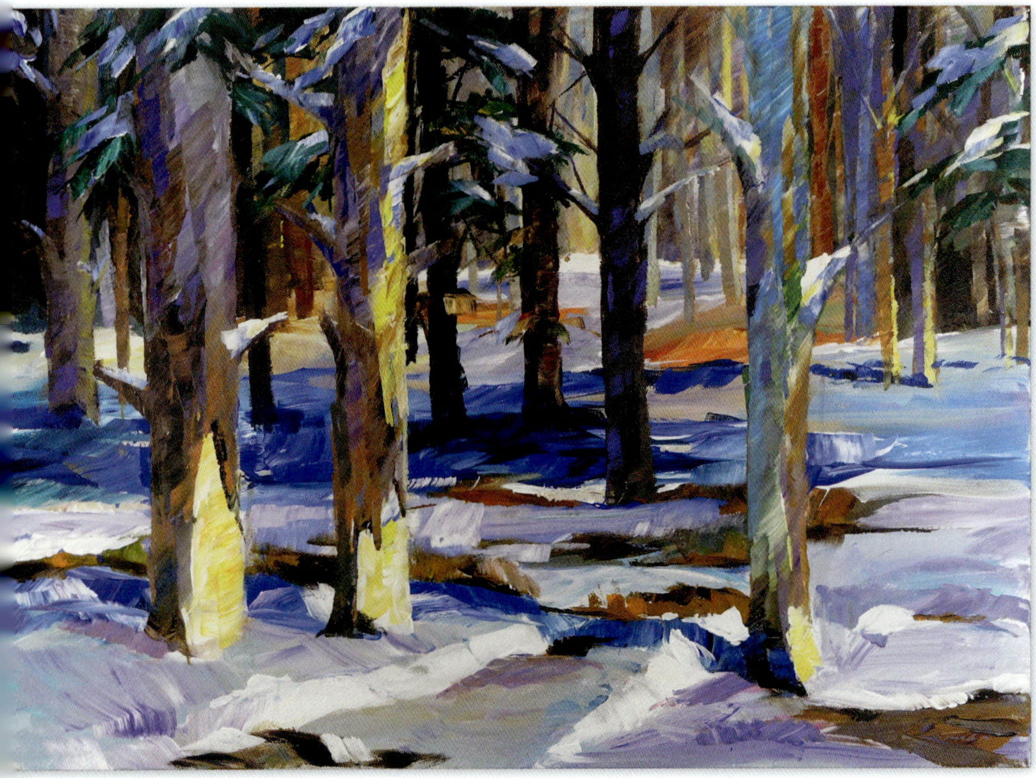

9. Schritt

Glitzernder Schnee liegt auf den Tannennadeln und leuchtet aus dem Hintergrund. Modelliere ihn mit Ultramarinblau, Titanweiß und einer Spur Coelinblau. Am oberen Bildrand liegt der Schnee im Schatten und erscheint bläulich. Die mittleren Schneeflecken im Bild leuchten wie der Vordergrund. Sie werden stellenweise von der Sonne beschienen. Verteile Schneehauben auf den Zweigen über das ganze Bild. Modelliere die Schatten des Schnees an manchen Stellen dunkler und an anderen heller. Je unterschiedlicher du die Schneekappen betonst, desto lebendiger und wirklichkeitsnaher ist dieser Effekt.

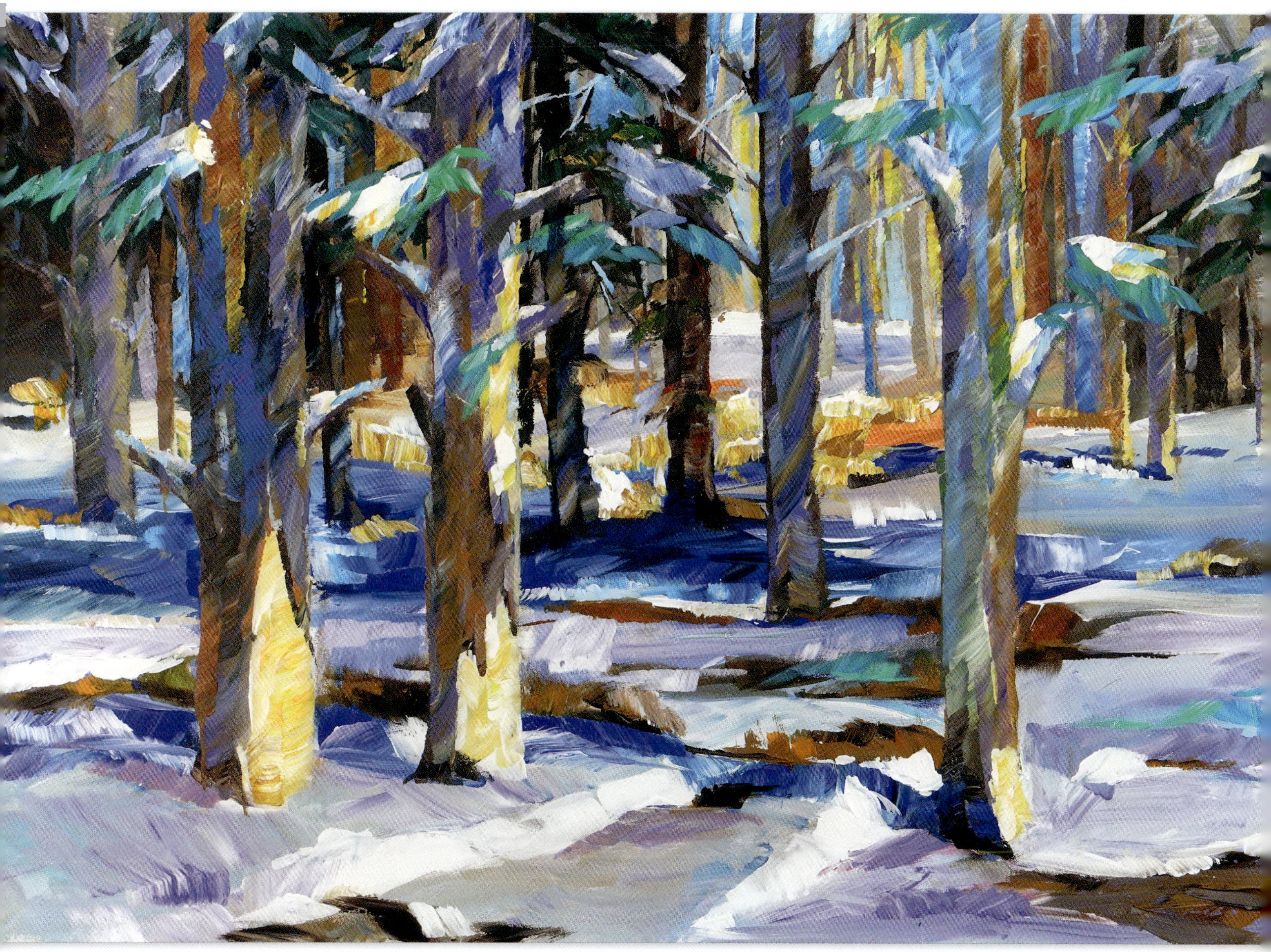

Fertiges Bild

Du kannst die geheimnisvolle und leuchtende Bildstimmung durch golden glänzende Schilfbereiche zusätzlich verstärken und damit erhöhen. Wiederhole das Gelb der hell leuchtenden Holzrinde in den entfernter liegenden Schneeflächen. Spiele mit den gelben Akzenten und bringe den Hintergrund mit Neapelgelb hell, Brillantgeld, Zitronengelb, Titanweiß und Siena zum Strahlen. Setze zu den dunklen Tannenzweigen nun auch frische Töne aus Kobalttürkis, Permanentgrün hell und Titanweiß, die in die Sonnenstrahlen ragen. Sie bilden den entscheidenden Kontrast für das Schneeglitzern im Bild.

Blühende Sträucher im Walddickicht

Du brauchst:

- Keilrahmen, 70 × 100 cm
- Acrylfarben in Titanweiß, Elfenbein, Zitronengelb, Brillantgelb, Neapelgelb hell, Brillantorange, Rubin, Chinacridon Magenta, Zinnoberrot, Eisenoxidrot, Siena, Lichter Ocker, Heller Ocker gebrannt, Permanentgrün hell, Kobalttürkis, Blauviolett, Coelinblau, Ultramarinblau und Kobaltblau hell
- Flachpinsel, 80 mm, 50 mm, 40 mm, 30 mm, 20 mm
- Universalpinsel, ca. 16 mm
- Küchenrolle
- Farbpalette

Wie formgewaltig können sich Sträucher in einem Waldstück behaupten? Dieser Frage widmen wir uns im nächsten Werk.
Blickst du in einen belaubten Baum im Frühling oder Hochsommer, dann kann dich die Blättervielfalt verwirren. In diesem gemalten Naturausschnitt bietet nur der zugewucherte Waldpfad deinen Augen eine Orientierung. Doch diese allmähliche Blattverdichtung kann dir auch einen großen malerischen Spaß bereiten. Der Blick in einen grünen Blattdschungel zeigt dir, wie durch ein allmähliches Verdichten mit blaugrünen, gelbgrünen und braungrünen Farbpunkten die schönsten Grüntöne entstehen.

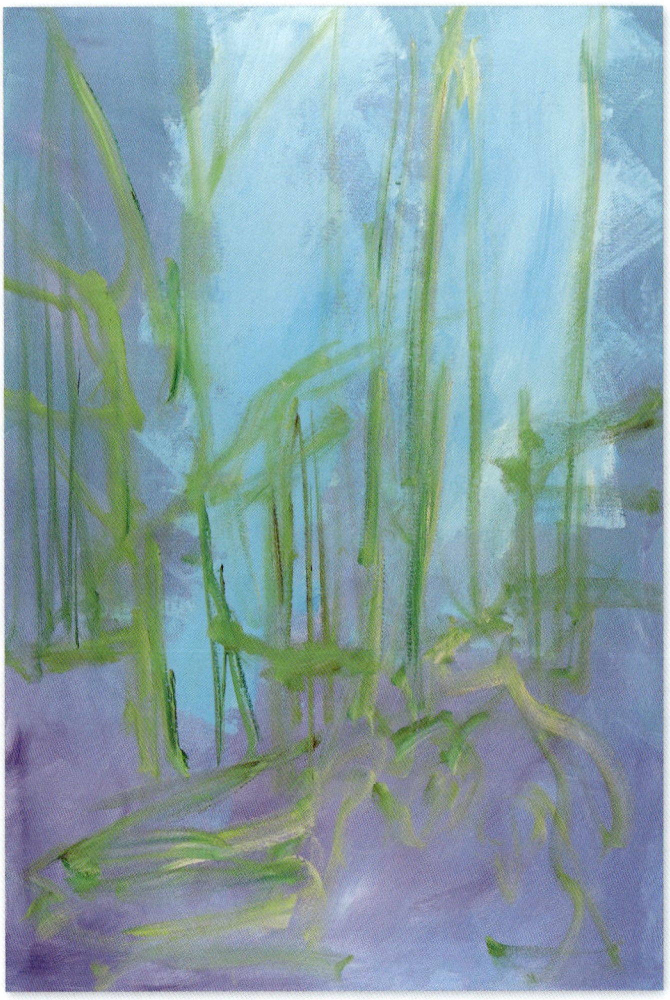

1. Schritt
Variiere mit den Farben bei den Untergründen. Verwende Blauviolett, Coelinblau und Titanweiß. Die mit Kobalttürkis aufgehellte Mitte sorgt für eine Illusion von Tiefe. Entstehen Schlieren und Flecken durch den Farbauftrag, stören diese keineswegs und sind sogar erwünscht. Halte mit einem 16 mm-Universalpinsel deine ersten Waldeindrücke fest. Wähle hierfür naturentsprechende Farben wie Permanentgrün hell gemischt mit Neapelgelb hell. Sie versetzen dich in die richtige Motivstimmung. Im Vordergrund verdeckt ein breiter Strauch die Laubbäume. Beachte das bereits in der ersten Bildaufteilung.

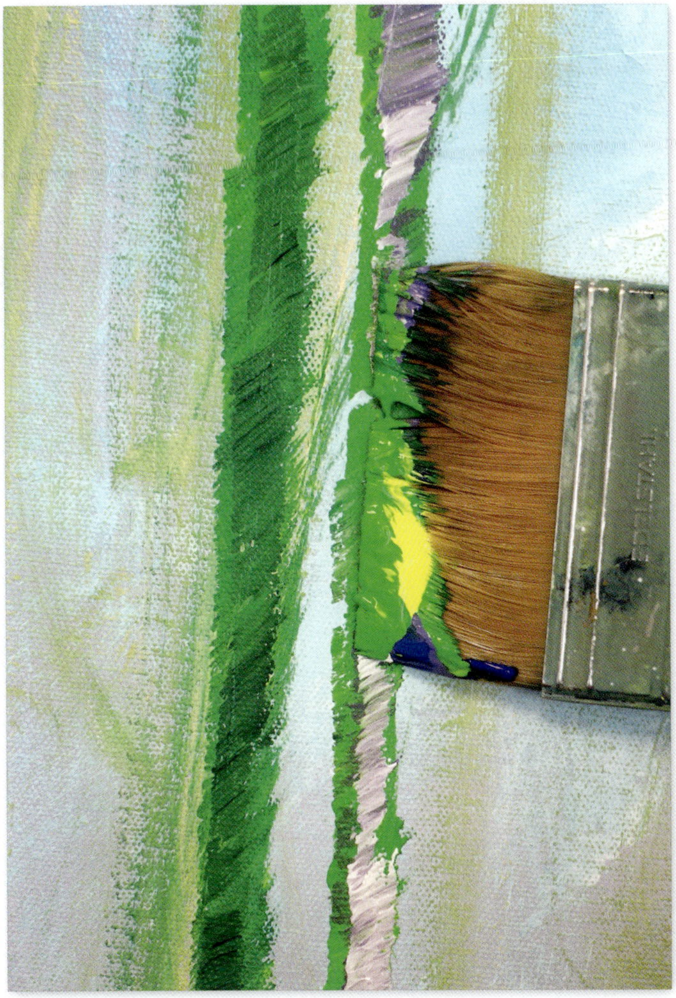

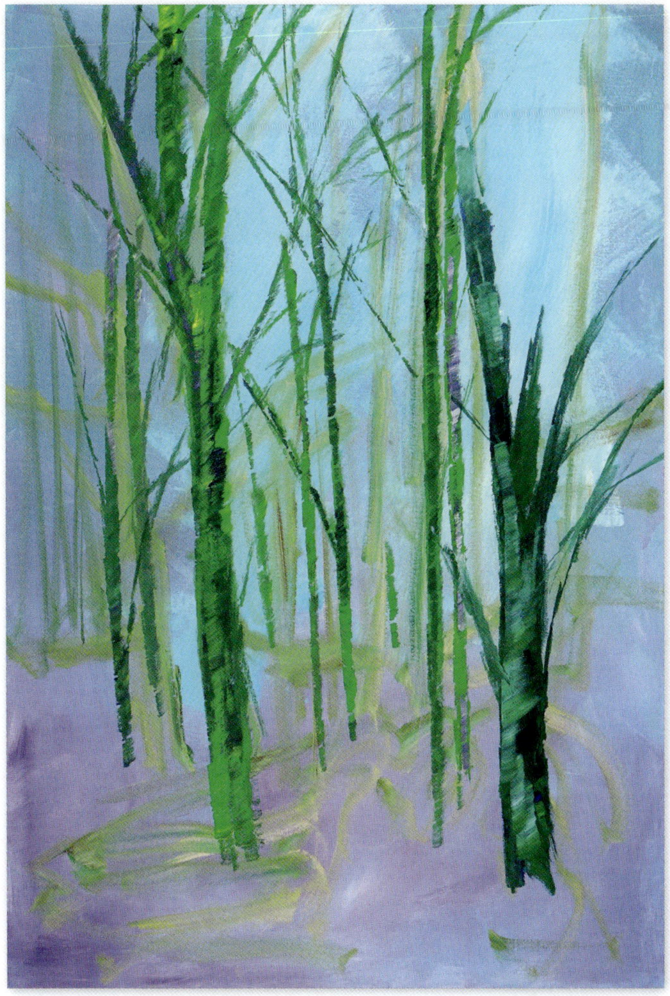

2. Schritt

Kurze farbenreiche Acrylschichten helfen dir, den Wald zu formen. Betone die Rundung der Bäume mit Glanzlichtern aus Zitronengelb, Permanentgrün hell, Kobalttürkis und Titanweiß. Die Rinde wirkt jetzt bereits realistischer und direkt greifbar, ganz anders als bei der ersten Skizze. Die Bäume heben sich deutlich von der Vorzeichnung ab. Deinen breiten 80 mm-Flachpinsel kannst du nun gut zum Einsatz bringen. Du verstärkt damit die Farbspannung des Geästes. Oft reicht es, wenn du nur einige farbige Streifen auf den dünnen Stämmen hinterlässt.

3. Schritt

Forme Durchblicke mit Ästen zu einem Geflecht, das an die Architektur einer Kathedrale denken lässt. Dementsprechend neigen sich die Äste zueinander und verdichten sich zu einem Kronendach. Male die hinteren Stämme schmäler und die vorderen breiter. Du erzielst so eine Perspektive im Bild. Die dünnen Zweige sind nur ein Teil der Vorskizze. Ihre Andeutung genügt völlig. Sie werden im endgültigen Bild nur an einigen Stellen überhaupt sichtbar sein oder nur noch durchschimmern. Gestalte die Bäume schmäler und kürzer, bis sie in der Ferne verschwinden. Diese Verjüngung zum Horizont ist für den Bildraum entscheidend.

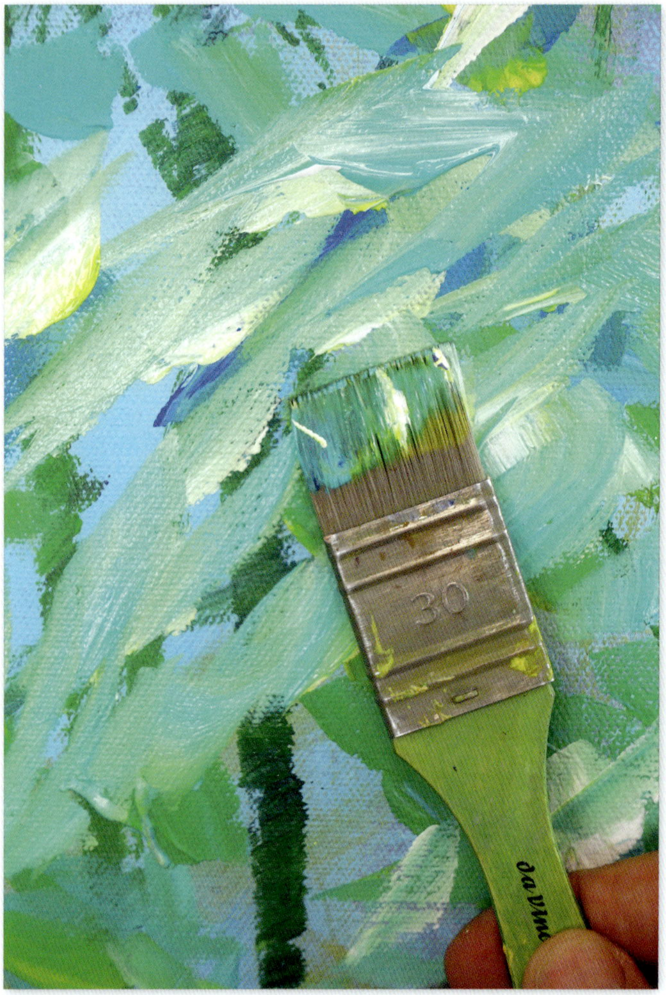

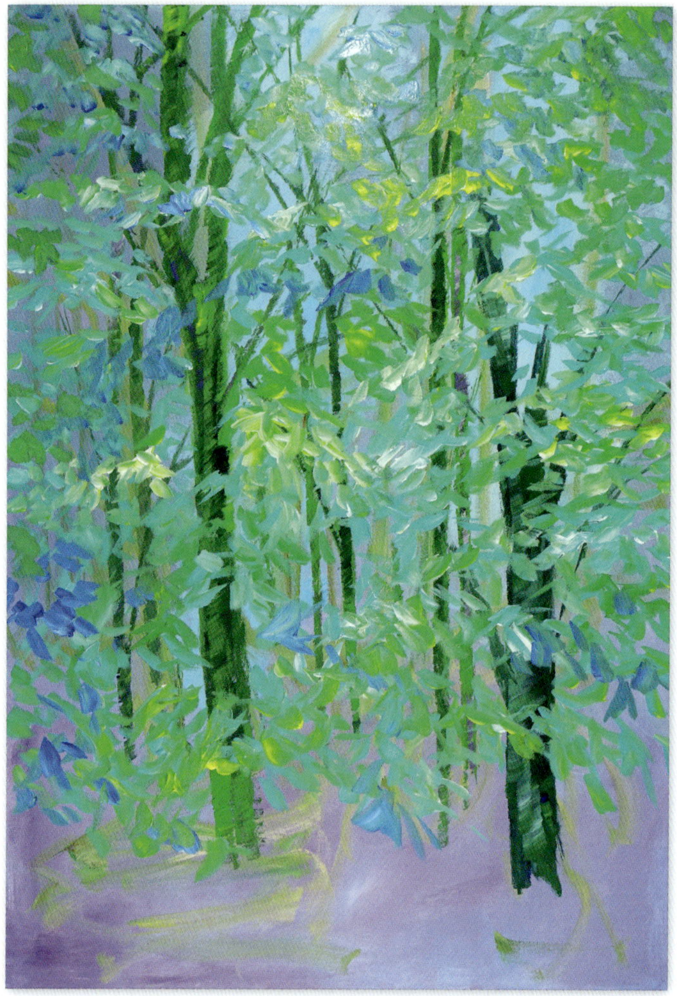

4. Schritt

Mit einem 16 mm-Universalpinsel und den Farben Brillantgelb, Kobalttürkis und Titanweiß entstehen räumliche Blätter. Setze die Farben unvermischt auf deinen Pinsel. Stehen die drei Farben auf dem Blättergeflecht nebeneinander, so erhöhen sie die Brillanz, und das Auge verbindet alle Töne zu einer verwobenen Einheit. Verdichte das Blättergestrüpp und die Waldflächen nicht vollständig und lasse immer wieder Stellen als Durchblicke offen. Um verschiedene Blattgrößen hervorzubringen, verwende neben dem 16 mm-Universalpinsel auch zusätzlich einen 30 mm-Flachpinsel. Verwende unterschiedlichste Grüntöne und mische auch Blau- und Gelbtöne, um eine Vielzahl von Grüntönen zu erzeugen. Setze die Farben so ein, dass dabei Kobalttürkis, Coelinblau, Titanweiß, Elfenbein und Permanentgrün hell ineinanderfließen. Gruppiere sie locker zu einem durchsichtigen Geflecht.

5. Schritt

Unterscheiden sich die Zweige und Blattrichtungen vielfältig, dann wird es für das Auge des Betrachters interessant. Du hauchst dem Blätterrauschen eine Spur von Leben ein, wenn sich gelbliche und bläuliche Grüntöne abwechseln. Wie in der Natur sind dann einige Zweige und Blattgruppen beschienen, aber die darunter liegenden, im Schatten hängenden Blätter erscheinen bläulich und dunkel. Modelliere mit Ultramarinblau und Titanweiß einzelne Blattgruppen in einem Bogen diagonal von unten links nach oben rechts. Wichtig hierbei ist, dass alle Blattreihen optisch zusammenhängen.

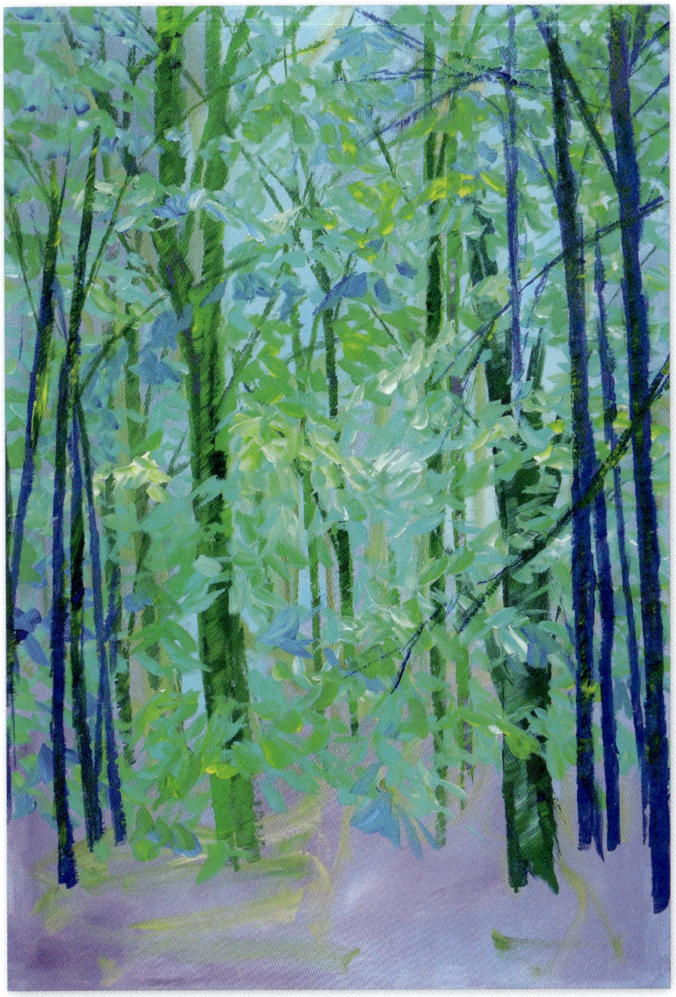

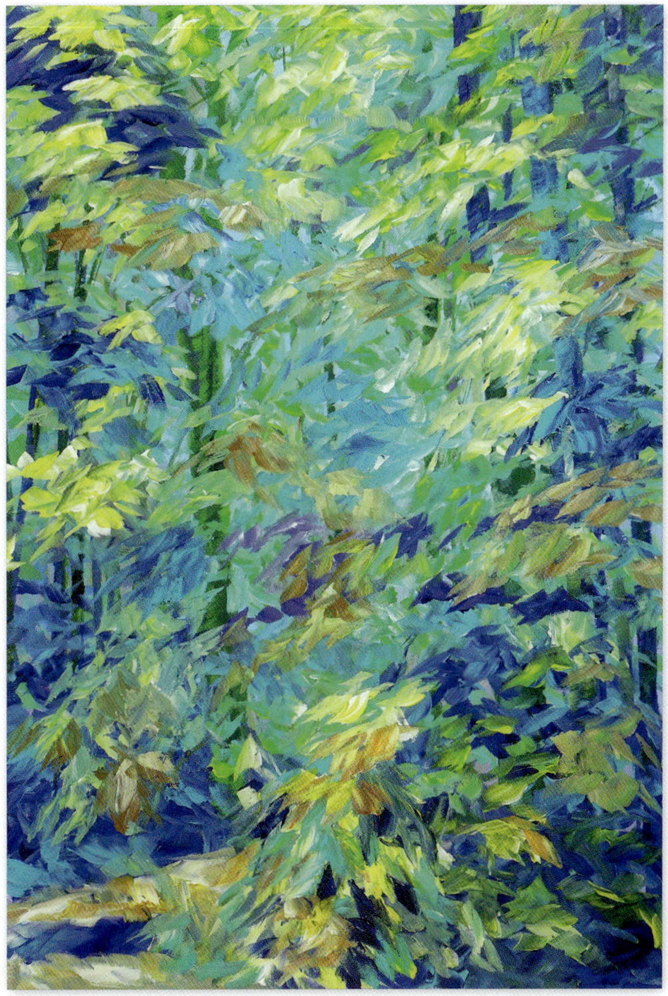

6. Schritt

Jedes Bild braucht ein Zentrum mit Licht und Schatten. Setze links und rechts dünne, blaue Stämme und lenke den Blick so in die Lichtung. Wähle dafür Ultramarinblau und Kobaltblau hell mit kleinen Akzenten von Zitronengelb und Permanentgrün hell. Die Blauschattierungen harmonieren mit den Grüntönen. Die Bäume links und rechts am Bildrand sollten dabei stärker und länger sein, dir also optisch entgegenkommen. Die Perspektive lenkt dann den Blick in die Bildmitte.
Wiederhole die Blattverdichtung und die Überlagerung der Blätter mit Ultramarinblau, Kobaltblau hell und Kobalttürkis, bis die Bäume nur noch zu erahnen sind. Das typische Waldbild gelingt dir durch mehrfaches Übereinanderlegen der Blätterschichten. Der wachsende Blattdschungel entwickelt in seiner Dichte schon jetzt eine gewaltige Anziehungskraft.

7. Schritt

Die Waldböden sind übersät mit Sträuchern und niedrigen Farngewächsen. Wähle als Kontrast zu Kobalttürkis die Farben Siena, Lichter Ocker, Heller Ocker gebrannt, Zitronengelb, Brillantgelb und Titanweiß für die Sträucher und hereinragenden Pflanzen. Setze die hell beschienenen Strauchblätter geschickt zu einer alles verbindenden Komposition. Der Strauch in der Mitte der unteren Bildhälfte findet hier seinen idealen Platz. Die Farbe des Weges führt die Helligkeit in einem leichten Bogen durch das Bild bis zum gleichfarbigen Strauch.

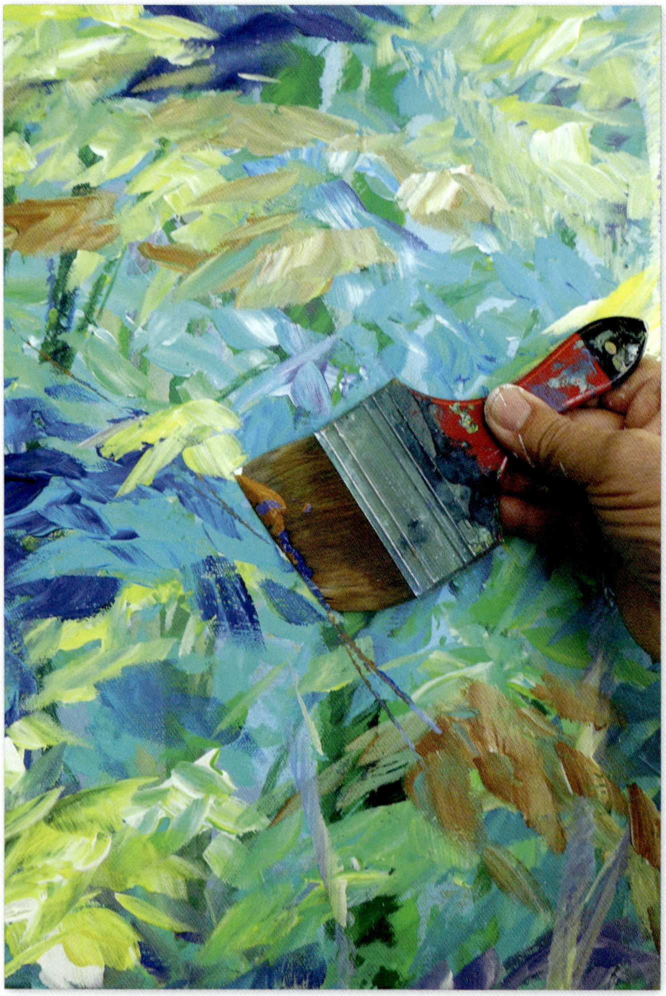

8. Schritt

In diesem Ausschnitt siehst du die Schönheit der modellierten Acrylflächen. Dünne Zweige zwischen den Blättern lassen nun aus den Farbpunkten Natur entstehen. Wähle dafür die Farben Heller Ocker gebrannt, Eisenoxidrot, Ultramarinblau und Titanweiß. Mit dieser Technik entdeckst du in jedem kleinsten Pinselpunkt eine Vielzahl und Überlagerung der unterschiedlichsten Töne. Füge mit einem 80 mm-Flachpinsel grüne Zweige hinzu und verbinde die Blattvielfalt. Lasse sie vereinzelt hinter den Blattgruppen verschwinden und male sie auch über die Blätter.

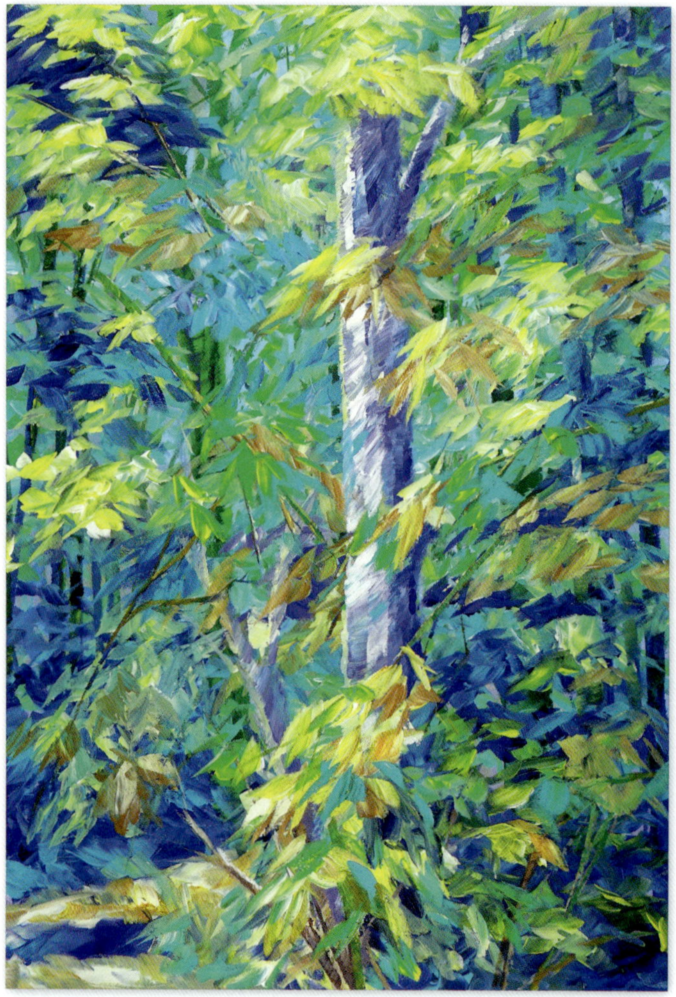

9. Schritt

Du kannst die Spannung des Bildes mit einem im Zentrum stehenden Baum verändern. Achte aber darauf, ihn leicht aus der Mitte zu versetzen. Dem Bild mit derartigen scheinbar geringfügigen Veränderungen eine neue Richtung zu geben, ist oft interessant. Die Veränderung der Bildkompositionen schult deine malerische Wahrnehmung für die Dramaturgie. Gestalte den Baumstamm hell und lichtbeschienen mit Ultramarinblau, Kobalttürkis, Blauviolett, Coelinblau und Titanweiß. Durch die plastische Licht-Schatten-Wirkung wird der Laubbaum zum zentralen Bildmittelpunkt.

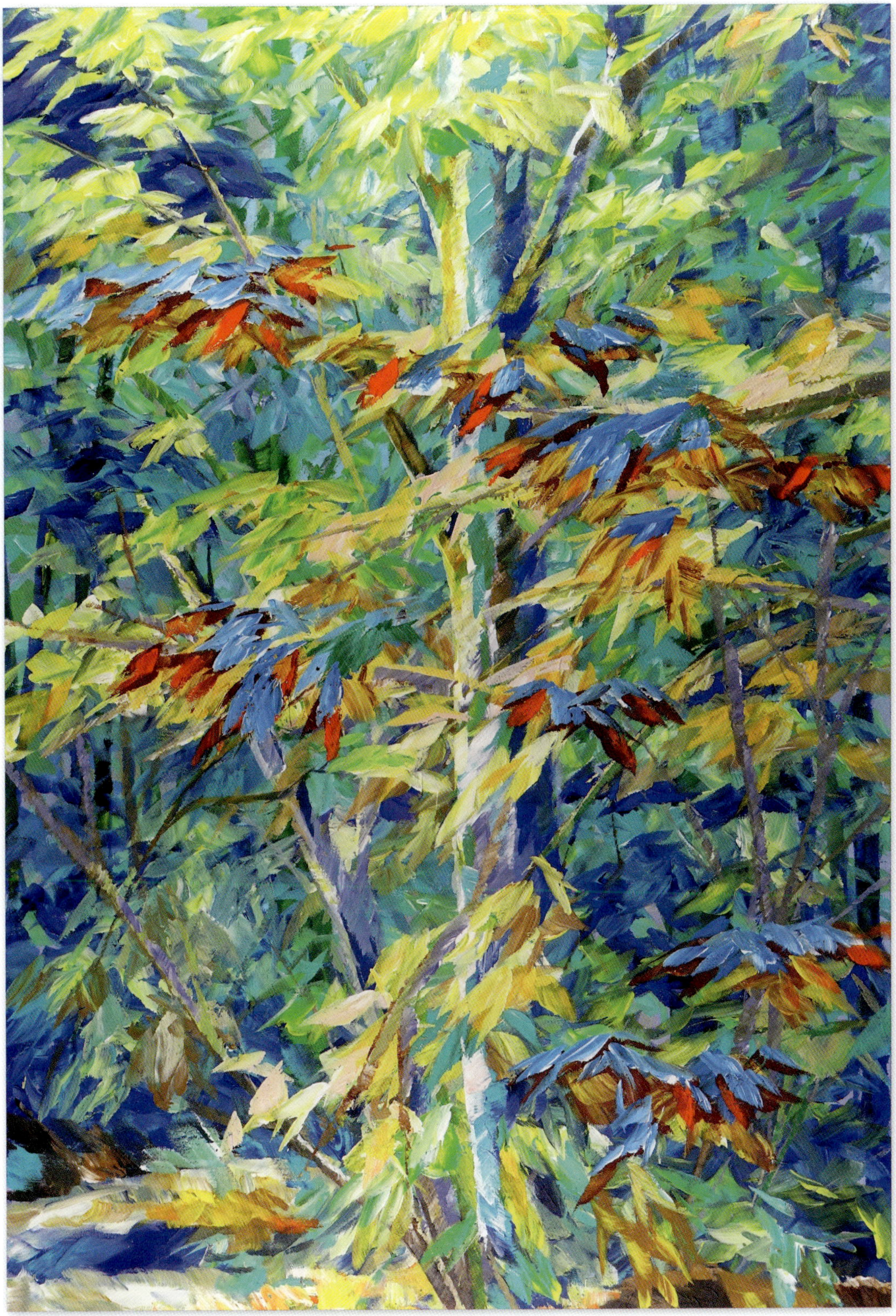

Fertiges Bild

Ragen blühende Zweige eines hohen Blütenstrauches in den Waldausschnitt, verändern sie die Farbigkeit des Bildes. Die roten und blauen Blütenblätter erhöhen die Komplementärkontraste Rot-Grün und Blau-Orange. Untermale die leuchtenden Blütenblätter mit Rubin und Chinacridon Magenta. Helle sie dann mit Akzenten von Brillantorange und einer Spur von Zinnoberrot auf. Dadurch entsteht eine magische Bildtiefe in der Waldszenerie. Achte darauf, die Farbpunkte nur an vier bis fünf Zweigen der Sträucher aufleuchten zu lassen. Mit dieser geschickten und wohl überlegten Anordnung gelingt dir eine gut austarierte Balance der Farbigkeit.

Tannen im Hochgebirge

Du brauchst:

Keilrahmen, 70 × 100 cm

Acrylfarben in Titanweiß, Zitronengelb, Neapelgelb hell, Brillantgelb, Heller Ocker gebrannt, Lichter Ocker, Siena, Neapelgelb dunkel, Phthalogrün bläulich, Permanentgrün hell, Olivgrün, Orientgrün, Gelbgrün, Chromoxidgrün feurig, Indigo, Lichtgrau, Eisenoxidbraun, Ultramarinblau, Coelinblau, Phthalotürkis und Kobalttürkis

Flachpinsel, 300 mm, 80 mm, 50 mm, 40 mm, 30 mm, 20 mm

Universalpinsel, ca. 16 mm

Küchenrolle

Farbpalette

Wie gestalte ich Tannen und Fichten jenseits traditioneller Ansichtskarten? Dieser Frage widmen wir uns in diesem Motiv.
Die dreieckige Form der Tanne ist nämlich eine echte Herausforderung. Mit einem expressiven Farbspiel können diese Dreiecksformen aber eine wahre Sensation werden. Mit dem Kolorit wirkt der Nadelbaum alles andere als statisch und langweilig. Grüntöne aller Art sind oft eine Herausforderung in der Kombination mit anderen Farben. Mischst du aber die Töne mehrfach ineinander, dann entsteht eine verblüffende Farbharmonie, die sich mühelos in die jeweilige Umgebung einfügt. Die Malerei wirkt geradezu meisterhaft, wenn du den Farbauftrag mit einem spannenden Pinselduktus über die Leinwand verteilst.

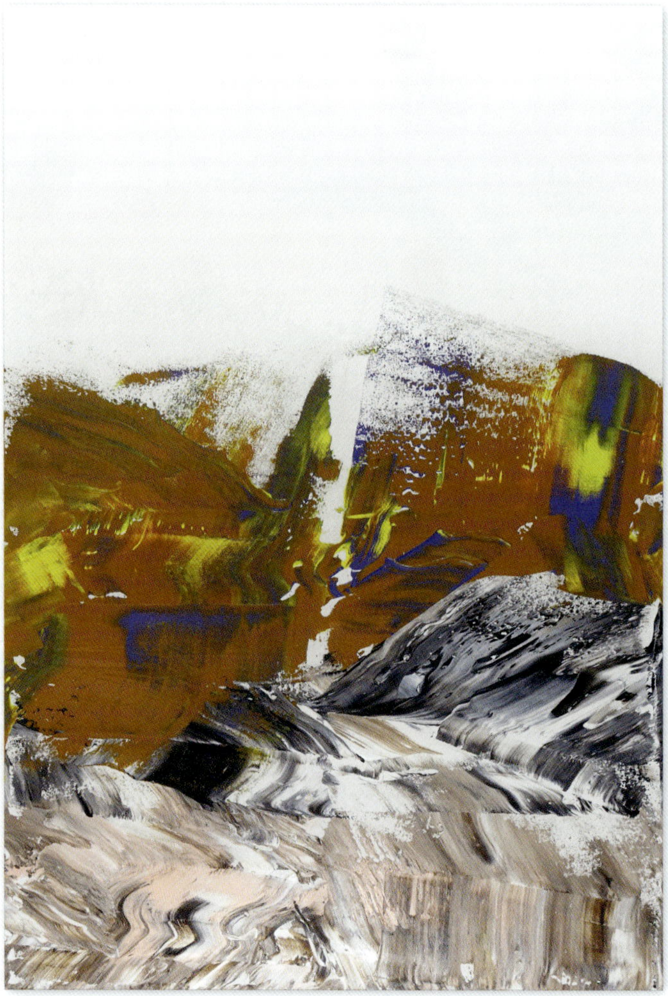

1. Schritt

Eine farbige Untermalung ist nicht immer notwendig. Du kannst das Gemälde auch sofort mit Farbstrukturen anlegen. Wähle für die untere Hälfte warme und erdige Töne. Du kommst dem Charakter der felsigen Steinschichten mit den Farben Heller Ocker gebrannt, Lichter Ocker, Eisenoxidbraun und Titanweiß und mit der großen Pinselbreite eines 300 mm-Flachpinsels verblüffend nah. Belebe den braungelben Hintergrund mit Streifen von Ultramarinblau, Orientgrün und Zitronengelb. Sie gestalten das Kolorit der Fläche. Begegnen sich die Töne, so entsteht ein alles umfassender Farbklang.

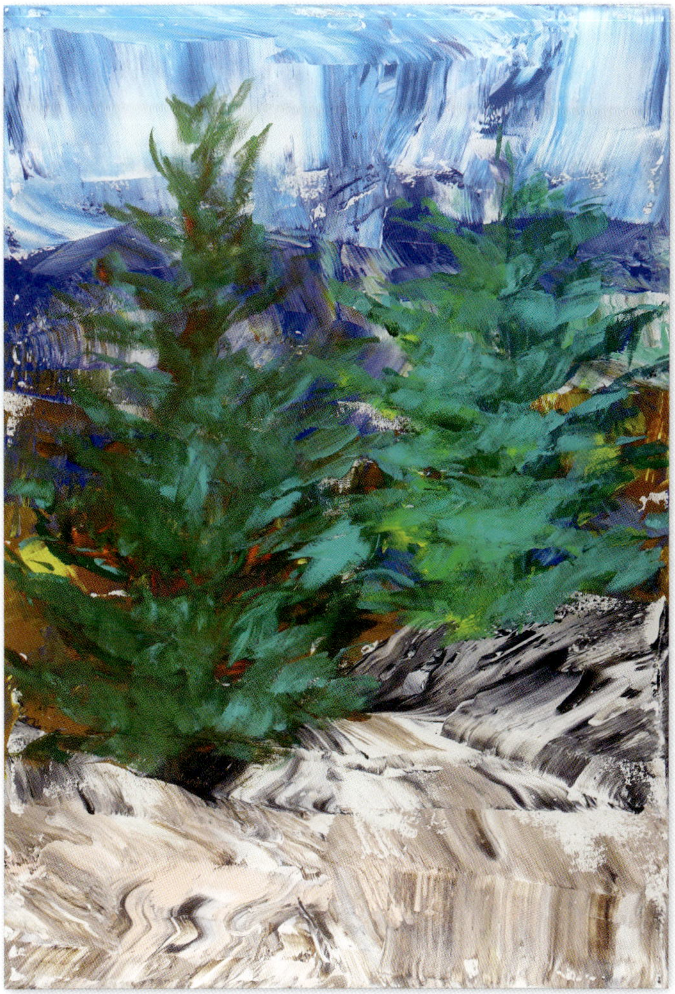

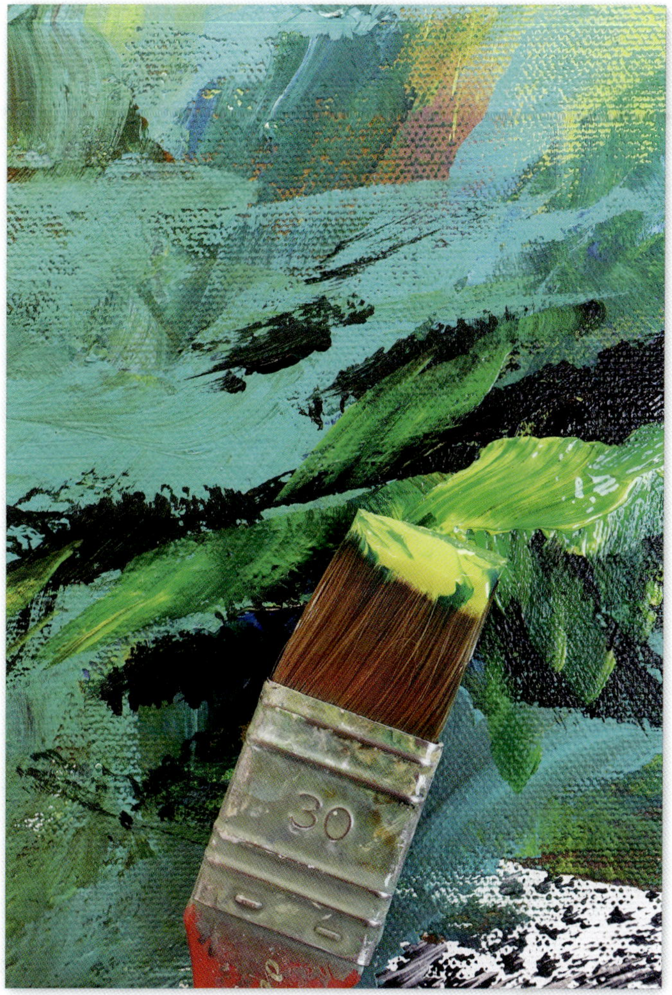

2. Schritt

Verstärke die Farbigkeit des Bildes mit kühlen Himmelsfarben. Verteile die Acrylfarben genauso wie bei den Felsschichten mit der expressiven Pinseltechnik. Verwende für die dunkle Gebirgskette Ultramarinblau, Siena, Titanweiß und Permanentgrün hell und für den oberen Himmelstreifen Coelinblau und Titanweiß. Alle Farben zusammen ergeben so ein starkes Farbmuster. Majestätisch behaupten sich die kräftigen Tannen im felsigen Hochgebirge. Wie abgebildet unterstreichen Grüntöne ihre eindrucksvolle Form. Betrachte hierfür genau den Wuchs junger Nadelbäume mit ihren aufstrebenden und leicht nach oben ragenden Zweigen. Für die kantigen Pinselstriche reicht ein 30 mm-Flachpinsel. Unterlege die Bäume mit dem dunklen Chromoxidgrün feurig und helle mit Orientgrün, Olivgrün und Kobalttürkis den Farbklang auf.

3. Schritt

Wenn dir die Form deiner Tannen gelungen erscheint, dann untermale die Tannenzweige erneut mit einem noch tieferen Grün. Verwende hierfür Phthalotürkis oder auch Phthalogrün bläulich. Übermale leicht verschoben mit einem 30 mm-Flachpinsel und Permanentgrün hell, Zitronengelb, Kobalttürkis und Titanweiß die dunkle Anlage. Versuche, dabei die typische Form der Nadelzweige nachzuempfinden. Verwende einen expressiven Strich und steigere damit die künstlerische Wirkung des Bildes. Übe zuerst einen schwungvollen und lockeren Strich auf einem Stück Papier.

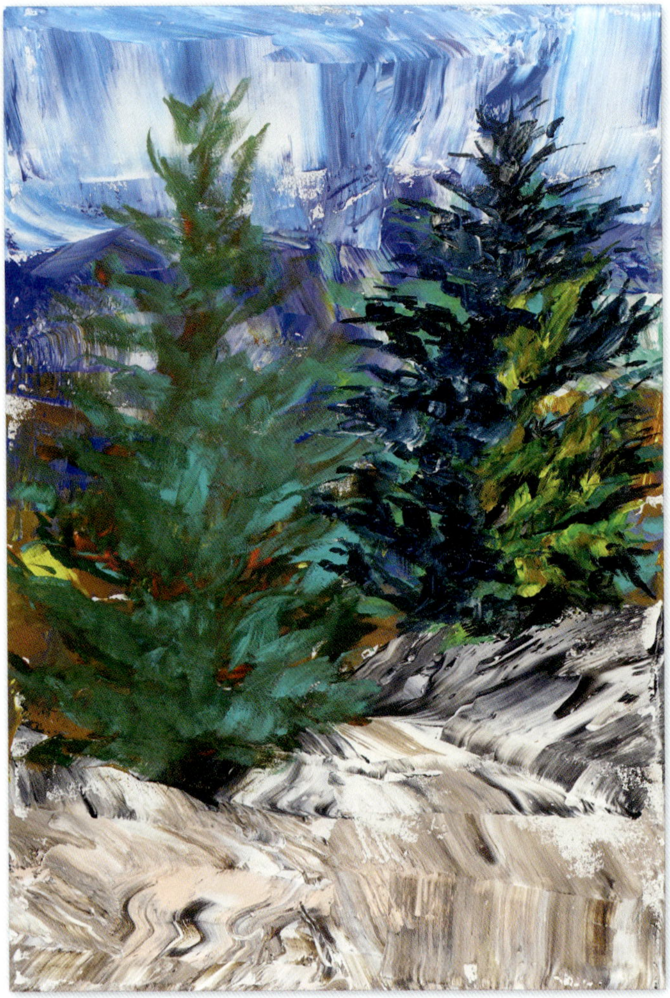

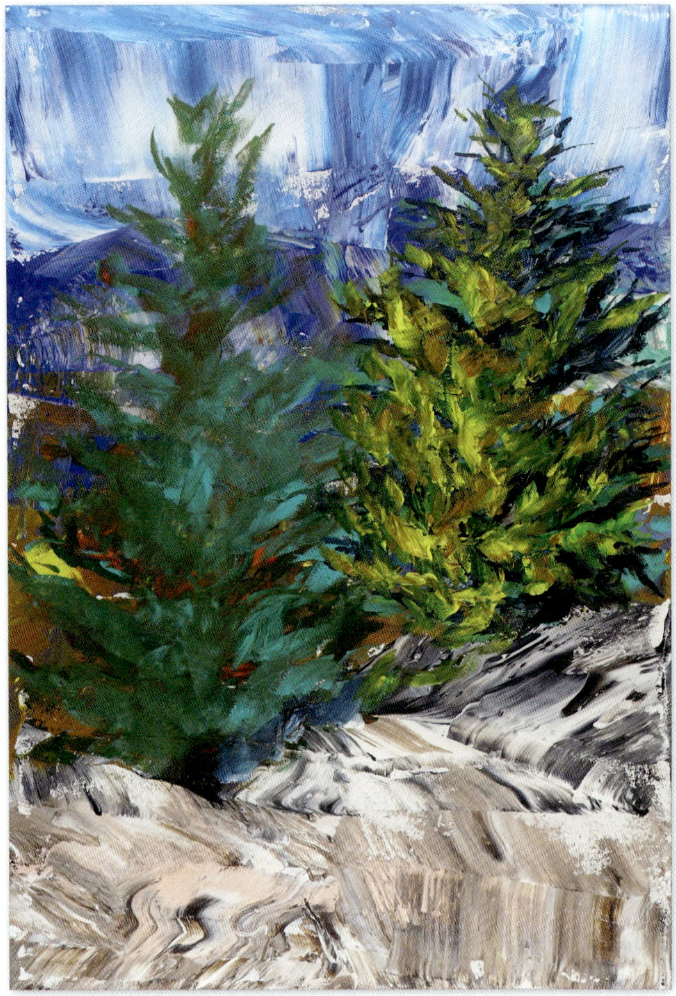

4. Schritt

An diesem Ausschnitt siehst du deutlich, wie du die Plastizität und Lichtwirkung hervorbringst, indem du jeden Zweig zuvor dunkel untermalst. Tauche deinen Pinsel für die lichtbeschienenen Partien in Zitronengelb, Brillantgelb, Gelbgrün, Neapelgelb dunkel und Permanentgrün hell. Vermische diese Farben zu einem ganz eng gewebten Farbmuster. Übermale die türkisgrüne erste Skizze mit dunklen Tönen. In diesem Malschritt siehst du deutlich, wie wichtig die komplette Untermalung für das Gelingen des Bildes ist. Versuche immer, bereits bei der ersten künstlerischen Anlage den Charakter der Tanne prägnant wiederzugeben. Mit Indigo, Phthalogrün bläulich, Titanweiß und Lichtgrau gelingen dir diese tiefdunklen und doch differenzierten Acrylstufen gut.

5. Schritt

Wähle die linke Seite für das Licht. Sie unterstreicht die aufsteigende Diagonale des felsigen Gebirges. Mit einem 30 mm-Flachpinsel, Zitronengelb, Brillantgelb, Siena, Permanentgrün hell und Orientgrün kannst du die schönsten Lichtverläufe modellieren. Wenn du deinen 30 mm-Flachpinsel vermehrt in das Gelb und in Sienatöne tauchst, wird dir dieses Lichtflimmern ebenfalls gelingen. Ziehe dabei die Farbtupfer leicht nach oben. Die Form des Flachpinsels hilft dir dabei, das typische Aussehen der Tannennadeln umzusetzen.

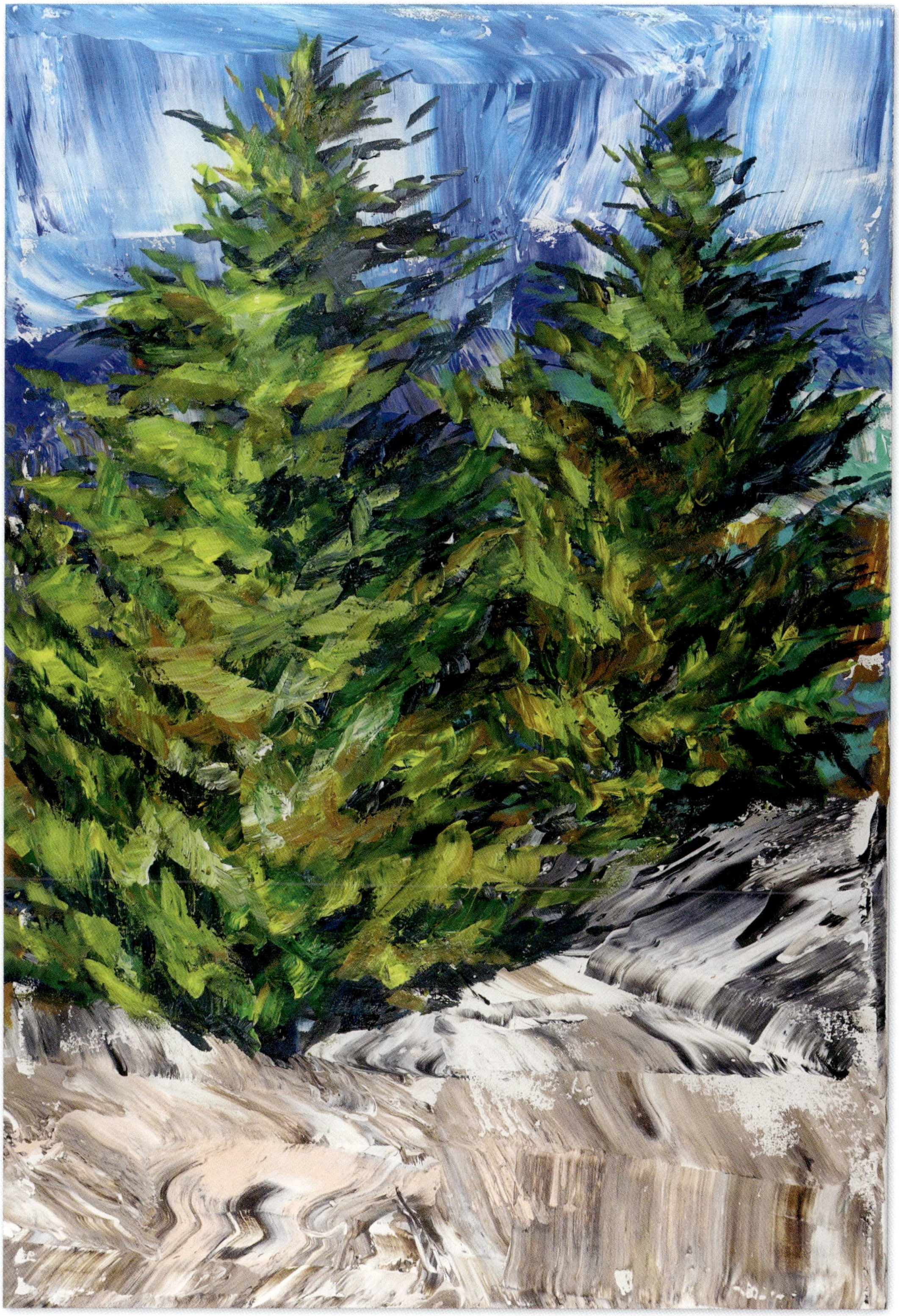

Fertiges Bild

Den linken, größeren Nadelbaum kannst du nach der dunklen Untermalung durch leuchtende Tannenspitzen noch stärker herausheben. Übermale die sonnige Seite des linken großen Baumes mehrfach mit Permanentgrün hell, Zitronengelb, Siena, Neapelgelb hell und Titanweiß. Verstärke zur Vollendung des Bildes den Schatten unter der Tanne. Der Bodenschatten verbindet den Baum mit dem steinigen Gebirgshang. Platziere als Letztes mit dem 16 mm-Flachpinsel und den Farben Gelbgrün und Titanweiß vereinzelte helle Lichtpunkte.

Sträucher im Park

Du brauchst:

- Keilrahmen, 70 × 100 cm
- Acrylfarben in Titanweiß, Neapelgelb hell, Zitronengelb, Brillantgelb, Brillantorange, Indischgelb, Heller Ocker gebrannt, Lichter Ocker, Siena, Zinnoberrot, Rubin, Ultramarinblau, Coelinblau, Blauviolett, Kobalttürkis, Indigo, Olivgrün, Orientgrün, Permanentgrün hell, Umbra natur, Lichtgrau und Schwarz
- Flachpinsel, 80 mm, 50 mm, 40 mm, 30 mm, 20 mm
- Universalpinsel, ca. 16 mm
- Küchenrolle
- Farbpalette

Große Parklandschaften sind übersät mit Sträucheranlagen. Dieses Motiv zeigt dir, wie Sträucher, umgeben von einer Baumgruppe, ausdrucksstark zur Geltung kommen und das Bildgeschehen bestimmen. Eine Baumgruppe leuchtet geheimnisvoll aus dem Hintergrund. Eine Bildkomposition, die anspruchsvoll ist, aber gerade deshalb die Farbe umso ausdrucksstärker zur Wirkung kommen lässt. Bäume und Sträucher verschmelzen zu einer farblichen Einheit. Die Bäume sind nicht mehr im Mittelpunkt, unterstützen aber in ihrer kühlen Farbigkeit die nach vorne tretende Fülle des Blütenstrauches.

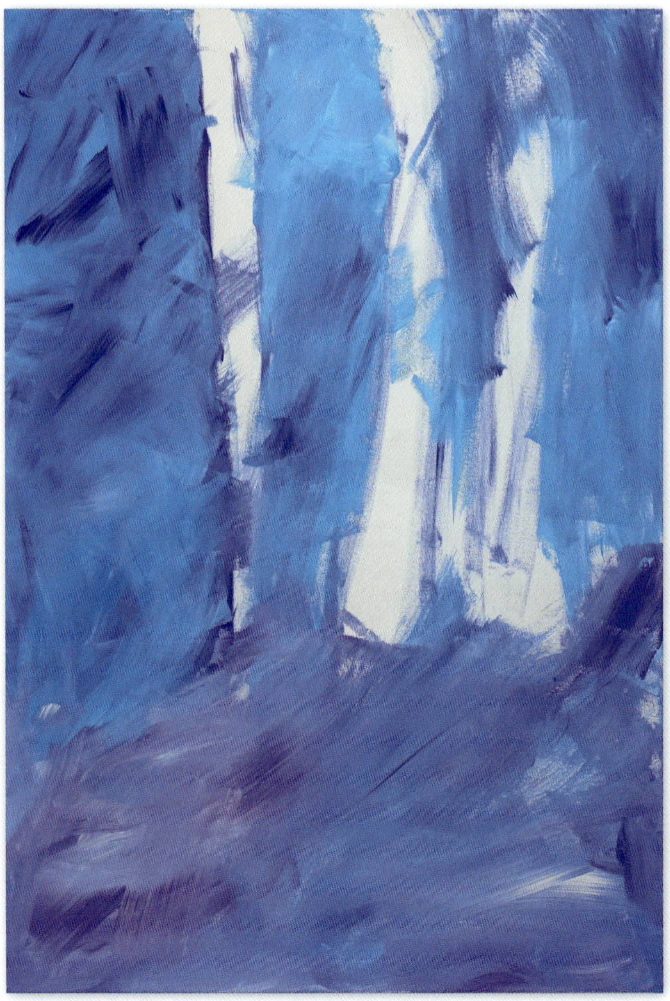

1. Schritt

Die Baumgruppe ist mit Sträuchern zugewachsen. Ein gekonnt umgesetztes Walddickicht wird zu einem wunderbaren Malerlebnis. Eine Möglichkeit der farblichen Umsetzung besteht darin, die Bäume bei der ersten Lage auszusparen. Vertiefe hierbei den blauen Hintergrund mit dunklem Ultramarinblau und hellen Coelinblau-Kontrasten. Skizziere mit wässrigem Zitronengelb über die weißen, unbemalten Leinwandstellen. Du erahnst jetzt schon die Dynamik des Bildes.

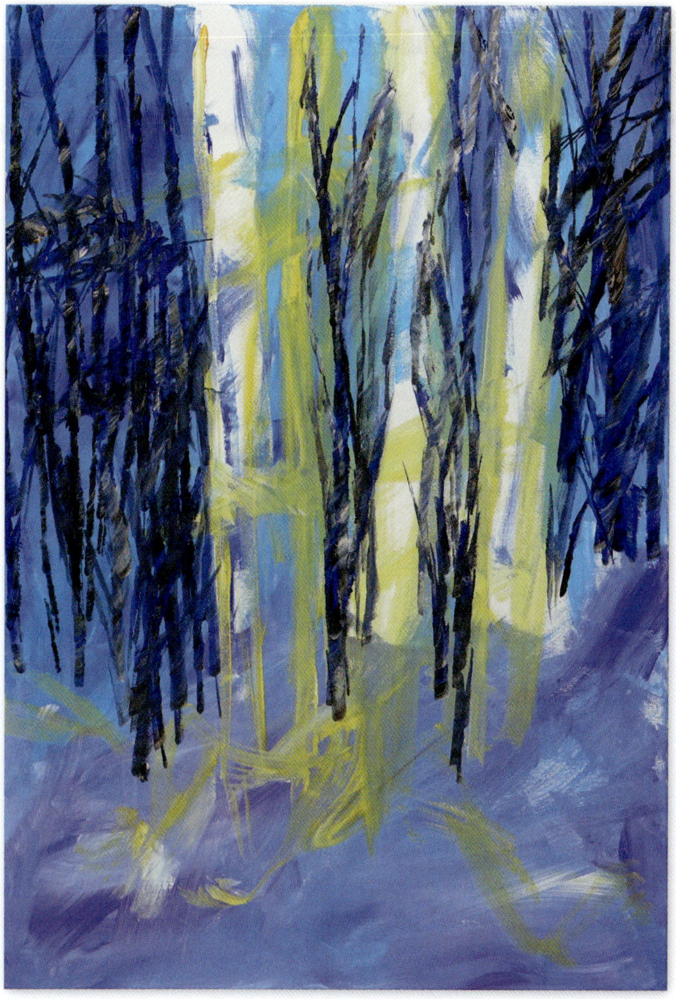

2. Schritt

Gestalte den Hintergrund nun mit dunklen Bäumen und belaubten Zweigen. Normalerweise ist der Hintergrund diesig und hell. Die Dunkelheit der weit entfernten Baumgruppen unterstützt die Leuchtkraft der im Vordergrund beschienenen Büsche. Die Farben Indigo, Umbra natur und Heller Ocker gebrannt ergeben bei dunklen Ästen ein schönes Kolorit. Entdecke dabei die Lebendigkeit und geheimnisvolle Tiefe von dunklen Tönen. Verwende aber nur wenige Weißschlieren, denn sonst hellt das Titanweiß die Töne zu sehr auf. Lasse zwischen den dunklen Stämmen ausreichend Himmel durchscheinen.

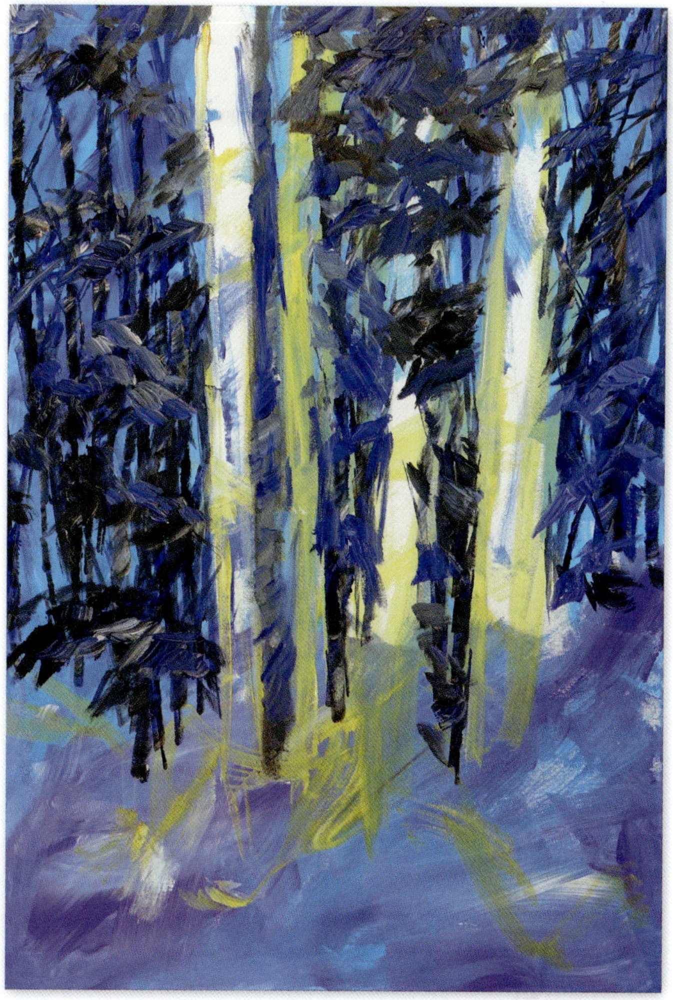

3. Schritt

Verbinde nun mit einem lebendigen Blätterwald die dunklen Baumstämme im Hintergrund. Die Dunkelheit gelingt dir hervorragend mit Ultramarinblau, Schwarz, Indigo, Umbra natur und Heller Ocker gebrannt. Setze als Erstes die schwarzen und dunklen Töne und werde mit jeder Blätterschicht minimal heller. Auf die untere Hälfte des Buschs fällt gleißendes Frühlingslicht. Lasse den unteren Bildbereich noch unberührt. Hier werden die Sträucher und der Pfad durch die Baumallee Platz finden. Denke bei der Modellierung an Laubbäume und ihr Aussehen, wenn sie im Schatten liegen.

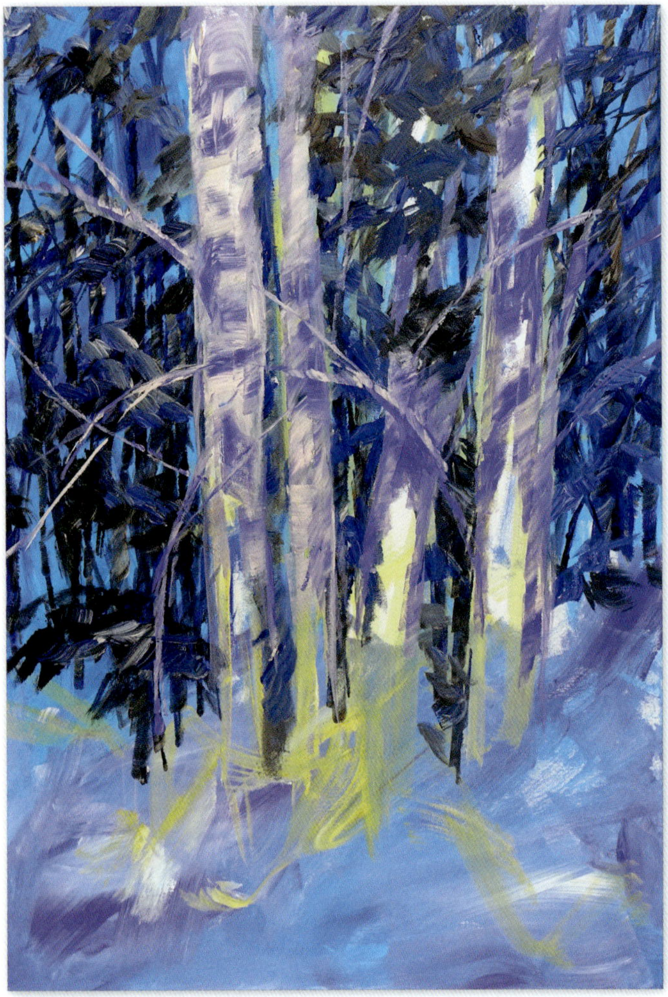

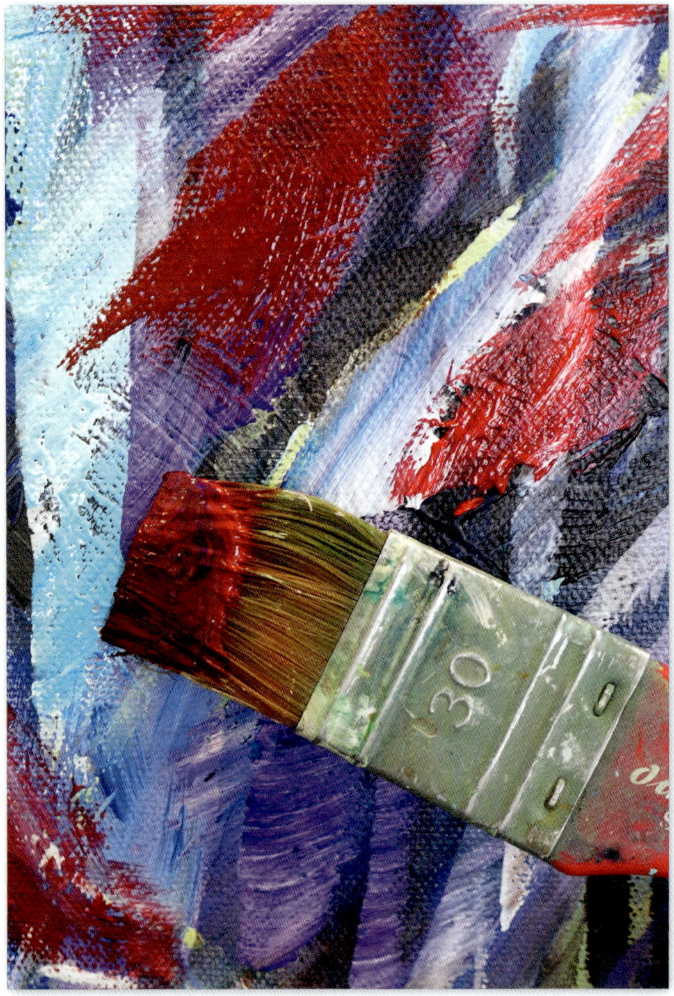

4. Schritt

Mit dem nächsten Schritt kannst du ruhig mutig eher gewagte Farben ausprobieren. Die Rundung der Baumrinde gelingt dir hervorragend mit den Farben Heller Ocker gebrannt, Blauviolett, Kobalttürkis und Titanweiß. Achte darauf, dass die vier Bäume sich minimal in ihrer Stärke und Bewegung unterscheiden. Verwende für die Schatten Heller Ocker gebrannt, Blauviolett und Titanweiß. Setze nur kurze Wischer und erhalte das Licht in den Stämmen. Verbinde mit gebogenen Zweigen die Bäume und verwende ebenfalls Heller Ocker gebrannt, Blauviolett und Titanweiß.

5. Schritt

Unterlege die Blättergruppen mit einem 30 mm-Flachpinsel. Wenn du die flache Pinselkante von rechts oben nach links unten und auch umgekehrt von links oben nach rechts unten geschickt einsetzt, dann entstehen plötzlich hängende Blätterbüschel. Tupfe auch bei diesen Flecken den Pinsel in Rubinrot, Blauviolett und in eine Spur Titanweiß. Nur die Vielfarbigkeit lässt den Farbauftrag so lebendig erscheinen. Setze lockere rote Farbflächen als einzelne Tupfer, um Blätter anzudeuten.

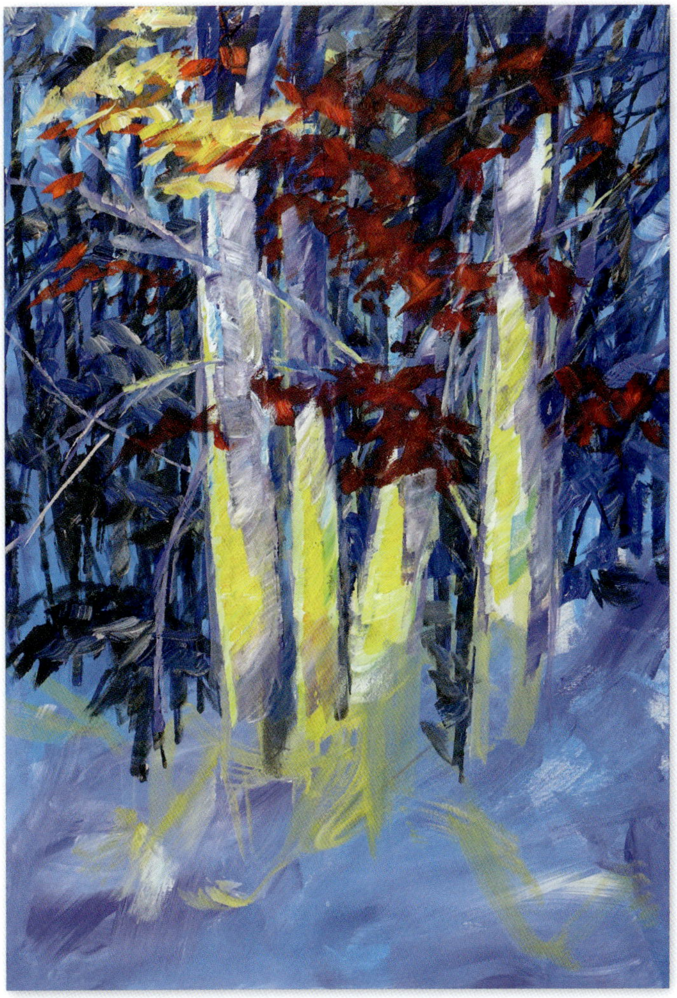

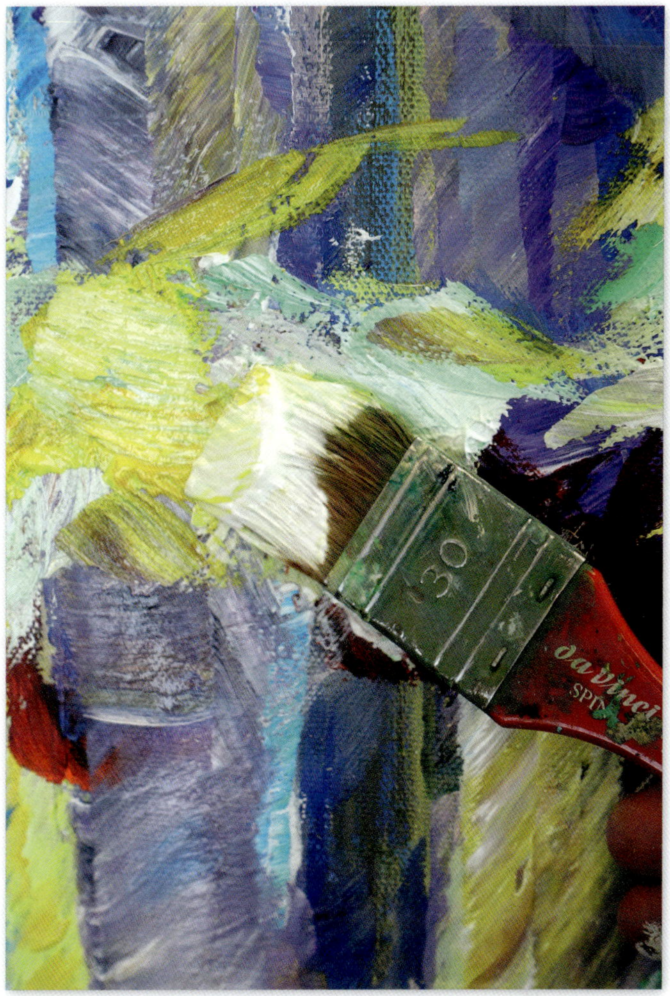

6. Schritt
Experimentiere nun mit extremen Kontrastfarben. Studiere expressionistische Ölbilder von Kirchner oder Kandinsky, und du wirst erkennen, welche Farbkraft Baumlandschaften tatsächlich entwickeln können. Die untere Hälfte der lichtbeschienenen Baumgruppe wird farbintensiver, wenn du die Blätter mit Rubinrot untermalst und sie mit brillantorangenen und zinnoberroten Leuchtpunkten versiehst. An der angelegten oberen Ecke siehst du bereits, wie sich Gelb- und Rottöne gegenseitig zum Leuchten bringen. Mische unter Brillantgelb und Titanweiß auch immer wieder Neapelgelb hell und Lichter Ocker.

7. Schritt
Male im feuchten Zustand Kobalttürkis, Zitronengelb, Brillantgelb, Blauviolett und Titanweiß ineinander. Die entstehenden Farbüberlagerungen imitieren das Blätterrauschen im Sonnenschein. Erst die Dichte der Farbe ergibt die gewünschte Farbenvielfalt. Du wirst dabei viele neue Nuancen entdecken. Vieles passiert dabei durch Zufall, und gerade das bringt bei der Maltechnik den Erfolg. Je mehr du die Farbgestaltung anwendest, umso schönere Effekte gelingen dir. Die Formen treten dann immer plastischer aus der Leinwand hervor, und du entdeckst die ganze Ausdruckskraft der Acrylfarbe.

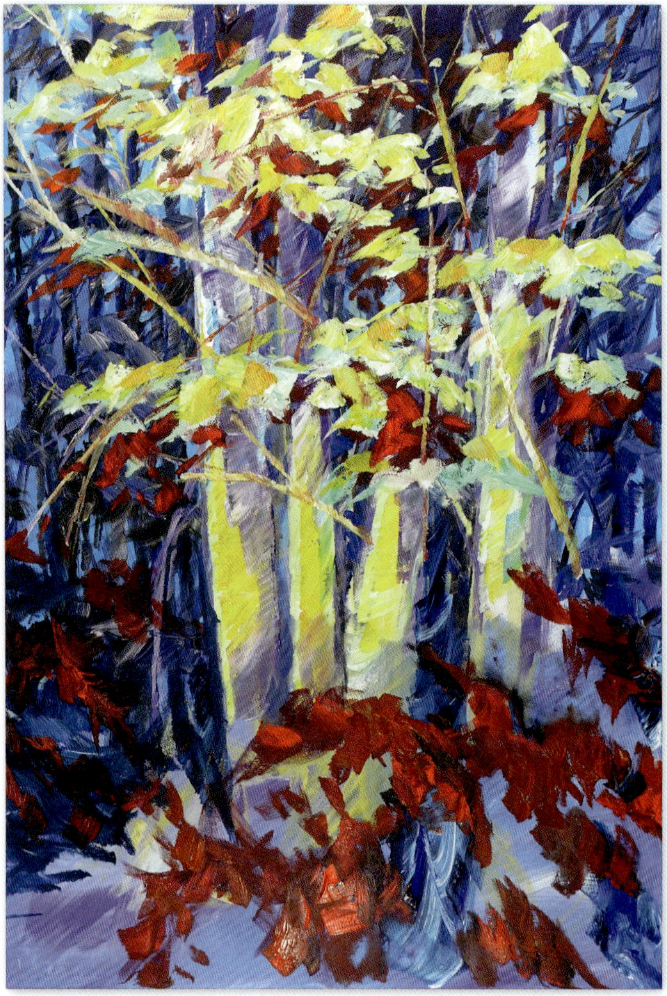

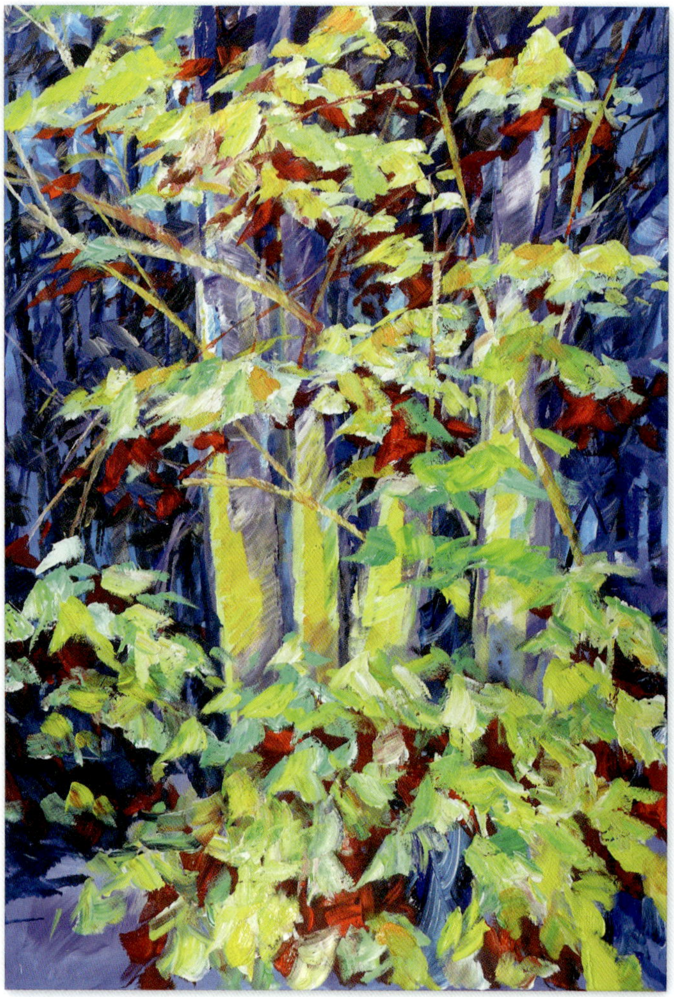

8. Schritt

Modelliere die Blattgruppen erneut mit Kobalttürkis, Zitronengelb, Indischgelb und Titanweiß, bis die feuerroten Blätter nur noch hervorblitzen. Gestalte zu den hellen Blättern mit 80 mm-, 50 mm-, 40 mm- und 30 mm-Flachpinseln die Zweige dazwischen. Lege sie mit Lichter Ocker und Rubinrot an. Modelliere sie anschließend mit Brillantorange, Neapelgelb hell und Titanweiß zu Verästelungen. Das Liniengeflecht verleiht der Darstellung eine grafische Spannung. Der große Strauch am Fuß der Stämme wird zum Highlight. Unterlege ihn mit Rubinrot und Zinnoberrot. Ein zweiter Strauch ragt von links in die Waldstimmung. Untermale seine Zweige und Blätter mit diesen feuerroten Farben. Beachte die diagonalen Rundbögen und die Blattreihen, die die Ecke des Bildes rechts unten ausfüllen. Sie sind ein ganz entscheidendes Element in der Komposition.

9. Schritt

Für den großen Strauch am unteren Bildrand verwende Brillantgelb, Permanentgrün hell, Kobalttürkis, Indischgelb, Zitronengelb und mische die einzelnen Töne stellenweise mit Titanweiß. Die Richtung der Pinseltupfer ist entscheidend. Sie gibt dem Blattwerk Form und Volumen. Setze sie nur an einigen Stellen dichter, an anderen locker und vereinzelt. Die roten Blätter sollten überall noch sichtbar sein und ein farbiges Spiel mit den grünen Blättern eingehen. Achte darauf, dass die Blätter nach unten hängen und kleine Fächer ergeben.

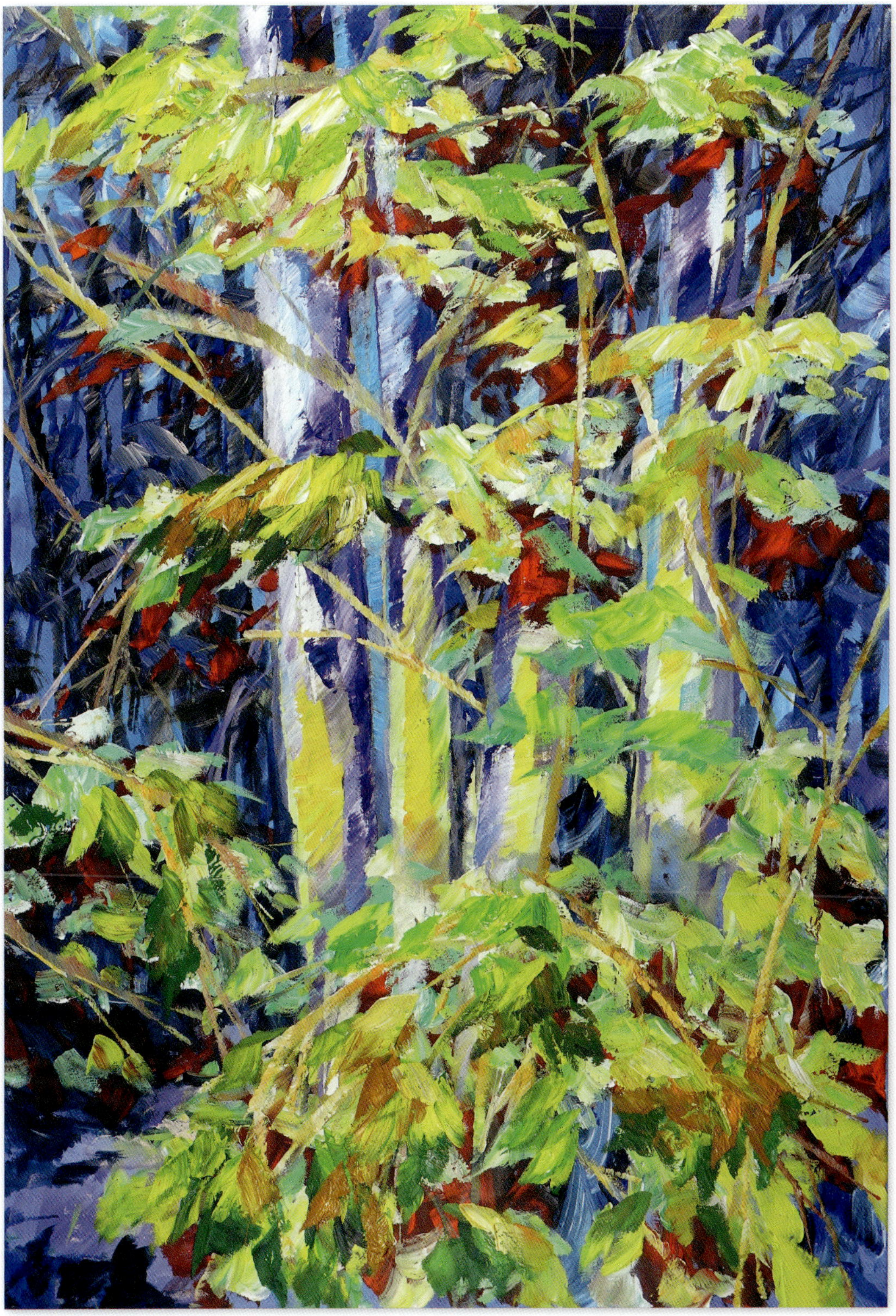

Fertiges Bild

Vervollständige zum Schluss das Blattwerk mit den Farben Zitronengelb, Olivgrün, Orientgrün, Permanentgrün hell, Brillantgelb, Blauviolett, Siena und Titanweiß. Für die Astverzweigungen verwende Blauviolett, Indischgelb, Siena, Umbra natur und Lichtgrau. Dies verleiht den Flächen eine grafische Spannung und verhilft ihnen zu einem großen Farbenreichtum. Gestalte die Flächen dabei plastisch und mit Lichteffekten. Die Lichteffekte gelingen dir, wenn du immer wieder Zitronengelb, Indischgelb, Neapelgelb hell und Siena mit Titanweiß mischst und die hellen Töne entlang der Äste malst.

Nachwort

Bäume wurden in allen Epochen und Stilrichtungen dargestellt. Hier findest du fotorealistische Darstellungen bis hin zu Park- und Waldlandschaften als puren Farbenrausch. Die Bildmotive sind unerschöpflich, und du kannst sie bei allen großen Landschaftsmalern studieren. Oft sind die Werke der intensiven Beobachtung von Bäumen gewidmet, die als wichtiger Blickfang in den Vordergrund des Bildgeschehens gerückt sind.
Die Künstler vergangener Epochen widmeten sich dem Naturstudium oft über längere Zeit und mit unterschiedlichsten Formaten. Meine Professoren an der Kunstakademie in München forderten mich oft auf, alte Meister nicht nur zu studieren, sondern auch zu kopieren - eine Praxis, die seit Jahrhunderten im Lehrbetrieb üblich ist. Betrachte die Gemälde nicht nur in Kunstbüchern. Wenn du den Originalen im Museum und in Ausstellungen gegenüberstehst, erkennst du alle Feinheiten und entdeckst den vielschichtigen Farbauftrag.

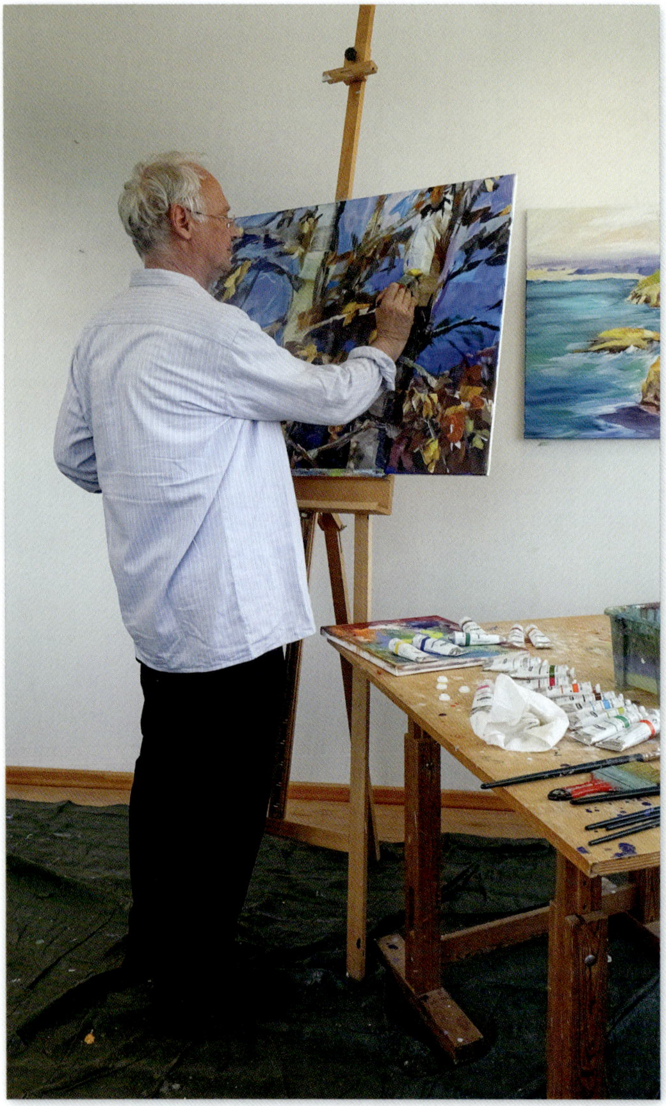

Wandere an einem warmen Sommertag mit deiner Farbpalette und Staffelei durch die Landschaft. In der Natur zu malen ist das schönste Erlebnis. Übung macht hier bekanntlich und sowieso in der Kunst den Meister. Studiere gezielt die Bäume in der Natur. Du wirst dabei kleinste Unterschiede entdecken. Kein Zweig ähnelt dem anderen. Halte deine Beobachtungen mit einer Kamera oder mit deinem Handy fest und lasse ein Skizzenbuch dein ständiger Begleiter sein. Mit Baumskizzen entwickelst du einen individuellen und lockeren Zeichenduktus.
Bäume sind ein dankbares und leinwandfüllendes Motiv, das auch in der Abstraktion einen hohen Stellenwert genießt. Oft sind es nur noch farbintensive Pinselstriche und Geflechte, die eine Leinwand überziehen.
Probiere alle Stilrichtungen und Darstellungsformen aus und experimentiere mit deinem Pinselstrich, deinem Farbauftrag und dem Reichtum deiner Farbpalette. Setze die ungewöhnlichsten Farbkombinationen übereinander und nebeneinander. Wiederhole Motive und entdecke dabei, wie dein Farbgefühl verfeinert wird und dir unendlich viele Ideen der Umsetzung in den Sinn kommen.
Erforsche die Farbränder. Lasse wässrige und pastose Fläche nebeneinanderstehen. Verwische die Farbschichten hintereinander und lasse sie dann wieder kontrastreich und mit klaren Kanten nebeneinander wirken.
Experimentiere mit den Farbuntergründen. Der erste Leinwandanstrich für den Aufbau des Bildes kann auch einmal Rot, Gelb oder Grün sein. Betrachte die Leinwand dabei als dein ganz persönliches Spielfeld. Spaß und Freude sind die beste Voraussetzung für gelungene Landschaften.
Die Natureindrücke werden dich mit der Zeit begeistern und ein fester Bestandteil deiner Bilderwelt werden.

Biografie Werner Maier

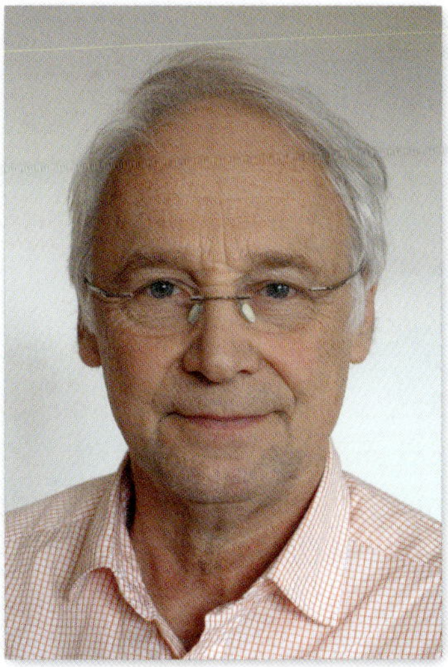

Werner Maier wurde 1956 in München geboren und absolvierte sein Studium der Bildenden Künste in München bei Prof. Horst Sauerbruch, Prof. Fridhelm Klein und Prof. Rudi Tröger. Seit 1987 arbeitet er als freischaffender Künstler im In- und Ausland. Seine Werke finden sich in verschiedenen Museen und in öffentlichen Sammlungen (u.a. in der Albertina Wien, in der Graphischen Sammlung München und im Kupferstichkabinett Dresden).

Werner Maier kann auf Lehraufträge im Porträt- und Aktzeichnen an der Akademie der Bildenden Künste München und Landschaftsaquarell an Sommerakademien verweisen. Außerdem arbeitet er in einer Ateliergemeinschaft mit Ekkehardt Hofmann.

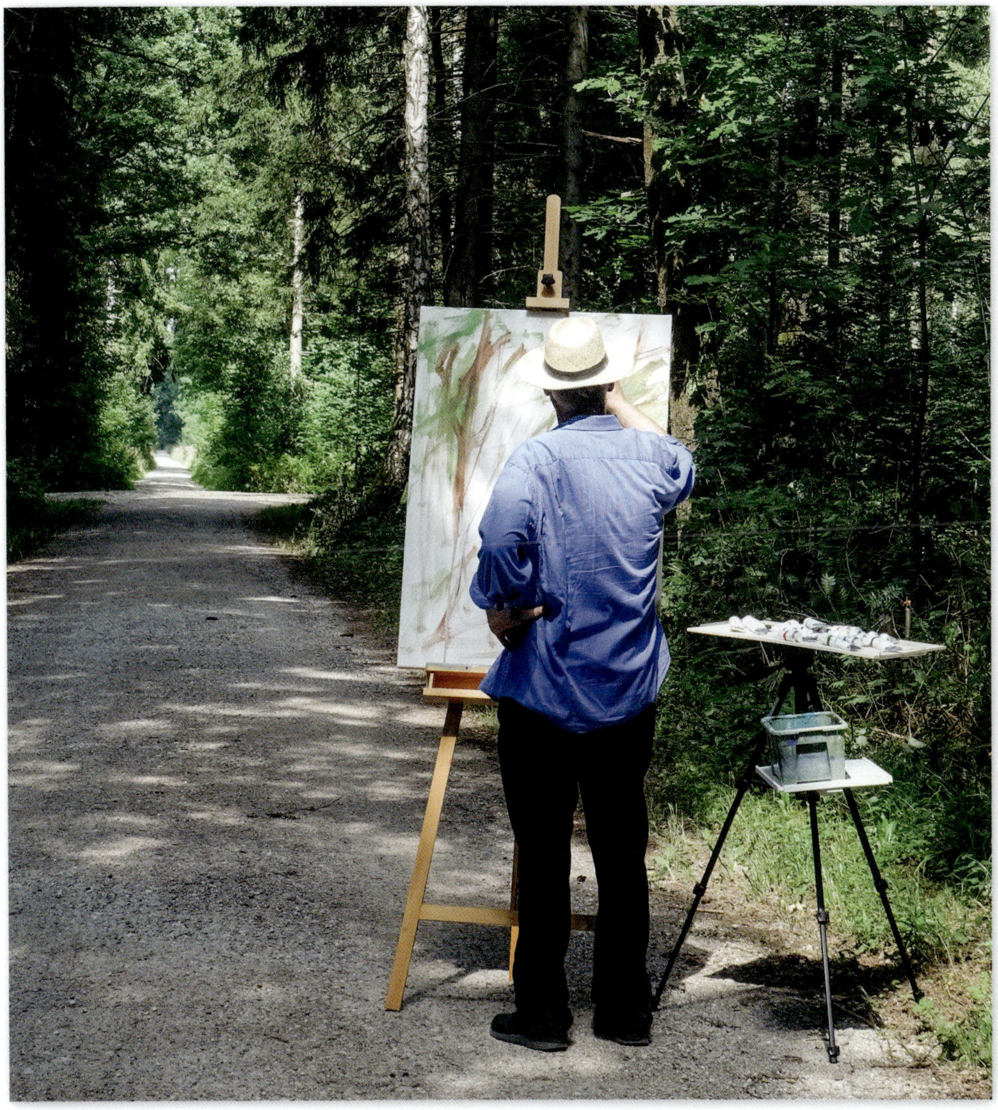

www.werner-maier-kunst.de

Das Buch widme ich meiner Tochter Noemi und meiner Gerlinde.

Danksagung: Ich danke der Firma Schmincke für die hervorragenden Acrylfarben und der Firma da Vinci für die ausgezeichneten Pinsel.

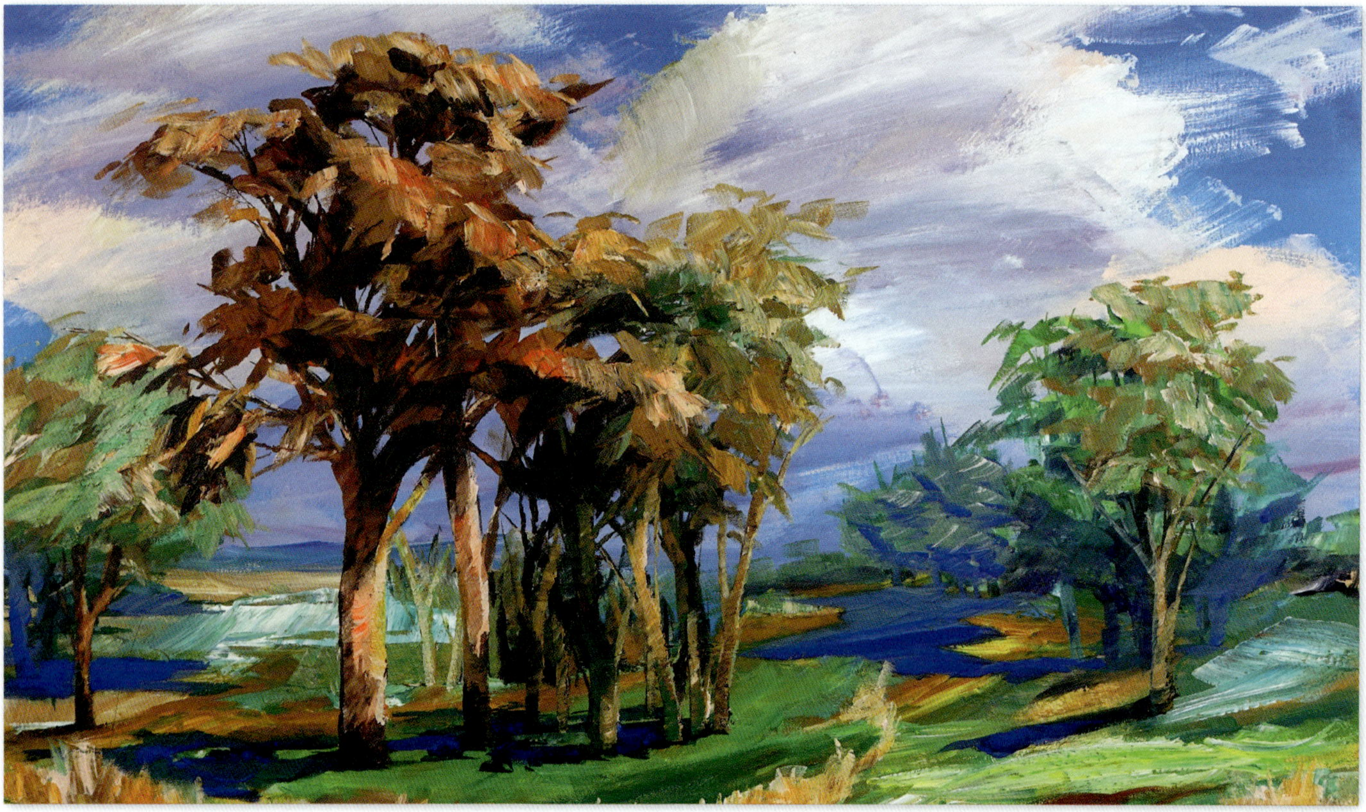

Impressum

Illustrationen und Fotos: Werner Maier
Verantwortlich: Maria Möllenkamp
Lektorat und Produktmanagement: ZweiKonzept GbR
Layout: Michael Feuerer
Umschlaggestaltung: Andreas Kersten
Repro: LUDWIG:media
Herstellung: Kathleen Baumann
Printed in Slovenia by Florjancic

★★★★★

Sind Sie mit diesem Titel zufrieden? Dann würden wir uns über Ihre Weiterempfehlung freuen. Erzählen Sie es im Freundeskreis, berichten Sie Ihrem Buchhändler oder bewerten Sie bei Onlinekauf. Und wenn Sie Kritik, Korrekturen, Aktualisierungen haben, freuen wir uns über Ihre Nachricht an: Christian Verlag, Postfach 40 02 09, D-80702 München oder per E-Mail an lektorat@verlagshaus.de.

Unser komplettes Programm finden Sie unter

www.christophorus-verlag.de

Alle gezeigten Modelle, Illustrationen und Fotos sind urheberrechtlich geschützt. Eine gewerbliche Nutzung ist untersagt. Dies gilt auch für eine Vervielfältigung bzw. Verbreitung über elektronische Medien. Autor und Verlag haben alle Angaben und Anleitungen mit größtmöglicher Sorgfalt zusammengestellt. Dennoch kann bei Fehlern keinerlei Haftung für direkte oder indirekte Folgen übernommen werden. Materialien und Farben können von den jeweiligen Originalen abweichen. Die bildliche Darstellung ist unverbindlich. Sollte dieses Werk Links auf Webseiten Dritter enthalten, so machen wir uns die Inhalte nicht zu eigen und übernehmen für die Inhalte keine Haftung.
In diesem Buch wird aus Gründen der besseren Lesbarkeit das generische Maskulinum verwendet. Weibliche und anderweitige Geschlechteridentitäten werden dabei ausdrücklich mitgemeint, soweit es für die Aussage erforderlich ist.

Die Deutsche Nationalbibliothek verzeichnet diese Publikation in der Deutschen Nationalbibliografie; detaillierte bibliografische Daten sind im Internet über http://dnb.de abrufbar.

© 2022 Christophorus Verlag in der Christian Verlag GmbH
Infanteriestraße 11a, 80797 München

ISBN: 978-3-86230-442-4

Ebenfalls erhältlich ...

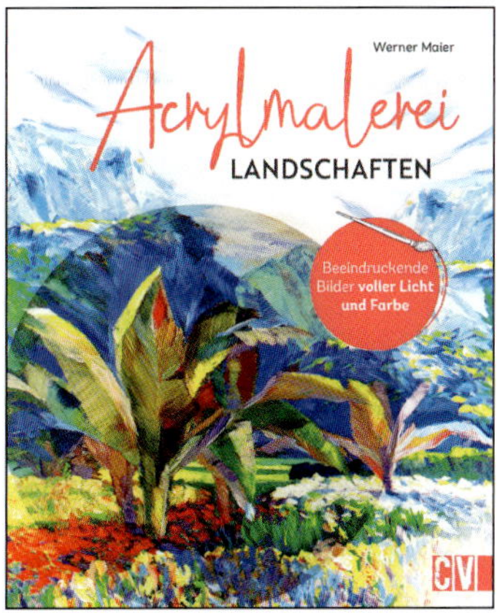

ISBN 978-3-86230-439-4

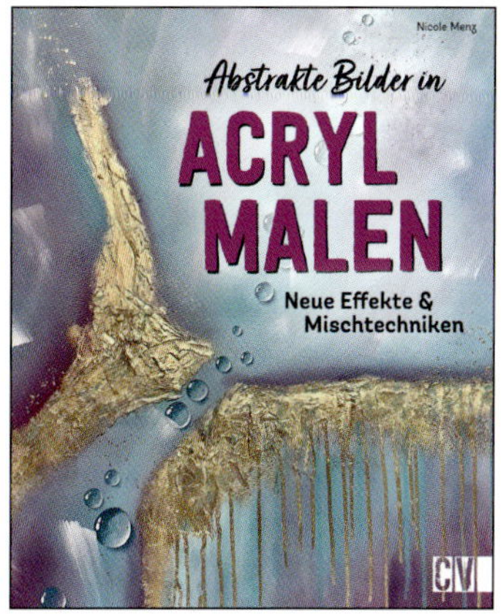

ISBN 978-3-86230-440-0

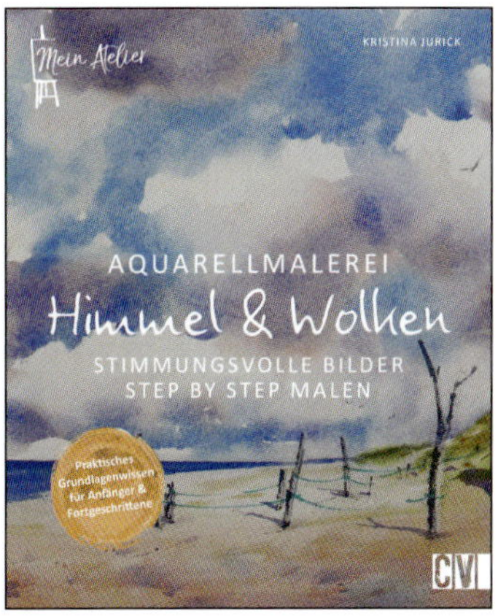

ISBN 978-3-86230-428-8

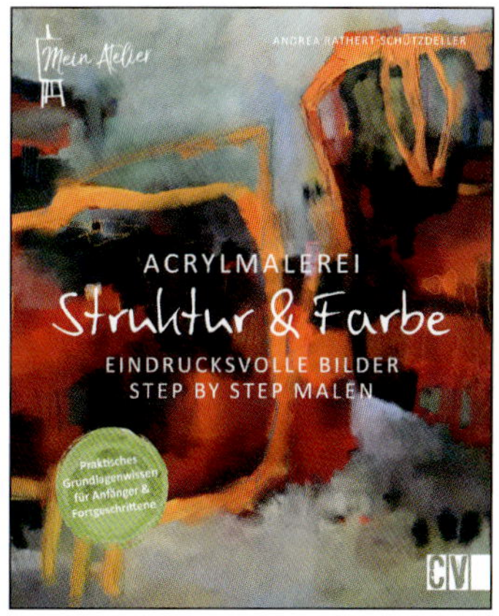

ISBN 978-3-86230-429-5

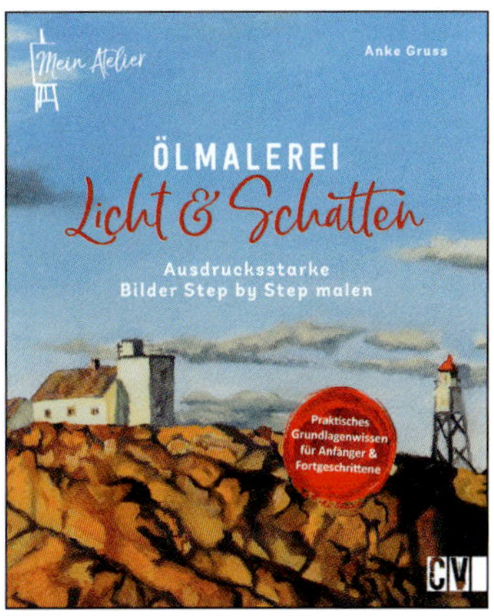

ISBN 978-3-86230-430-1

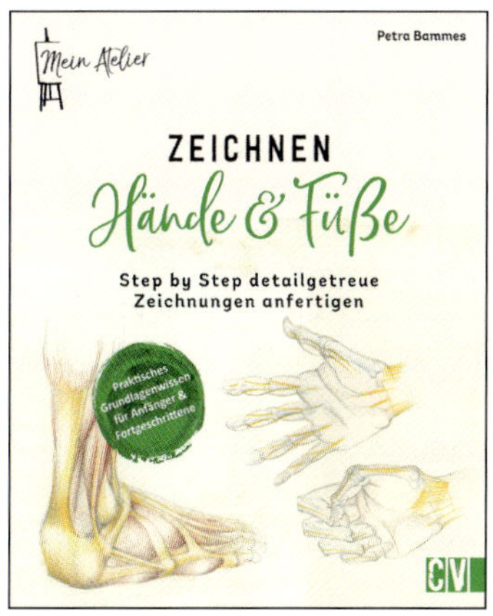

ISBN 978-3-86230-432-5

www.christophorus-verlag.de

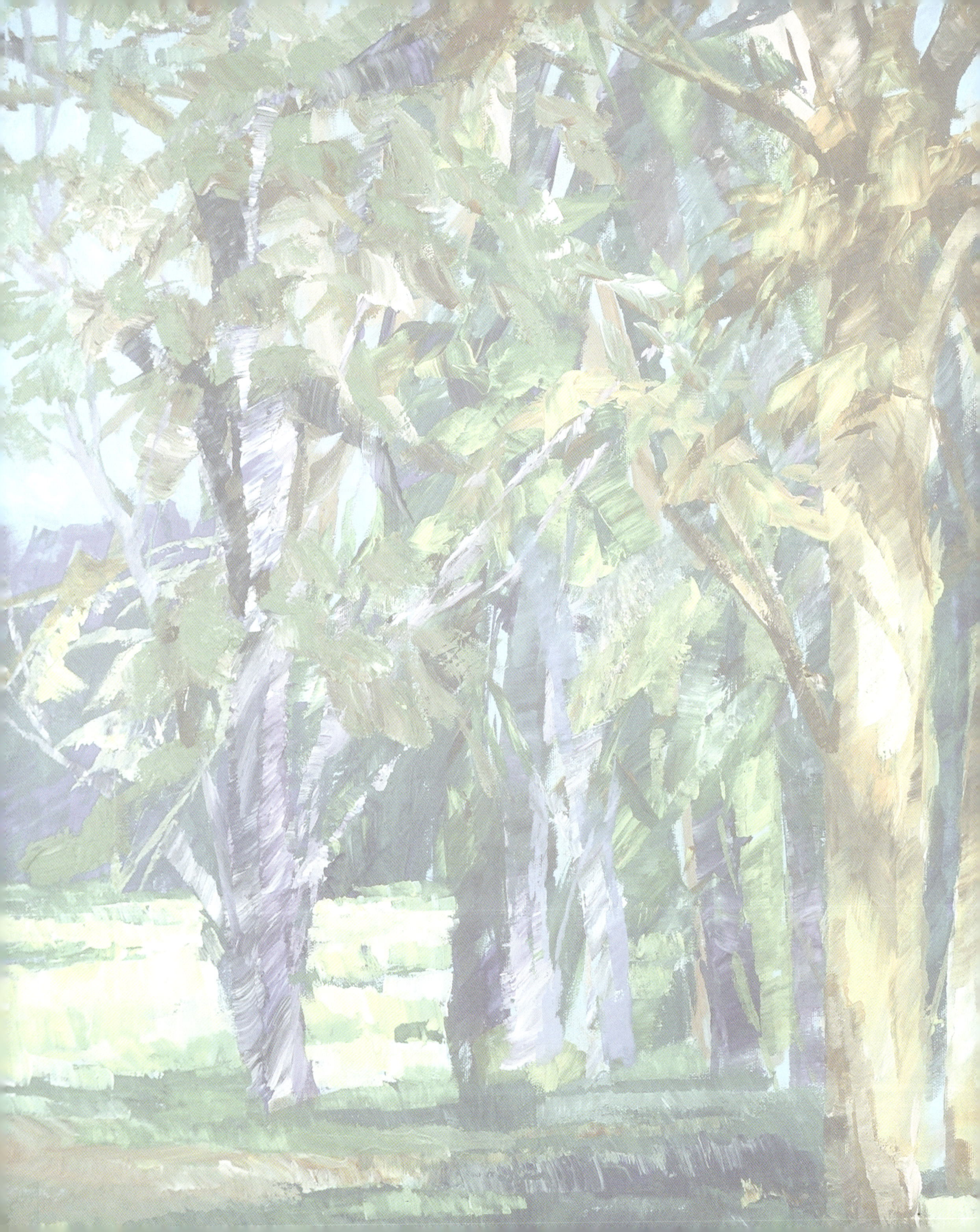